"新时代温州道德文化建设创新研究团队"研究成果

文化、资本与道德：
温州道德文化建设与发展研究

方德志　孙武安　等著

浙江工商大学出版社
ZHEJIANG GONGSHANG UNIVERSITY PRESS
·杭州·

图书在版编目(CIP)数据

文化、资本与道德：温州道德文化建设与发展研究 /
方德志等著. —杭州：浙江工商大学出版社,2023.1
ISBN 978-7-5178-5246-9

Ⅰ.①文… Ⅱ.①方… Ⅲ.①道德建设—研究—温州
Ⅳ.①D648

中国版本图书馆 CIP 数据核字(2022)第229872号

文化、资本与道德：温州道德文化建设与发展研究

WENHUA、ZIBEN YU DAODE: WENZHOU DAODE WENHUA JIANSHE YU FAZHAN YANJIU

方德志　孙武安　等著

责任编辑	唐　红
责任校对	何小玲
封面设计	望宸文化
责任印制	包建辉
出版发行	浙江工商大学出版社
	（杭州市教工路198号　邮政编码310012）
	（E-mail：zjgsupress@163.com）
	（网址：http://www.zjgsupress.com）
	电话：0571-88904980,88831806(传真)
排　版	杭州朝曦图文设计有限公司
印　刷	杭州高腾印务有限公司
开　本	710mm×1000mm　1/16
印　张	18.5
字　数	293千
版 印 次	2023年1月第1版　2023年1月第1次印刷
书　号	ISBN 978-7-5178-5246-9
定　价	69.00元

目 录

绪　论

改革开放以来,温州以创新闻名,也将以创新继续探路。创新,既需要改革开放这样的社会环境,也需要人们在道德文化层面的精神驱动。"温州模式"的形成是中国共产党领导下温州人民在新的历史条件下实践创新的结果,是温州人创新精神的表现。"温州模式"形成背后的道德文化创新动因,主要体现为温州优秀传统"文化"与现代工商业社会背景下温州民营"资本"和中国社会主义制度条件下集体主义"道德"原则三大动力要素之间的有效嵌入和互动。

不忘来时路,续写创新史。习近平在浙江工作期间曾先后23次到温州考察调研,并殷切"希望温州把这部创新史继续写下去,探索新的规律,创造新的业绩,总结新的经验,为全省带好头,也为全国作示范"①。新征程下,如何继续发挥和探索推进温州道德文化创新动因诸要素之间的合理张力关系和价值合力,发挥温州道德文化软实力对温州经济和社会转向高质量发展的推动作用,事关温州"两个健康、共同富裕、重要窗口"等战略建设目标的有效推进。

从现代意义上讲,道德是一种引导人们正当行动的社会规范,是人们在社会生产生活和追求权益过程中逐渐形成的,具有约定俗成性。道德文化是对一个国家或地区人们道德心理、道德行为、道德仪式的特征描述,反映了当地人们基于特定价值追求而形成规范、履行规范的总体行为特征。道德文化也是一个国家或地区文化的核心和灵魂,它最能代表或展示一个国家或地区人们的深层文化心理特征。精神文明建设是道德文化发展的环节,也是一个地

---

① 胡剑谨主编:《续写创新史:温州改革开放40年研究》,浙江人民出版社2018年版,第1页。

方道德文化发展水平的重要表现。在国家稳定与世界和平的环境下,精神文明同物质文明一样,都是可以通过政府有计划、有目的的社会建设方式被发展出来的。通过精神文明建设,一个国家或地区的道德文化得以扩充、更新和发展,从而逐渐形成了一个国家或地区的文化认同心理和文化自觉或自信觉悟。

道德主要是通过风俗习惯、社会舆论、个人德行修养等途径来引导和规约人们的日常行为,发挥着调节人际权益和个人身心健康的功能。随着社会的变迁和人们成长环境的变化,人们的道德观念、道德心理、道德仪式也会发生变化。作为人的精神活动体现,人的道德活动方式也具有相对独立性,先进的、开放的道德观念或信念和道德态度会促进人的实践自信和实践创新,促进生产力的发展;落后的、保守的道德观念或信念和道德态度会抑制人的实践创新和自信,进而阻碍生产力的发展。社会主义道德文化发展和精神文明建设的最终效果是实现每一个人的自由全面发展,实现人与人之间和人与自然之间的和谐共生发展。

一、温州道德文化发展与精神文明建设概观

温州道德文化,是温州人民在长期的社会生产和谋求权益过程中逐渐形成的,它反映了温州人民在调节人际权益和获得个人身心健康的过程中所形成的思维方式、价值取向等方面的特征。温州道德文化源远流长,其基本价值取向可以追溯到南宋时期永嘉学派所主张的"以利和义"道德事功思想。永嘉学派"以利和义"的道德事功思想,主要是讲要通过"以利促义""寓义于利"的道德思维路径来实现"社会道义",拒斥空谈个体心性道义。这一思想主张既展现了温州人民在与恶劣的温州地理、历史环境做斗争过程中所形成的"勤于实践、精于思考、善于团结、事功求效"的道德文化心理品质,也反映了汉代以来儒家正统"重义轻利"思想与南宋时期温州实际相结合的一种道德义理创新,即注重从社会中下层人民的实际生活需要来阐释儒家的心性道德义理。就此而言,永嘉学派主张"以利和义"道德事功思想体现了对社会中下层人民生活问题的道德关心,在当时具有人性解放和社会平权的启蒙意义,反映出南宋时期市民生活和商品活动的活跃。

　　1840年鸦片战争的爆发,打破了中国自给自足的自然经济模式,建立在此基础上的封建道德文化面临解构的命运,温州传统道德文化也面临解构和新的发展。1876年,温州被辟为通商口岸,进一步促进了温州社会道德观念的变革。在此过程中,温州知识分子一方面以"强国富民"为目标导向,通过提倡实业、办学、留学等方式学习和传播西方先进技术和文化观念,力图改善温州人民的贫苦生活;另一方面,则以永嘉学派"以利和义"道德事功思想来比对和诠释西方工商业文明背后的道德义理,着力促进人们的道德观念变革。这为后来温州人的世界行商意识、卓越工匠精神、现代道德文化心理的形成奠定了重要历史条件。当然,这一过程也是西方工商业文明、宗教和道德文化与温州实际相结合的发展过程。

　　鸦片战争以来,中国道德文化发展内容主要围绕社会革命和阶级斗争而展开,但因为当时社会经济、政治、文化、阶层等因素的剧烈变化,各种社会道德思潮激荡起伏,人的精神家园四处漂泊,没有一种道德文化能够真正代表中国人民的道德愿望和中华民族道德的前进方向。直到俄国"十月革命"一声炮响,为中国送来了马克思列宁主义;五四运动促进了马克思主义与中国工人运动相结合,进而催生了中国共产党。马克思列宁主义站在社会劳苦大众的立场,强调通过革命斗争和无产阶级专政方式摧毁腐朽的、剥削阶级的道德文化意识形态。中国共产党人充分吸收马克思列宁主义之思想精髓,以马克思主义实践真理观为根本指导,在实践中运用和发展马克思主义,形成了中国共产党领导下的中国化马克思主义理论。中国共产党领导下的中国革命道德文化属于中国化马克思主义理论的重要组成部分,它是中国共产党带领中国人民在长期的革命和建设实践中逐渐形成的新型道德文化,反映了中国最广大穷苦人民的道德愿望和中华民族道德文化的前进方向。中国共产党领导下的中国新型道德文化特别强调,要用坚决的革命斗志去克服传统道德文化中那种软弱无能、毒化意志的道德玄想,强调道德文化发展要为人的现实生活服务、为人民大众服务,强调要通过社会实践和实干的方式来实化道德理念,反对空谈道德。

　　中国共产党领导下的马克思主义新型道德文化与永嘉学派所主张的"以利和义"道德事功思想之间有着精神义理上的相通性,中国共产党在温州地区领导的革命斗争历程,也为温州人的精神淬炼和思想升华提供了重要历史条件。换言之，古代温州恶劣的地理、历史环境孕育了温州人坚忍不拔、自强不息的精神品质，在近现代再经过革命战争烈火的淬炼和马克思主义的思想洗礼后，温州人的精神世界已经变得更加富有拼搏进取、自强不息的革命气质。例如，温独支（中国共产党温州独立支部）成立之后积极传播马克思列宁主义和发动工农运动、红十三军建立之后与反动势力进行艰苦卓绝的革命斗争、中共浙江省一大在平阳召开等，这些重大革命历史事件都充分体现了温州人民坚忍不拔、顽强拼搏的革命斗争精神和信念坚定、勇于奉献的集体主义道德情怀。所以，我们看到，改革开放之后，在商品经济的竞争浪潮中，温州人率先探路，勇往直前，处处表现出敢为人先的精神气概，创造出了"温州模式"，为中国探索实现共同富裕道路提供了先行经验。这些无疑是艰苦卓绝的温州革命道德精神与"以利和义"传统道德事功精神在新的历史条件下和实践情境中精神叠加、优化发展的体现。

党的十一届三中全会召开之后，随着党和国家工作重心的转移，围绕中国特色社会主义市场经济体制的探索和发展，党和国家制定了有计划、分阶段的社会主义精神文明建设任务，依次开展了"五讲四美三热爱"、公民道德建设实施纲要、社会主义荣辱观、社会主义核心价值观等精神文明建设活动。温州道德文化发展与精神文明建设成效，也是在党和国家有计划、分阶段的道德建设进程中逐渐取得的，基于温州传统道德文化涵养的温州模式、温州人精神也是在此过程中显现出来的。

改革开放之初，温州成为我国第一个发展商品经济的试验区，也是我国14个农村改革试验区之一。随着温州商品经济的发展和人们道德观念的变化，新形势下温州道德文化发展与精神文明建设的内涵特征和发展走向开始受到各界关注。1986年12月9日至14日，浙江省社科联与中共温州市委宣传部在温州市联合举办了"温州试验区精神文明建设理论研讨会"，来自中央书记处、中宣部、中国社会科学院、上海社联、文汇报、光明日报、解放日报、各省区市和院校等的130多位专家和学者参加了此次研讨会。大家对当时温州道德文化发展和精神文明建设的现状特点、存在问题和未来发展等问题都做了热烈讨论和并提出了对策建议。在此背景下，温州市结合当时温州社会经济发展的实际要求，逐步开展了道德榜样、质量兴市、公益慈善、文明城市、美丽乡村等精神文明创建活动。经过30多年的创建积累，社会主义精神文明建设在温州取得了巨大成效,温州道德文化与精神文明的发展水平也获得了整体提升,成为之后温州及浙江走向高质量发展和建设共同富裕示范区的重要精神动力和重要内容之一。

提升产品质量是人类进入现代工商业社会最重要的道德标志。现代温州道德的形成和发展,首先就是从提升温州产品质量开始的。改革开放不久,少数温州商人因为制售假冒伪劣商品,极大地损害了温州商人和温州产品的市场形象。为改变这一不利局面,1994年,温州市在全国率先提出实施"质量立市"战略,第一个颁布了《温州市质量立市实施办法》,拉开全面打假治劣、名牌兴业、信用建设、品牌强市的大幕,从严从实抓温州产品质量建设。同时,温州人固有的卓越道德事功精神也促使温州商人进行理性反思和行为纠正,他们通过聘请专家、引进技术、股份合作等方式来提升产品和服务质量,逐步改善了社会声誉,赢得了市场。温州民间与政府之间的良性互动,使温州市实施"质量立市、质量兴市、质量强市和信用温州"等办法取得了显著成效,在短短20年时间里,温州产生了许多知名品牌,拥有38个中国品牌、58个驰名商标、42张国字号产业基地"金名片"。2014年12月,全国质量强市示范城市现场验收组对温州质量创建工作给予了充分肯定,认为"温州做法"在全国具有借鉴和示范意义。"仓廪实而知礼节,衣食足而知荣辱。"在产品质量提升基础上,温州道德文化发展有了根本的物质基础和经验条件,温州公益慈善、文明城市、美丽乡村等建设活动逐步开展起来。

产品和服务质量是对人的道德品质的试金石。温州质量和品牌建设过程,也是温州人现代道德品质的培育过程。产品质量提升了温州人的品牌保护意识和市场规则意识,也逐渐培育出温州人的工匠精神。温州工匠精神的影响是全方位的,它不仅深刻地形塑和改造了温州人和新温州人的现代道德心理结构,提升了温州人民的整体道德素养,也倒逼了温州政府公共服务效能的改革,产生了"即办制""最多跑一次"等提升行政效能的改革举措,提升了政府的公德水平。

温州人的工匠精神,是当代浙江人工匠精神的组成部分,也是市场经济条件下中国工业文明和工业制造业发展的一种缩影。它深刻地揭示出中国社会发展实现了由农村向城市的结构转变和由农民向市民的社会身份转变。"温州制造"也是"浙江制造"和"中国制造"的组成部分,是实现中国式现代化道路的一个重要环节。道德都在行动之中,道德都在作品之中,道德欺诈与道德诚实之间的历史博弈最终都会定型于作品实物之中。温州产品和温州人的工匠精神既体现了温州人的一种"做工"精神,也反映了温州人的一种"精细"思维,它很大程度上是永嘉学派"以利和义"卓越的道德事功精神的当代显现。

厚德才能载物,薄德无以久立。民间的厚德土壤是支撑温州精神文明建设的力量源泉,民间微善力量的持久发力是温州道德文化发展的重要表现。这些都得益于温州人民在与恶劣的自然、历史环境之长期较量过程中养成的一种勤劳勇敢、坚韧自强的道德品质。这种道德品质使温州人民在自立、自强、自足的同时又有乐善好施的品质倾向。善施在于有盈余,盈余在于有劳作,其根本在于人们能自立、自强、自足。改革开放,为温州人民勤劳勇敢、坚韧自强的道德品质转化为现实成果提供了社会条件。自20世纪70年代以来,以"红日亭"为地标的温州民间微善力量持续发展,是温州民间厚德土壤长期持存的历史见证,它为温州慈善总会、企业家基金会的各种慈善活动提供了丰厚的社会道德土壤。

人民群众对道德建设的理解和拥护往往是朴素的,通常是与经济实惠联系在一起。道德建设只有深入群众,改善群众生活,才会获得巨大的社会效应。经济建设只有真正受惠于民,才能激发人民的道德激情。道德冷漠一定程度上在于人们心寒,在于缺乏道德激情,在于人们因为过度依赖他人同情而招致的心理失落和情感收敛。所以,道德建设首先在于经济建设,在于惠及人民的日常生活。道德教育首先在于培育德行品质,在于培养人们自立、自强、自足的道德文化心理,防止人们产生依赖同情、抱怨社会的道德心理。总之,没有温州人民的根本生活改善,没有民间微善力量作为厚德土壤,没有产品质量作为物质保障,温州道德文化发展与精神文明建设很难获得持久动力和目前的成效。

21世纪以来,在科学发展观和"八八战略"指引下,温州市主要以"三生融合·幸福温州"为理念目标,积极推动温州城乡综合改革和平衡发展,加大生态和环境保护力度,加强城乡文明基础设施建设,提升城乡综合治理水平和工业制造水平,极大地改善了温州城乡人民的生产生活环境,使温州以往的自然环境劣势变成了温州社会经济转向高质量发展的优势,"绿水青山"成了温州人民的"金山银山",温州人民的公共道德素养、生活幸福感指数都有了整体提升。2014年,温州市首次获"全国文明城市"称号,2017年、2020年又分别蝉联这一荣誉称号。2016年,温州市11个乡镇(街道)获评"浙江省首批美丽乡村示范乡镇",30个村成为"浙江省美丽乡村特色精品村",且2014年以来,温州4个乡村获得"中国美丽休闲乡村"荣誉。温州城乡平衡发展和生态环境的根本改善,也极大地提升了温州人民的生活幸福感。2021年,温州蝉联"中国最具幸福感城市",这也是温州连续3年上榜"中国最具幸福感城市"名单,并位列2021年地级市榜单榜首。温州市鹿城区还上榜"2021中国最具幸福感城市(城区)",瑞安市、乐清市也荣获"2021中国最具幸福感城市(县级市)",等等。一个地区人们幸福感的提升是该地区道德水平整体提升的重要体现。没有道德水平的整体提升,没有安全感做保障,没有适宜的生活、生产、生态环境,人们很难真正体会到幸福感。温州人民生活幸福感的提升,反映了温州道德文化厚积薄发的发展成效,它是温州政府与温州人民共同努力和长期投入的结果,也是"幸福中国、平安中国、美丽中国"等发展理念与科学发展观在温州的生动体现。

党的十八大以来,温州市结合党和国家关于社会主义精神文明建设的新形势和新要求,加强了对中国共产党革命道德文化的发掘和传播,通过开展"不忘初心、牢记使命"等主题教育,发挥党史教育在多方面的思想教育辐射功能,增强了温州人民对中国特色社会主义"四个自信"的道德体认、对温州及浙江地区建设"重要窗口"和共同富裕示范区的实践自信。在此过程中,温州市一方面弘扬马克思主义指导下中国共产党革命道德文化对温州道德文化发展和精神文明建设的根本铸魂意义;另一方面,积极发掘以永嘉学派"以利和义"思想为代表的温州传统道德文化思想义理的现实转化,有力地推动了"两个结合"问题在温州的探索和实践。

二、温州道德文化发展的道德义理和动力机制特征

(一)温州道德文化发展的道德义理特征

永嘉学派所主张的"以利和义"道德事功思想构成了温州道德文化发展的道德义理源头,但在经历近现代中国革命烈火淬炼和马克思主义实践真理观

洗礼之后，"以利和义"道德事功思想已经得到了时代更新和精神扩充。"以利和义"思想蕴含了关于人的行为动机及其与效果相统一的道德评价原则或道德义理逻辑。

"以利和义"主要是讲要通过发展社会功利或增加社会财富的方式来兑现和承载社会道义，拒斥空谈心性道义。这个"利"一般指社会整体之功利，也可指个体自我之功利。这个"义"是指社会道义，含有"正义""义务""责任"的意思，它一般表示个人对他人或社会应该承担的道德责任或义务，也可表示个人对自己所肩负的道德责任或义务。概言之，"以利和义"主要讲我们对他人或社会所担负的道德责任或义务一定要体现和落实在"利益"的供给效果上，防止"利薄而义空"。

但是，永嘉学派"以利和义"的观点并不蕴含在实现自我功利与促进他人或社会功利之间的价值冲突，它在价值排序上仍然坚守儒家正统"义先于利"的道德动机论，反对人们为了个人私利而损害他人或社会整体之功利。只是不同于朱熹等人注重"正其谊不谋其利，明其道不计其功"的主观道德动机论，永嘉学派更强调从道德效果来谈论社会道义，坚持一种"以利和义"的道德效果论。所以，永嘉学派"以利和义"的道德事功思想体现了对人的行为动机及其效果评价的内在统一，体现了永嘉学人对社会现实问题的迫切关注。

朱熹等人遵从"正其谊不谋其利，明其道不计其功"的"重义轻利""义先于利"的道德观，就提升个人主观心性修养而言，并无妨碍。但是，一旦回到社会现实，面对社会各阶层之间的身份差异、文化差异、贫富差异、运气遭遇等复杂因素，人们则很难再按照纯粹主观心性动机而行动。而且，人们越是在主观心性层面谈论社会道义，越容易患主观道德心理优越症，越容易固化道德等级观念和抵制外界事实的侵入。所谓"存天理，灭人欲"，也是一种主观道德心理优越症的体现。治愈这种主观道德心理优越症，就是要在现实世界创造平等的生活条件，以让人们都能吃上相同的食物、住上相同的房子、用上相同的交通、接受相同的教育，平等享有共同的"人欲"，在平等共享的"人欲"中显现"天理"。由此，人们在现实世界享有平等、同样的东西，任何人都没有了特殊的优越感，这个时候人们的道德心理才会走向平和，才不会产生"存天理，灭人欲"二元对立的等级思维观念。

总之，永嘉学派"以利和义"道德事功思想，一方面继承了儒家正统"义先于利"的道德动机论,在个人心性层面也主张反对以损害他人或社会利益来增加个人私利;另一方面,又转化和发展了儒家正统"义先于利"的思想,提出了"以利和义"思想,主张通过人的外在实践用功、社会整体利益的增加等方式来承载和实现社会道义,防止人们止于主观心性空谈道义。这是永嘉之学更注重道德成效和关注现实民生的地方。正是因为这一点,鸦片战争之后,面对民族危亡,永嘉学派"以利和义"道德事功思想受到很多有识之士的阐扬。

永嘉学派"以利和义"道德事功思想涵养了中国共产党领导下的马克思主义实践真理观及其基于人民立场的道德事功精神,后者也涵摄和推动了前者在当代的转化和发展。所以,永嘉学派"以利和义"道德事功思想对改革开放以来温州经济发展以及中国特色社会主义道德文化的形成和发展也有着潜移默化的影响。例如,在关于个人主观道德动机的评价方面,我们坚持社会主义集体主义道德原则,就体现了对儒家和永嘉学派等中国传统道德思想中所持守的"义先于利"道德义理的传承和发展;①而在关于人的道德动机及其社会功效的评价方面,我们则注重从改善人民生活和增进社会整体功利角度来评判社会道义(或精神文明建设)问题,这可以说体现了对永嘉学派"以利和义"道德事功思想义理的传承和发展。

改革开放以来,我们党在马克思主义实践真理观指导下,坚持物质文明与精神文明"两手抓""两手都要硬"的发展思路。而在物质文明与精神文明的辩证关系中,我们党评判一项制度、政策的社会道义(或精神文明建设)程度,主要就是看它是否促进了生产力发展,是否提高了人民生活水平(或如邓小平同志所说的"三个有利于"标准)。温州作为中国改革开放和发展商品经济的先行地,为中国特色社会主义物质文明与精神文明的辩证发展关系和建设成效提供了先行经验,其中就离不开永嘉学派"以利和义"道德事功思想的潜在影响。进言之,永嘉学派"以利和义"道德事功思想义理一定程度上已经演进为当代中国社会主义语境下物质文明与精神文明的辩证发展关系。物质文明是

---

① 当然,中国特色社会主义所坚持的集体主义道德原则,是既含有马克思主义伦理学所主张的基于解放人类之目的的利他性道德文化基因,也含有源于儒家、永嘉学派等所主张的"义先于利"之整体主义的道德文化基因。这两类道德文化基因构成了我国社会主义道德文化发展的主要内在动力,指引着中国人民的个人主观道德动机始终能朝向一种集体主义(或整体主义)价值取向。

精神文明发展的条件和基础,社会功利也是实现社会道义的条件和基础。同样,物质文明发展的程度,也体现了精神文明的发展程度和发展要求,正如"以利和义"体现了"利"对"义"的基础性地位和"义"对"利"的引导性作用。①

改革开放以来,温州道德文化的发展特征也呈现出马克思主义实践真理观及其基于人民价值立场的道德事功精神与永嘉学派"以利和义"道德事功思想之间的义理融合,进一步体现了关于人的行为动机与其效果内在统一的评价原则。我们知道,温州(及浙江大部分)地区自古以来因为恶劣的自然环境,使温州人民养成了一种求真务实、注重实践、关注民生的思维习惯和文化传统。永嘉学派"以利和义"道德事功思想则是这种区域文化精神的集中体现,它体现了温州人民在面对恶劣的、复杂的生存环境时被激发出的、逐渐养成的实践创新能力和实践成效意识。而马克思主义实践真理观,也是强调要根据人的社会实践成效来评判人的认识正确性与否。在马克思主义实践真理观这里,人的"实践"不是抽象的、观念意义上的"实践",而是人们面对人的现实生存环境之复杂性问题解决的"实践",是人们破解现实难题的"实践",是人们"改造世界"的"实践"。所以,马克思主义实践真理观蕴含了实践成效性评价维度。缺乏对实践的效果性评价维度,马克思主义的"实践"概念就不可能成为推动社会发展、改善人民生活水平、改造世界的"实践",只能是止于观念意义上的"实践"。习近平在浙江工作期间就曾主张"干在实处,走在前列",并在

① 其实,如果一种精神文明建设阻碍了人民生活水平的提升、破坏了生产力的发展,那么这种精神文明的建设方向或价值取向就可能出了问题。这种精神文明建设实质上也是类似于一种个人主观玄想的道德体现,因为它只看重人的内在道德动机而忽视该道德动机所依据的外在(自然的、社会的)客观条件和所产生的客观效果。例如,中华人民共和国成立之后,我们在完成三大产业改造之后不久,推行"一大二公"的思想主张。从个人主观道德动机来看,"一大二公"的思想动机是好的,它是要彰显每一个人的集体主义道德动机,但是从道德成效来看,当时推行"一大二公"思想主张并没有真正改善人民生活水平,甚至阻碍和破坏了生产力的发展,对后来中国社会主义建设进程也产生了不利影响。为此,党的十一届三中全会以来,党中央总结经验和教训,破除个人主观道德想象,重新确立马克思主义实践真理观的指导地位,从历史唯物主义视角拨正了物质文明与精神文明的辩证发展关系,将个人心中信奉的共产主义社会道义(动机评判)切实转化为一种用于提高人民生活水平和促进生产力发展的道德效果(效果评判),由此逐渐恢复和发展社会生产力,提高了人民生活水平。当然,当时倡导和践行"一大二公"的思想主张,反映了我们党建设社会主义国家的经验有所不足。

G20杭州峰会期间将"浙江精神"概括为"干在实处，走在前列，勇立潮头"，这里的"干在实处，走在前列"就充分展现了马克思主义的实践真理观。

"干在实处"中的"干"字强调了人们应该具有实践的态度和动机，而不该只有坐而论道、说而不做的态度；"实处"强调的是"干"的具体问题指向和实际效果产出，即面对现实情境中各种复杂问题的解决办法、解决程度和所产生的效果。只有"干"的态度和动机，没有面向现实难题之解决办法和实际成效，还不是完整意义上的"实践"，也不可能产生真正的科学认知。共产党人的"实践"态度若不能转化和生成为一种破解现实难题的办法和产生实际的效果，就不可能是真正马克思主义意义上的"实践"，就不可能改善人民的生活情境和民族的历史处境。一个人只有在具体的实践情境中，只有"干在实处"，才能锻炼出一种更好的、更强的应对复杂问题之解决的能力、毅力、斗志、信念、信心，才有可能"走在前列"。①一个人如此，一个政党、一个民族、一个国家也是如此。所以，从道德评价机制或道德义理逻辑上看，马克思主义的实践真理观蕴含了对人的行为动机及其效果相统一的评价原则。

从这个意义上讲，改革开放以来，中国共产党在温州地区推行一系列方针和政策，有效地促进了马克思主义实践真理观与永嘉学派"以利和义"道德事功思想之间的义理融合，②有效地促进了"两个结合"问题在温州的探索和实践，从中也孕育出了一种迎难而上、勇于"改造世界"的"温州人精神"。

（二）温州道德文化发展的内在动力机制特征

改革开放以来，温州民间道德力量异常活跃。产生这种道德现象的诱因也非常复杂；但是总体观之，我们认为，"文化""资本""道德"三要素之间的内在互动构成了其主要动因。

---

① 方德志：《干在实处　走在前列——习近平在浙江工作期间对马克思主义实践真理观的丰富和发展》，《温州日报》2022年8月15日第5版。

② 改革开放以来，浙江地区除了展现马克思主义实践真理观与温州永嘉学派"以利和义"道德事功思想之间的义理融合，还展现了马克思主义实践真理观与王阳明"知行合一"道德事功思想、永康学派"义利并举"道德事功思想等为代表的浙江传统历史文化之间的义理融合。这个过程也同样展现了马克思主义实践真理观与以浙江历史文化为代表的中国传统历史文化之间的义理融合，从中也孕育出了以"浙江精神"等为代表的中华民族精神的时代特质。

"文化"是指中华优秀传统道德文化,在这里就是指基于永嘉学派"以利和义"思想的温州传统道德文化。传统道德文化是历史沉淀下来的,它塑造了温州人民道德文化心理的母型结构,使温州人民具有"干事求效"的务实品质、"抱团作业"的群体意识和"敢为人先"的实践创新斗志。传统文化的作用主要是随着温州人民遭遇新的实践情境而被激活起来的,它会融入实践情境而生成一种时代精神,成为人们形成精神共识的内在力量。随着"温州模式"和"温州人精神"的形成,温州人民会自觉激活以永嘉学派"以利和义"为代表的传统道德事功文化,不断分析和充实其价值内涵,而这种事功文化作为一种潜在的精神共识,又会推动温州人民的实践创新。

"资本"是人类进入现代工商业社会的发展产物,是推动现代工商业社会发展的最重要的动力要素之一。作为一种生产要素或价值对象,资本是人类科学思维、理性思维和经济思维长期发展的必然结果,是社会生产力和生产关系发展的必然结果。因此,资本也有其社会进步的一面。资本(经济)思维,作为人类科学思维、理性思维的表现形式,天生具有一种以最小投入而获得最大产出的本质特征。在现代工商业文明社会,资本思维会使各类生产要素得以科学地聚合配置,会节约生产成本和提高效率,市场经济最终要靠资本思维来实现资源有效配置,故资本也是现代工业社会最活跃的生产要素之一。

但是,资本作为一种人剥削人或人压迫人的工具,是私有制与个人主义道德观长期发展的结果,也是人类科学思维、理性思维、经济思维异化发展和反制人的表现,它在利己主义(以个体自我为中心,而不是以整体存在为中心)道德观指引下,会带来生产的盲目性、市场的破坏性、资源的浪费性、人性开发的单一性等负面效应。从马克思主义唯物史观来看,资本的产生反映了人类在特定社会历史时期的生产力水平和社会关系状况,特别是在资本的原始积累时期,"资本来到世间,从头到脚,每个毛孔都滴着血和肮脏的东西"①。在社会生产力极度发达和社会财富极度丰富的情况下,人类可以超越资本的思维,不再只受科学(理性)思维、经济思维的反制,也不再受财产私有观念和个人利己主义道德观的反制,从而走向个人的全面发展。当然,我们也要看到,现代西方资本主义社会的产生和发展,既体现了人类社会生产力发展水平和社会结

---

① [德]马克思:《资本论》(第一卷),人民出版社1975年版,第829页。

构关系状况的一般特征,也与西方科学理性主义思维传统和现代个人主义道德观流行有关。西方科学理性主义思维的最大特点就是追求认知合理性,由认知合理性推导出一种认知"理想"或"理念",而这种"理念"具有极度的抽象性,它能够通过实验而创制出强大的物化世界,但也会对人的感性丰富性构成极大的扁压。在私有制和个人主义道德观流行的条件下,资本已经迷失了它原初的增殖目的,而成了认知合理性思维的应用工具,一种放大的"认知合理性"。所以,马克斯·韦伯是在西方理性主义传统文化中寻找现代西方资本主义产生的精神源头。

资本会促进社会道德发展,因为资本有增殖的欲望和节约成本的愿望,就会有研究人性、开发人性,以至博得人性喜欢的愿望,而人性的共性愿望就是寻求每一个人的"自由而全面的发展"。所以,为了逐利和增殖,资本会间接地推动人口素质和社会文明的进步。改革开放以来,温州民营企业发展和民间资本集聚,促使温州民营企业家有意识地提高产品和服务质量,参与社会道德建设,推动了温州社会道德和文明的进步。改革开放以来,中国确立了社会主义市场经济体制和建设社会主义精神文明,也根本离不开资本要素的培育和发挥作用。但是,在私有制和个人主义利己道德观的作用下,资本虽能促进社会道德发展,但道德终究只是资本的衍生物,是资本增值的手段,最后会导致资本压制人,走向人的异化生存。为此,我们需要一种超越(基于科学理性思维的)资本思维的道德思维,即社会主义集体主义道德思维。通过社会主义集体主义道德思维来规约和引导资本思维,使资本朝向"共同富裕""人的全面发展"目标发展。改革开放以来,特别是近10年来的中国发展经验,充分证明中国经济和社会的健康发展离不开社会主义集体主义道德原则的指导。

"道德"是一种行为规范和精神秩序,在这里就是指社会主义集体主义道德原则,它内化为共产党"以人民为中心"或"执政为民"的政治理念。传统文化心理对资本有潜在影响,先进道德原则对资本有规约和导向作用。最近10多年来,特别是党的十八大以来,温州经济和社会转向高质量发展、探索建设共同富裕示范区和"重要窗口",根本离不开社会主义集体主义道德原则对温州民营资本的有效规约和精神引导。所以,在我国社会主义初级阶段,我们既需要充分发挥和发展各类资本配置资源的作用,促进生产力的发展,也要有效发挥集体主义道德原则的规约和引导作用。

总之，传统文化、现代资本与面向未来发展的社会主义道德之间的内在互动，有效促进了温州道德文化的不断发展，并使温州在探索和推进中国式现代化道路过程中逐渐形成了一种相对稳定的动力结构要素。

实际上，党的十八大以来，随着我国市场经济体制的深入发展和社会主义建设经验的积累，共产党人对市场经济体制下发挥非公有企业和各类资本的积极作用有了更深入的认识，对各类资本的规范意识、治理能力和治理经验也有了更深入的把握。例如，2016年3月4日下午，习近平总书记在参加全国政协十二届四次会议民建、工商联界委员联组会的讲话中指出："我国非公有制经济，是改革开放以来在中国共产党的方针政策指引下发展起来的，是在中国共产党领导下开辟出来的一条道路。……我在这里重申，非公有制经济在我国经济社会发展中的地位和作用没有变，我们毫不动摇鼓励、支持、引导非公有制经济发展的方针政策没有变，我们致力于为非公有制经济发展营造良好环境和提供更多机会的方针政策没有变。"但是，"非公有制经济要健康发展，前提是非公有制经济人士要健康成长。广大非公有制经济人士也要认识到这一点，……要深入开展以'守法诚信、坚定信心'为重点的理想信念教育实践活动，始终热爱祖国、热爱人民、热爱中国共产党，积极践行社会主义核心价值观，做爱国敬业、守法经营、创业创新、回报社会的典范，在推动实现中华民族伟大复兴中国梦的实践中谱写人生事业的华彩篇章"①。

在"非公有制经济要健康发展，前提是非公有制经济人士要健康成长"讲话精神指引下，2018年8月9日，温州获批创建全国首个新时代"两个健康"先行区；同年10月18日，时任温州市委书记陈伟俊发文指出，要"以'两个健康'引领民营经济高质量发展"②。2018年11月1日，习近平总书记在民营企业座谈会上指出，"民营经济是社会主义市场经济发展的重要成果，是推动社会主义市场经济发展的重要力量"，"支持民营企业发展，是党中央的一贯方针，这一点丝毫不会动摇"，并再一次提到"非公有制经济要健康发展，前提是非公有

---

① 习近平：《毫不动摇坚持我国基本经济制度，推动各种所有制经济健康发展》，《人民日报》2016年3月9日第2版。
② 陈伟俊：《以"两个健康"引领民营经济高质量发展》，《人民日报》2018年10月18日第10版。

制经济人士要健康成长"。①可以看出,搞社会主义市场经济不是不要非公经济和资本参与,关键是要看非公经济和资本是否遵守党的路线方针和执政理念,是否遵守社会主义基本道德准则和价值立场。2021年10月22日,温州市第十三届人大常委会第四十二次会议通过了《温州市"两个健康"先行区建设促进条例》,2021年11月25日,浙江省第十三届人大常委会第三十二次会议批准了《条例》(以下简称《条例》)。《条例》第三条指出:"新时代'两个健康'先行区建设工作,应当坚持中国共产党的领导,贯彻新发展理念,坚持公平竞争,遵循市场规律,支持改革创新,加强法治保障,鼓励、支持、引导非公有制经济发展。"②

　　2021年12月8日,习近平总书记在中央经济工作会议讲话中指出:"搞社会主义市场经济是我们党的一个伟大创造。既然是社会主义市场经济,就必然会产生各种形态的资本。……我们要探索如何在社会主义市场经济条件下发挥资本的积极作用,同时有效控制资本的消极作用。"③为此,进入社会主义发展新阶段,我们既要"正确认识和把握实现共同富裕的战略目标和实践途径",也要"正确认识和把握资本的特性和行为规律"。④2022年4月29日下午,习近平总书记在中共中央政治局第三十八次集体学习时指出,"资本是社会主义市场经济的重要生产要素,在社会主义市场经济条件下规范和引导资本发展,既是一个重大经济问题,也是一个重大政治问题,既是一个重大实践问题,也是一个重大理论问题,关系坚持社会主义基本经济制度,关系改革开放基本国策,关系高质量发展和共同富裕,关系国家安全和社会稳定,必须深化对新的时代条件下我国各类资本及其作用的认识,规范和引导资本健康发展,发挥其作为重要生产要素的积极作用"⑤,同时还强调要"依法规范和引导我国资本健康发展,发挥资本作为重要生产要素的积极作用",要"加强新的时代条件下资本理论研究","不断深化对资本的认识,不断探索规范和引导资本健康发展

---

① 习近平:《在民营企业座谈会上的讲话》,《人民日报》2018年11月2日第2版。
② 《温州市"两个健康"先行区建设促进条例》,《温州日报》2021年12月8日第5版。
③ 习近平:《正确认识和把握我国发展重大理论和实践问题》,《求是》2022年第10期。
④ 习近平:《正确认识和把握我国发展重大理论和实践问题》,《求是》2022年第10期。
⑤ 习近平:《依法规范和引导我国资本健康发展,发挥资本作为重要生产要素的积极作用》,《人民日报》2022年5月1日第1版。

的方针政策"，"全面提升资本治理效能"。①

如果退回到10年前的温州镜头，我们或许更能明白共产党人治理中国（资本）市场经济的能力提升和经验把握。我们知道，2011年，温州发生了民间借贷危机，启动了温州城乡统筹改革，推出了"即办制"行政效能改革等重大历史事件。②这三大事件之间其实有着一种内在的历史逻辑联系。第一，民间借贷危机的发生，展示了较早成长的温州民间资本开始外溢实体经济，部分民间资本主体企图通过转入虚拟经济来追求高额利润。这一方面反映了我国政府此时在治理或监管资本运营方面还缺乏经验，在对资本发展的规律性认识、引导资本投资渠道等方面反应还不够灵敏；另一方面，也反映了资本因为自身的逐利性、盲目性等一般特性而招致的自我损伤和市场破坏（2012年3月28日，国务院决定在温州设立金融改革试验区，体现了新形势下我国资本市场的规范运行和健康发展在温州的深入探索和实践）。第二，温州开展城乡统筹综合改革，是党中央提出的科学发展观和浙江省委提出的"八八战略"在温州的具体践行，它也体现出科学发展观是对中华人民共和国成立之后很长时期内遵循"工业化—城市化—现代化"这一发展主线的一种补充和完善。温州通过城乡统筹综合改革，实施"美丽乡村"工程，则为温州民间资本从城市（房地产投机）资本市场转向"美丽乡村"（资本市场）提供了机遇和空间，这就有利于化解民间资本集聚风险，等于是帮助资本"上岸"，进而推进温州"乡村振兴""共同富裕""重要窗口"建设。③第三，资本的发展和市场的开拓，对政府的市场治理能力和公共服务效能又会提出新的要求，所以温州市实施"即办制"改革（这为后来浙江省推行"最多跑一次"改革提供了先行经验）很大程度上就是温州市政府应对温州民营资本步入深水盲区（治理经验）的一种先行探路，或者说是中

---

① 习近平：《依法规范和引导我国资本健康发展，发挥资本作为重要生产要素的积极作用》，《人民日报》2022年5月1日第1版。

② 2011年秋季，笔者因为被抽调到温州市委办秘书处顶岗培训（参与"即办制"改革）而了解到这些改革事件的历史关联。这些事件的发生，现在看来具有重要的历史意义。

③ 根据中国房地产市场的发展历史和经验教训，我国政府对资本进入"美丽乡村"市场也应该要有预先防范和优化配置意识，要防止"乡村振兴"过程中低水平重复建设和同质化发展取向。

国政府提升市场经济治理能力的一种先行探路①。最近10多年来,温州及整个浙江经济和社会的深刻变化,可以说都离不开以上三大事件之间的逻辑耦合和功能发挥。据此而言,2011年温州开启多项改革之举,是新时代彰显中国之治、中国之路在温州的先行探索和实践。

总之,资本是人类进入现代工商业文明社会客观存在的对象,它既有积极的一面,也有消极的一面,在全面建设社会主义现代化进程中,我们始终要坚持社会主义集体主义道德原则,始终要坚持"以人民为中心"的政治理念,着力提升党和国家面向现代化的治理能力和治理水平,以先进的道德理念和政治立场引导和规约温州民营企业和民间资本主体的健康发展,充分发挥温州传统"文化"与温州民营"资本"和社会主义集体主义"道德"原则之间的良性互动关系,规避资本的负面影响,推动社会主义条件下温州民营企业和各类资本为温州"乡村振兴、共同富裕、重要窗口"建设目标服务。

三、关于本书的立意思路、内容结构、主要观点、创新和不足之处等的说明

(一)立意思路

本书立意思路含有两方面的思考:一方面,力图阐明温州道德文化发展的义理逻辑和历史进程。温州道德文化发展源远流长,而我们认为"以利和义"思想构成了温州道德文化发展的最初思想源头。本书就是以永嘉学派"以利和义"道德事功思想的历史演进和现代传承为思维视角和逻辑线索,对温州道德文化生成和发展过程做一个整体性的阐述。当然,本书重点是阐述改革开

---

① 作为社会主义国家,我国搞市场经济与资本主义国家搞市场经济之间有着很大不同。前者对政府的市场监管能力和责任要求会有更高要求,而后者在政府失职或失策的情况下,往往可以通过军事霸权等方式转嫁资本危机,甚至引发世界大战。但是,中国不会走资本主义国家的老路。为此,中国(资本)市场经济的深入发展,对政府的治理能力、治理水平、治理理念都提出了更高要求,政府必须要适时跟踪资本市场的发展动向和规律,以"共同富裕"为根本导向,为资本提供健康的投资环境和渠道,及时化解资本集聚产生的负面效应。中国政府这一能力的形成过程,也说明中国式现代化道路与西方式现代化道路注定是不同的。

放以来温州道德文化和精神文明建设成效,以便总结和呈现温州道德文化发展的历史经验,促进新时代温州道德文化建设事业健康发展。

另一方面,本书也探析了"两个结合"问题和关于优秀传统文化"两创"问题在温州道德文化方面的探索和实践。这里主要涉及以永嘉学派为历史坐标的温州传统道德文化与马克思主义道德文化之间的义理融合问题。本书就以马克思主义实践真理观与永嘉学派"以利和义"道德事功思想之间的义理融合和价值融通为思维视角,从"情""实"学理统一视角力图阐明当代温州道德文化和精神文明建设成效背后的理论根源和义理逻辑。

(二)内容结构

全书共分为五章,主要按照温州道德文化发展史的逻辑演进顺序来安排,重点是阐释改革开放以来温州道德文化发展与精神文明建设成效、经验特征和未来展望。所以,第三、四、五章内容构成了本书的重点。

第一章追溯了以永嘉学派为代表的温州传统道德文化的思想义理特征和当代影响价值;第二章简述了中国近现代以来温州革命道德文化的发展演变;第三章重点阐述了改革开放以来温州道德文化发展和精神文明建设的主要成果和表现;第四章概述了新时代以来温州道德文化发展的新特点和新内容;第五章总结了改革开放以来温州道德文化发展和精神文明建设的主要经验,以及新征程下的发展目标和基本路径。

(三)主要观点

通过对温州道德文化发展和精神文明建设成效的总结和经验提炼,本书主要得出以下几个方面的观点和启示。

第一,温州道德文化发展主要经历了四个历史阶段:以古代永嘉学派为代表的传统道德事功文化,近代以来中国共产党领导下的温州革命道德文化,改革开放之后形成的"敢为人先"的温州人创业文化,党的十八大以来正在形成的以共享、共富、共进为价值导向的新时代温州人的精神文化。每一次温州道德文化的扩充、更新和发展,都是温州人民应对新的历史实践情境而进行价值融合和思维创新的结果,都是温州人民时代精神的集中展现。

第二,当代温州道德文化发展的价值内涵主要体现了永嘉学派"以利和义"道德事功思想传统与中国共产党领导下马克思主义实践真理观之间的义理融合和价值融通。在马克思主义实践真理观指引下,以永嘉学派为历史坐标的温州传统道德文化实现了创造性转化和创新性发展,生成了"温州模式"和"温州人精神"。

第三,改革开放以来,温州道德文化发展的内在动因,是温州优秀传统"文化"、现代温州民营"资本"和社会主义集体主义"道德"原则之间相互聚力的结果。"文化""资本""道德"之间的内在嵌入和聚力,作为一种动力模式,也是产生"温州模式"(及"浙江模式")的内在动因,这种动力模式对于我们探索推进中国式现代化道路有着重要启示意义,对于新时代温州市创建"两个健康"先行区也有着重要指导意义。

第四,改革开放以来,在开展物质文明与精神文明"两手抓""两手都要硬"的建设过程中,我国的道德文化发展和精神文明建设水平必须反映或体现我国各历史时期物质文明的实际建设水平,而不能超越或脱离这个实际水平,否则,设置过高的道德水准和文明要求,就会妨碍物质文明的发展。

第五,改革开放以来,我国开展社会主义精神文明建设,是没有先例经验的,完全是靠党领导人民在物质生产实践中,不断发现道德问题、适时提出道德建设计划、不断总结建设经验来实现社会主义精神文明建设成果由量的积累到质的飞跃。这一点,我们从20世纪80年代初党中央提出的"四有新人"和开展"五讲四美三热爱"建设活动,到90年代中期提出的开展"全国文明城市"创建活动,再到21世纪初提出的"公民道德建设实施纲要"以及2019年制定实施的《新时代公民道德建设实施纲要》等一系列有关社会主义精神文明建设计划和任务中就可以看出。新时代以来,温州及浙江地区走向高质量发展建设共同富裕示范区,精神文明建设成效在其中发挥了重要推动作用。

第六,开展社会主义精神文明建设,必须以人为本,必须围绕广大人民群众的生产生活需要开展各项建设活动,不能徒于形式、流于表面。只有为人民群众在日常生活中增添了真正的获得感、幸福感、安全感、存在感,各项精神文明建设活动才能得到人民群众的大力支持和自律履行,才能促进人们走向道德共识和文明认同。

第七,改革开放以来,党中央在不同时期开展精神文明建设和经验提炼的过程,也是中国政府逐渐构筑中国价值话语、彰显中国道德精神、反映中国道德人性的过程,同时也生动反映了中国工业化、城市化、现代化的建设进程。例如,改革开放以来,温州轻工业品市场的形成、温州质量品牌的树立、温州工匠精神的塑造等现象发生是自中华人民共和国成立以来国家以工业化谋求现代化之强国富民精神的延续,温州民营企业发展带动了全国大多数地区农村人口居住结构的变化和道德文化心理的变化,加速了中国城市化的发展步伐和城市文明的发展。温州这些情形的变化为中国道路、中国话语、中国精神、中国文明的理论建构提供了重要条件。

第八,新征程下,继续推动温州道德文化发展和精神文明建设,对于探索中国特色社会主义道德文化的前进方向、促进温州(及浙江)人民走向"文化自信""道德共识""精神共富"等具有重要理论和现实意义。理解共同富裕的一个重要维度是基于人们"道德共识"和"精神认同"的"精神共富"。没有"道德共识""精神认同",人们很难体认真正的共同富裕。反之,建成一种基于人们"精神共富"上的共同富裕,会让人们越来越安心于做好本职工作、培育人们的职业精神、工匠精神和创新精神,从而规避那种急功近利、唯利是图的物质享乐精神。

(四)创新和不足之处

首先,本书对温州市(及浙江省)道德文化发展与精神文明建设研究有一定的补充和推动价值。浙江地区拥有深厚的历史道德文化资源,也有生动的道德生活实践和精神文明建设成果,特别是最近10多年来在科学发展观和"八八战略"的指引下,浙江地区已经转向人与自然和谐发展、城乡平衡发展的高质量发展轨道,浙江地区精神文明建设成果丰厚。同时,浙江也是中国革命红船的启航地、改革开放的先行地和习近平新时代中国特色社会主义思想的重要萌发地。所以,总结和提炼改革开放以来浙江地区在道德文化发展与精神文明建设方面所取得的成果和经验,非常有代表性意义,它既展示了党中央在过去几十年里开展社会主义精神文明建设的科学性和有效性,也提议了新时代党中央提升社会主义精神文明建设的必要性和可行性。

目前来看,国内学界对浙江文化精神方面有较多研究,但还没有一本集中反映改革开放以来浙江地区道德文化发展和精神文明建设成效的著作,本书力图"弥补"这一研究议题之不足。本书虽然是以"温州道德文化建设与发展"

为题,但是全书的构思逻辑是以党中央、浙江省、温州市统一推进社会主义精神文明建设为历史背景,通过本书我们一定程度上能够"窥见"党中央和浙江省开展精神文明建设的历史轨迹和成效。例如,本书第三章和第四章内容,依次展示了改革开放以来,温州市从改革初期树立"经济能人"形象到现在推选日常"温州好人"形象,从20世纪90年代注重"产品质量、社会信用、民间慈善、志愿服务"建设,到21世纪以来注重"文明城市、美丽乡村、公民道德"建设等,这些建设任务和目标都反映了党中央、浙江省、温州市统一推进社会主义精神文明建设事业的清晰蓝图和实际效果。

其次,本书对于"两个结合"问题在温州市(及浙江省)道德文化发展中的理论探索和实际运用有一定推动价值。习近平总书记在庆祝中国共产党成立100周年大会上的重要讲话中明确提出,"把马克思主义基本原理同中国具体实际相结合、同中华优秀传统文化相结合"的重大理论观点,即"两个结合"问题。解决"两个结合"问题的现实路径在于:我们始终能把马克思主义基本原理与各地区人们的具体社会"实践"活动结合起来。我们只有通过人的社会"实践"机制才能实现"两个结合",即我们只有在面向各省区市的具体现实问题(或发展难题)之解决中才能实现"两个结合"的目标。因此,"两个结合"问题不仅仅是个理论问题,更是个实践问题,它从根本上依赖马克思主义实践真理观在各个地方的具体"实践"和成效表现。只要深入理解和坚持运用马克思主义实践真理观,"两个结合"问题就会在实践中被解决,在理论上被提炼出来。中国共产党成立100多年来,由于在根本上坚持了马克思主义实践真理观的指导,破解了中国革命、建设、改革等各个历史时期党和人民在"实践"活动中遇到的各种具体难题,取得了各阶段的发展成果,先后提炼和形成了毛泽东思想、邓小平理论、"三个代表"重要思想、科学发展观、习近平新时代中国特色社会主义思想等,这些都是党和国家在宏观层面解决"两个结合"问题的体现。

本书以马克思主义实践真理观与永嘉学派"以利和义"道德事功思想之间的道德义理融合为思考视角,力图推动马克思主义实践真理观与以永嘉学派为代表的中华优秀传统文化之间的学理融合和价值汇通,从而深层揭示温州道德文化发展与精神文明建设成效之背后的义理逻辑和精神动力。为了展现"两个结合"问题在温州市(及浙江省)道德文化发展和精神文明建设中的具体表现和实际成效,本书也将永嘉学派"以利和义"道德事功思想与马克思主义实践真理观之间的道德义理融合效果，进一步阐释为一种"情""实"统一的道德义理逻辑，从而展示新时代中国特色社会主义道德文化发展的理论创新和义理开拓。

例如，本书第四章第四节内容对温州道德文化发展中所体现的"情""实"统一义理逻辑做了集中阐述。这里的"情""实"统一可以被视为对中国传统道德文化中"义""利"统一、"知""行"合一等思想义理的一种继承和发展，也可以视为对马克思主义实践真理观及其人道主义思想的中国转化和发展。中国传统道德文化和马克思主义道德文化都非常注重对人的人道主义情感投注，中国传统道德文化非常关注人的生活实践，而马克思主义道德文化也非常注重人的生产实践。"情""实"统一主要是指我们个人对他人或群体怀有的道德责任或义务或情感动机，一定是要通过转化为一种能够产生道德效果的实际行动来兑现，否则，我们个人对他人或群体的道德关心就会落空。改革开放以来，温州人勇于实践、敢于创新的精神品质，一方面体现了对自身的道德关怀、对自己生命的尊重，另一方面由"商行天下"转化出"善行天下"，展示了温州人对他人和群体的道德关怀。

最后，本书在第二章第四节和第四章第四节中也对以永嘉学派"以利和义"思想为代表的温州传统道德事功精神与近现代以来形成的温州革命道德精神、当代温州人的创业精神、新时代温州人精神之间的精神嬗变和传承关系做了一种历史性勾连，使人们对温州道德文化发展的历史逻辑进程有了一个较为清晰的轮廓性认知。

当然，本书也有诸多不足和有待完善之处，这不仅表现为相关史料内容整理之不足等，也表现为很多创新性观点和理论有待深入论证。例如，本书主要以永嘉学派"以利和义"思想与马克思主义实践真理观之间的义理融合为理论方法和逻辑线索，力图对温州道德文化发展的历史做一个系统梳理和逻辑编排。这就要求对温州市（及浙江省）自古至今各个历史时期的道德文化发展情况有所了解，特别需要对温州古代道德文化和近现代温州革命道德文化进行一番系统阅读和整理，但目前短时间内很难做到。

又如，本书提出的"情""实"统一逻辑，主要是针对马克思主义基本原理与中华优秀道德文化相结合的学术理论思想。本书以温州道德文化为例证，特别是以永嘉学派"以利和义"思想为分析对象，不免视域相对狭窄，有待深入拓展和延伸。另外,随着材料的拓展、视域的不断融合和研究的逐渐深入,我们也感受到,站在新时代温州(及浙江省)"重要窗口、共同富裕、文化高地"等战略建设目标来看温州道德文化研究,其实还有很多思想意义可塑,故就本书研究主题而言,还有很多拓展空间。

第一章

温州传统道德文化的生成、特征及影响

温州传统道德文化历史久远,但其基本理念主要定型于南宋永嘉学派。永嘉学派倡导"以利和义"思想,主要是讲要通过发展社会"功利"来承载社会"道义",拒斥空谈道义。永嘉学派"以利和义"思想既是对温州地区地理、历史环境的深刻揭示,也是对中华优秀道德文化的一种创新,体现了儒家"先义后利"正统伦理思想与温州实际的结合。

永嘉学派以"以利和义"思想开拓和实化儒家正统"重义轻利""先义后利"的主观心性道德,一方面体现了永嘉学派是基于温州民情来转化儒家正统道德义理的,另一方面也反映了南宋时期温州地区商品发展和市民生活的需要。所以,永嘉学派的"以利和义"思想更多地展现了对社会中下层人民生产生活的道德关注,蕴含了一种商品发展、市民生活、人性解放的历史发展趋势。

永嘉学派"以利和义"思想及其关注中下层人民生活的平等平权精神,历史地塑造着温州人民的道德文化心理。改革开放以来,在中国共产党领导下,温州人民通过实践创新,推动了以永嘉学派"以利和义"思想为代表的温州传统道德文化与马克思主义实践真理观之间的义理融合,孕育出了"温州人精神",造就了"温州模式",大大改善了温州人民的经济、政治、文化生活,提高了温州人民的历史地位。

"温州模式"没有过时,它为中国探索发展社会主义市场经济提供了先行经验。"以利和义"思想也正当其时,它的卓越"事功"精神与马克思主义注重"实践"、反对空谈的精神义理之间有相通性,两者的思想义理融合为中国特色社会主义道德文化发展提供了思想资源,为新时代中国探索"两个结合"问题提供了重要条件,为全面建设中国特色社会主义现代化提供了思想动力。

世界温州人"商行天下"的履历进一步传播了"以利和义"思想,他们所到之处讲究"事功",追求"卓越",拒斥空谈,促进了当地经济、政治、文化的发展,促进了自由、民主、平权思想在各地的传播,也为探索和传播中国式现代化道路和经验提供了重要活力。

第一节　永嘉学派与"以利和义"的道德文化传统

马克思主义认为，物质决定意识，人的意识是对客观世界的能动性反映。温州传统道德文化的生成和发展，离不开古代温州人民的生存成长环境，离不开温州人民的实践智慧。俗话说，"一方水土养一方人"，这不仅反映了地理、历史环境对人的道德心理及思维方式的影响，也反映出人们应对特定历史、地理环境的能动性素养和能力。温州道德文化的生成和发展是温州人民与温州地理、历史环境长期交融发展的产物，是温州人民历史性的"实践"产物。

一、温州历史、地理环境对温州人道德心理生成的影响

温州，古为瓯地①，也称"东瓯"，唐朝时始称温州，简称"瓯"或"温"。温州地区生息绵长，建制悠久。根据考古记载，新石器时代晚期（约前2500），就有先民在温州这片土地上劳动生息。夏商周时期，温州地属百越之东瓯。楚威王七年（前333），楚威王破越国，杀越王无彊，越部分族迁东瓯定居。因为越族文化迁入瓯地（温州），故现在的温州地理源头可称为"瓯越大地"，温州文化源头可称为"瓯越文化"。秦始皇统一六国后，划天下为三十六郡，温州地属闽中郡。西汉惠帝三年（前192），惠帝封越王勾践后裔驺摇为东海王，建都东瓯，俗称东瓯国。东晋明帝太宁元年（323）置永嘉郡，后世多以"永嘉"指称温州。唐高宗上元二年（675）改置州，因气候温暖，"虽隆冬而恒燠（yù）"，故名"温州"。

温州地形多山杂水，气候温润。温州地处东南丘陵地带，境内多山，绵延横亘着雁荡、括苍、罗山、洞宫等诸山脉，由北到南分布着瓯江、飞云江、鳌江等三大水系，俗称"七山二水一分田"。同时，东濒大海，整体地势自西向东呈梯状倾斜，向东海敞开。在以农业为经济之本的古代中国，相对于平原地区的一马平川、良田万顷，温州的地理条件可谓十分恶劣。虽然温州地理条件恶劣，

---

① 考察"瓯"字的本义，应为"瓯脱荒地"之意，即诸侯国之间的空隙荒地。温州东瓯王庙石刻有古联："画野分疆，瓯脱江山开辟早；务农兴业，海隅民物阜康初。"

但是因为靠海,境内多水系,故温州气候比较温润,所以温州也被称为"温润之州"。温润的气候和环绕的山地孕育出了温州人民坚韧而又温和的心理品质。

恶劣的地理条件塑造了温州人勤快的手脚和适应环境的韧性心理,也较早地开发了温州人的脑力。人们常说,温州人为了营商,"走遍千山万水,想尽千方百计,说尽千言万语,吃尽千辛万苦"。这也从侧面证明了温州人自古以来就把生计寄托于脑子、嘴巴和脚而非只是土地。由于耕地短缺,交通不便,让生活在温州这片土地上的人们为了生存,不得不注重实际功利,因为如果连人的基本生存都不能保障,那么道德就成了伪道德。所以,南宋时期温州永嘉学派倡导"以利和义"道德事功思想,反映了温州的民生要求。

大自然对生命总是公平的,天道与人道也是统一的。恶劣的自然环境会促进人们的四体勤劳和理智开发,从而培养出人的自主、自立、自强意识。并且,由于缺乏耕地,人们没有多余农产品可以储备,以便向他人展示自身存在的优越感,也没有多余的文化阶层来设计和传播等级思想,故而寒来暑往、雨淋日晒,人们多共同体验劳作,经历艰辛,没有安闲可能,每个人都要靠劳动实践和理智合作才能存活,每个人都在理智的劳动中成了自己生命的"主人",于是人们慢慢地养成了民主、平等心理,不会产生寻租、压榨意识。相反,自然环境优渥的地方,人们的自然能力(生产力)也不会被自然地开发出来,人们依赖大自然的恩赐就像依赖母亲的乳汁,人的依赖心理比较强,并且人们往往利用农业优势,积蓄农田或耕地来向他人"寻租",由此也就产生了优越感和等级心理。而且,自然环境优渥的地方,多为农业发达、人口稠密的地方,随着人口的增长,人们为了"争食"而不得不生发理智。如果地处内陆,人们的视野无法向外开拓,这种理智就会促长人们的"内斗"心理,而非民主、合作心理。所以,在人类的农业社会,优渥的自然环境可以使一个地方孕育出辉煌灿烂的农业文明,但是人们的等级心理也深铸其中,缺乏合作互助、开拓创新精神。

从这个意义上讲,温州人民所承受的环境劣势练就了温州人民在德行品质和文化心理上的优势。改革开放以来,温州人民凭借从恶劣自然环境中养成的德行品质和文化心理优势,艰苦探索,抱团出击,创造了"温州模式",彰显出"温州人精神"。经济学家钟朋荣曾将"温州人精神"概括为四句话:"白手起家、艰苦奋斗的创业精神;不等不靠、依靠自己的自主精神;闯荡天下、四海为家的开拓精神;敢于创新、善于创新的创造精神。"这个概括是比较契合改革开放之初温州人的精神面貌和心理特质的。当人们反思和追问"温州模式"及"温州人精神"之背后的道德义理时，我们首先要溯源的是永嘉学派"以利和义"思想。永嘉学派所倡导的"以利和义"思想，既是对南宋政权的政治经济环境的反映，也是对古代温州人民生活、生产、生态环境的集中体现，它为现代温州人民的价值取向和心理启蒙提供了一种历史定向。

二、永嘉学派的绽出与发展

在南宋以前，温州由于远离政治、经济中心，加之层峦叠嶂、重重阻隔，在文化上与中原地区相比较为落后和边缘化。正如有学者所言："汉代董仲舒'罢黜百家，独尊儒术'，之后儒学成为官方的意识形态和主流文化，但是很少传到瓯越偏远之地，加之魏晋清谈风气和道教文化的兴盛，因此整个汉魏南北朝时期，永嘉文化尚未经受充分的儒化，仍旧带有一种原始的蛮风和巫魅色彩。要说永嘉地域文化的儒家化，即作为农耕文化内在价值标准和伦理纲维的孝悌忠信、礼义廉耻等儒家文化因素广泛渗透到民众日常生活之中，恐怕还要等到隋唐之后，尤其是唐代科举制度改革之后，在斯文不断下移、'学而优则仕'成为可能之后。"①还有学者指出，永嘉学派的出现标志着"南宋温州的文化转型和温州人的思想蜕变，或云实现了南宋温州的'文化自觉'"②。故而，成熟或定型的温州区域文化需要从永嘉学派开始探究。

永嘉学派兴盛于南宋，当时与朱熹道学、陆九渊心学并称三大思想流派，朱陆之争实际上是理学内部派别之分歧，所以永嘉学派可以说是与理学分庭抗礼之学派。同时，永嘉学派又与以陈亮为代表的永康学派合称"事功学派""功利学派"。不过永嘉学派也是渊源有自，可上溯至北宋温州学者"皇祐三先生"和"元丰九先生"。前者指北宋皇祐年间（1049—1054），三位率先在永嘉传播儒家文化的学者：王开祖、林石和丁昌期。后者指先后于宋神宗元丰（1078—1085）至哲宗元祐（1086—1094）时入太学学习的周行己、许景衡、赵

---

① 孙武安等：《永嘉耕读文化资源的保护和利用》，中国社会科学出版社 2019 年版，第 25 页。
② 陈安金：《论南宋时期温州的"文化自觉"——以永嘉学派为中心》，《温州大学学报》（社会科学版）2020 年第 6 期。

霄、张辉、刘安节、刘安上、戴述、蒋元中、沈躬行等九位永嘉士子。关于这些开创者的贡献,正如有学者所指出的:北宋以前,温州地处僻壤、远离京师,文化相对落后,罕有知名学者。"皇祐三先生"率先在温州传播中原文化的种子,其中王开祖首倡"道学","见道最早",林石以"明经笃行著称于世",开始倾向于达用,丁昌期继之,三人开永嘉学术之先河,成为事功学说的源头。随后,去中原汴京太学学习的"元丰九先生"将洛学和关学引入温州,为永嘉学派的形成奠定了文化基础,其中功居首位的周行己在《宋元学案》中被称为"永嘉学派开山祖"。①到了南宋时期,薛季宣强调"步步着实",对田赋、兵制、水利等多有研究,反对空谈义理,晚年与朱熹、吕祖谦交往商榷。至此,永嘉学派正式成为一派,其注重事功之学的特质也得以奠定。其门人陈傅良在永嘉学派的发展中起到承上启下的作用,得其真传,进一步主张为学须"经世致用",反对性理空谈。陈傅良在传播永嘉学派之思想上也不遗余力,居官之余创办仙岩书院,讲学岳麓书院,学生常多达数百人,门墙极盛,叶适便是其中之翘楚,成为永嘉学派之集大成者。叶适10多岁便师从陈傅良,在给陈傅良撰写的墓志铭中,叶适自述此后受教于陈傅良达40年之久。叶适在其师以及永嘉诸先贤的基础上,继承和发展事功思想,特别是对当时被视为儒学正传的理学一派赖以立论的"道统说"进行了解构,将儒家之道统从心性转归事功,从而在义利关系上主张"以利和义""义利并举"。永嘉学派经过叶适的阐发、传播,其理论深度、思想体系的完整性和影响力都大为提高,永嘉学派的主要宗旨和学术体系也最终得以确立,永嘉学派的发展至此达到顶峰。

如果我们考察两宋时期温州商品经济的发展,不难发现永嘉学派的萌芽、发展过程与温州商品经济的发展可谓若合符节。北宋中期的温州,商业已较为发达,有"小杭州"之称。宋哲宗绍圣二年(1091),诗人杨蟠出任温州知州,就曾以《咏永嘉》为题作诗描写当时温州城之景象:"一片繁华海上头,从来唤作小杭州。水如棋局分街陌,山似屏帏绕画楼。是处有花迎我笑,何时无月逐人游。西湖宴赏争标日,多少珠帘不下钩。"②可见温州不仅风景如画,同时十分繁华。还有学者从当时的文献记载中找出了温州商业之发达的相关数据:

① 邵定美:《永嘉学派的形成与发展脉络再探》,《温州日报》2021年6月14日第3版。
② 俞光编:《温州古代经济史料汇编》,上海社会科学院出版社2005年版,第2页。

"据《宋会要辑稿·食货》卷十六记载：北宋熙宁十年（1077），温州所属四县（永嘉、瑞安、平阳、乐清）场务的全年商税，共为四万一千八百九十八贯。其中永嘉县场务商税全年是二万五千三百九十一贯六文，瑞安县场务商税全年是六千二百八十七贯，而全国各县全年场务商税平均为三千五百八十一贯。永嘉县场务商税超过当时的明州鄞县（今浙江宁波市鄞州区），是全国各县场务商税的七倍。瑞安县的场务商税则相当于全国各县场务商税的两倍。"[①]

到了南宋时期，由于都城南迁临安，经济中心也随之南移，"四方士民商贾辐辏"于此，临安发展成具有100多万人的古代罕见的大都市。其外溢效应波及温州，随着不少商贾大家的迁入，温州的商品经济有了进一步的发展。加之港口贸易的蓬勃发展，温州的商品经济活跃水平在全国都处于领先地位。与政治中心距离的缩小，经济的繁荣，也促进了思想和学术的发展，正如清代温州学者宋恕所言："宋室南渡，瓯学始盛。"[②]可见，永嘉学派作为温州历史上最重要的思想流派，其价值主张是对当时温州社会经济状况的反映，也是对古代温州以往几千年思想文化积淀的一次大爆发。

三、从儒家正统"重义轻利"思想发展出"以利和义"道德事功思想

南宋时期，朱熹从理学家的角度出发批评"永嘉学问，专在利害上计较"，认为永嘉学派只重功利而不顾道义，违背了儒家正统的义利观，最终必将导致义利双失。朱熹对永嘉学派在义利关系上的批评无疑是存在误解的。永嘉学派"以利和义"思想始终是不离儒家正统义利之辨的，只是反对当时空谈道德不重实际功利的风气。对此，也有学者指出："永嘉之学固然是注重实事实功，热衷于工商业，强调对社会现实问题尤其是经济问题的关注，因此得以在南宋时期的朱学、陆学之间别树一帜，可是它们并没有溢出'以利和义'的儒家义利传统。永嘉之学，准确地讲，应该叫作'永嘉制度新学'或者'永嘉经制之学'。它的精神实质是反对一味地空谈道德义理，凌空蹈虚，主张通过制度创新——

---

① 周梦江：《宋代义利之辩与叶适对朱熹的批评——兼论温州商业社会与永嘉学派的关系》，《温州师范学院学报》2004年第1期。
② 宋恕：《宋恕集》，中华书局1993年版，第238页。

经济、政治和军事等方面制度性的改革与设计来找寻社会重大现实问题的根本解决办法。……它绝非是一种简单的功利之学、功利主义甚至肯定财富、教人赚钱的学问,而是一个注重现实问题与制度建设的地域性儒家哲学传统。"①

　　义利之辨是儒家思想中一个古老而重要的议题,对于义利关系,儒家正统的道德义理逻辑是"先义后利、重义轻利"。当然,在孔子、孟子那里,"先义后利、重义轻利"主要是针对士君子或者统治阶层所提的道德要求,普通民众并不是他们所讨论的"义利之辨"的自觉主体。宋明理学家十分推崇《孟子》和《大学》,比叶适长20岁的朱熹是当时的理学大宗,他进一步将"先义后利"推向极致。朱熹在解释孔子所说的"君子喻于义,小人喻于利"时,将"义"解释为"天理之所宜","利"解释为"人情之所欲"。②换言之,朱熹将"义利之辨"上升为"天理人欲之辨"。在朱熹看来,天理与人欲是不两立的。他说:"人之一心,天理存则人欲亡,人欲胜则天理灭。""人只有个天理、人欲,此胜则彼退,彼胜则此退,无中立不进退之理。"③这也难怪朱熹在听闻永嘉学派主张"义利并举""以利和义"时,会提出尖锐的批评;但就如上文所言,朱熹对永嘉学派"专在利害上计较"的判断是存在误解的。

　　永嘉学派"以利和义"思想既继承了儒家正统的心性德行动机之说,又凸显了由个人内在德行动机向现实转化的功利效果。所以,永嘉学派的义利观与儒家正统义利观的一个重要区别在于,前者强调个人心性动机所产生的实际效果,后者侧重个人的主观心性动机。据此,一位美国学者还区分了"道德伦理"与"事功伦理",认为儒家伦理思想中蕴含了"功利主义事功伦理学"与"个人德行与动机伦理学"之别,而功利主义则代表了传统儒家"入世"思想和政治主义取向的复兴。④所以我们说,永嘉学派"以义和利"思想并没有背离儒家正统的义利观,而是从功利效果层面来反证个人德行动机的现实意义。

　　关于"义利之辨",薛季宣说:"惟知利者为义之和,而后可与共论生财之

────────────

① 孙邦金:《晚清温州儒家文化与地方社会》,人民出版社2017年版,第19页。
② 朱熹:《四书章句集注》,中华书局2011年版,第72页。
③ 朱熹:《朱子语类》,中华书局2020年版,第224页。
④ 田浩(H. C. Tillman):《功利主义儒家——陈亮对朱熹的挑战》,姜长苏译,江苏人民出版社1997年版,转引自叶坦:《宋代浙东实学经济思想研究——以叶适为中心》,《中国经济史研究》2000年第4期。

道。"①叶适指出："古人之称曰：'利，义之和。'其次曰：'义，利之本。'其后曰：'何必曰利？'然则虽和义犹不害其为纯义也，虽废利犹不害其为专利也，此古今之分也。"②对于董仲舒所主张的"正其义不谋其利，明其道不计其功"，叶适批评道："此语初看极好，细看全疏阔。古人以利与人而不自居其功，故道义光明。后世儒者行仲舒之论，既无功利，则道义者乃无用之虚语尔。"③可见，永嘉学派对"利"的态度更为切实，主张将"利"与"义"内在地统一起来理解，反对义利分离，并指出一味地凸显"义"而遮盖"利"，会导致疏阔于事，不利于经济发展；同时也不利于真正提高人们的道德修养，可能会导致出现满嘴道德仁义，实则唯利是图的虚伪之人。

当然，"以利和义"思想，也并非永嘉学派凭空创新之言，它也是有古代中华思想渊源的。比如，叶适所引的"利，义之和"，是出自《易经·文言传》的"利者，义之和也；……利物足以和义"。叶适为了进一步论证"以利和义"的主张符合儒家正统的义利观，对理学家赖以立足的"道统论"进行了解构，提出了"道之本统"说。他否定思孟这一系继承了孔子的"一贯之道"，即否定了被宋明理学家视为儒学正统的性命之学，而认为孔子之正传是重视后天经验的德行之学，是"正德、利用、厚生"之学。并且指出，从尧、舜到孔子从不离开具体事物去言道，理学家脱离事功、空谈心性是"舍孔子而宗孟轲，则于本统离矣"④。这对于两宋道学家所宣扬的道统来说，无异于操戈入室、釜底抽薪。事实上，永嘉学派主张"以利和义"确实符合孔子注重实行和事功的平实风格，是对儒家正统义利观的继承和发展。

四、永嘉学派"以利和义"道德事功思想的启蒙意义

以叶适为代表的永嘉学派，身处商品经济和市民生活比较繁荣的南宋时期，加上温州地区历史、地理文化本身就非常贫乏，贵族等级思想相对薄弱，中下层人民普遍劳作和行商的生活场景深刻塑造着他们的道德心理。所以，永

---

① 薛季宣：《薛季宣集》，上海社会科学院出版社2003年版，第409页。
② 叶适：《习学记言序目》，中华书局1977年版，第155页。
③ 叶适：《习学记言序目》，中华书局1977年版，第324页。
④ 叶适：《习学记言序目》，中华书局1977年版，第759页。

嘉学派极力主张"以利和义"思想,可以说代表了一种启蒙理性,一种去等级化或致力于平民百姓的价值诉求,它是对儒家针对君主贵族所讲的"先义后利""重义轻利"(注重主观德行修养)和针对一般民众所讲的"先利后义""重利轻义"(注重客观功利效果)之价值等级主张的一种理论综合,推动了君子德行修养心理向平民大众生活心理的转变,力图消解"义贵"与"利轻"或"士贵"与"民轻"之间的二元等级思想。在这个意义上讲,永嘉学人综合温州历史、地理人文事实与儒家道统思想,倡导"以利和义"思想,对儒家之道统有转化和创新之功,对中国人性有解放和启蒙功效。①

例如,永嘉学派主张对"士农工商"予以同等看待。叶适说:"夫四民交致其用而后治化兴,抑末厚本,非正论也。"②即反对重农抑商,主张发展工商业,提高工商业者的社会地位,这对于工商业者,特别是商人是莫大的鼓舞,也为温州人经商重商解放了思想。同时,叶适还肯定了富人(商人)在社会中所起到的积极作用。他说:"县官不幸而失养民之权,转归于富人,其积非一世也。小民之无田者,假田于富人;得田而无以为耕,借资于富人;岁时有急,求于富人。……而又上当官输,杂出无数,吏常有非时之责无以应上命,常取具于富人。然则富人者,州县之本,上下之所赖也。"③他认为富人承担起了对百姓周急救助的责任,又为国家缴纳大量钱财,所以是州县之根本,国家上下都依靠他们。这不仅凸显了富人的重要社会地位,同时也破除了"为富不仁"等对富人、商人的固有负面印象。

总之,永嘉学派"以利和义"的事功思想,为古代温州人民的思想解放、注重发展商业等起到了价值奠基的作用。但有一点,我们要特别注意,当代温州商人在开展商品经济过程中曾出现的假冒伪劣等失信现象,并非永嘉学派注重事功所导致的,而恰恰是因为没有遵循永嘉学派"以利和义"的主张。永嘉学派在讲求功利时是不离道义的,只是不认同理学家们空谈道德性命的空疏

---

① 当然,宋明之间有元,以及明朝之后有清,这些少数民族政权入主中原,一定意义上打断了以永嘉学派为代表的南宋"浙学"开启的这一人性解放和启蒙理性之路。但是,这也正是中国史(或世界史)迂回发展过程的反映。也就是说,在同一个多民族国家中,只有每一个民族都进入同等发展水平之列,这个多民族国家才能真正走上启蒙之路;否则,就会被中断或迂回。世界史的发展水平是不允许任何一个民族国家掉队的。

② 叶适:《习学记言序目》,中华书局1977年版,第273页。

③ 叶适:《叶适集》,中华书局1961年版,第657页。

之学。对此，也有学者说道："叶适并不是功利主义者，而是德性主义者，但叶适的德性主义却能够与功利相结合，因而是一种独特的德性学说。……叶适的重视功利，也不是不要道义，而是以利益分配的合理性判定道义，由于道义视功利之合理与否而定，因此没有冲突不冲突的问题。"①所以，永嘉学派"以利和义"的义利观不仅推动了商业的发展，对在商业活动中不符合道义的失信行为也具有匡正之作用。永嘉学派是在温州这块土地上孕育的，对于今天的温州人来说，永嘉学派"以利和义"的道德事功思想仍旧流淌在他们的血液中，已成为其道德文化底色或基因。

第二节　温州传统道德文化的价值特征

永嘉学派的出现，标示着温州人已经有了一个稳定有效的历史文化坐标，而永嘉学派推崇"以利和义"思想，也说明了古代温州人民的价值倾向已经趋于明朗，显示出温州区域道德文化的总体价值特征。当然，我们也要明白，虽然说永嘉学派及其"以利和义"思想构成了温州道德文化的历史坐标和价值基调，但是永嘉学派的形成和发展是统摄和沉淀了中华优秀传统道德文化中的诸多共性元素，反映了中华民族在农耕文明时代的诸多共性价值要求，而并非只是一种温州地区的属地文化。所以，以永嘉学派为历史坐标、以"以利和义"思想为核心的温州传统道德文化不仅反映了古代温州人民的价值追求，也反映了中华民族的共性价值追求。总体来看，温州传统道德文化有以下几种价值倾向或特征。

一、推崇"以利和义""义寓于利"的现实主义道德精神

以永嘉学派为道德文化坐标的温州传统道德文化非常注重从人的社会现实生活层面来反证和述说道德的意义，注重从个人德行修养对现实的改造作用视角来评判道德的成效。这是因为永嘉学派所代表的温州传统道德文化，

---

① 蒙培元：《叶适的德性之学及其批判精神》，《哲学研究》2001年第4期。

更多地体现了社会中下层人民的生活生产需要,它不同于地主贵族阶层专注于个人主观德行修养的需要和精神统治传播的需要。正是出于对现实世界的考虑,即把心性道德引向现实情境之中,引向对民生、国力的考虑,永嘉学派才决定要重新辨析"义"与"利"之间的义理关系。

在对待义利关系的态度上,要以叶适"古人以利和义,不以义抑利"一语为标语。这是依据《周易·文言传》中的"利者,义之和也"和"(君子)利物,足以和义"经典命题而得出的结论。叶适"以利和义"的解释是特别针对"以义抑利"的道德偏执有感而发的纠偏之论,与程颐"不独财利之利,凡有利心便不可"等将义利严格二分甚至对立起来的认知相比,要更为平实和辩证一些。叶适说"利在仁义则行仁义,利在兵革则用兵革,利在谏诤则听谏诤,惟所利而行之"①,是说"义"寓于"利"之中,所欲之"利"皆为"义",离开了"利"去谈"义",就是空谈道义。叶适还说"言利则必曰与民"②,是说必须从社会民生角度言"利",所以这是"大利""公利"。而对于统治阶层诸种自私自利、急功近利的言行,叶适毫不留情地批评道:"夫偏说鄙论习熟于天下之耳目,而近功浅利足以动人主之心。于是以智笼愚,以巧使拙,其待天下之薄而疑先王之陋,以为譬若狙猿之牧者,数千百年于此矣,哀哉!"③如果政治失去了正义或至善的追求,治理民众如同驱使牛马狙猿之类,肆意践踏民众追求正当合理利益的权利,徒以智巧、功利而不以道义治国,其长期结果只能是民不聊生,国将不国。只有客观全面地认识叶适等永嘉学者的义利观,才能够理解全祖望为什么有"永嘉功利之说,至水心始一洗之"④的见地之论。

自朱子之后,批评永嘉之学为功利之学遂成为此后历代多数学者的定见,牢不可破。近代西学东渐以来,英国功利主义思潮流行于中土,永嘉之学因与之最为接近,公开欣然地接受了"功利主义"这顶时髦的帽子。而在儒家"义利之辨"传统中,"功利"由于被认为是非道德甚至是反道德的,多少偏贬义。所以,永嘉学派坚持"以利和义""义寓于利"的道德事功思想颇受批判。但是,批评者往往多为闭目塞听、坐而论道、远离社会之人,他们所讲的心性道德,大多

---

① 叶适:《叶适集》,中华书局1961年版,第634页。
② 叶适:《叶适集》,中华书局1961年版,第675页。
③ 叶适:《叶适集》,中华书局1961年版,第633页。
④ 黄宗羲:《宋元学案·水心学案》,中华书局1986年版,第1738页。

代表了地主贵族剥削阶级用于心理调节、驯化民众、固化等级心理的说教，不能真正改善民生和社会，真正的道德还是体现在民众面对田间的功利劳作之中。叶适在《温州新修学记》一文中指出，"永嘉之学，必兢省以御物欲者，周（行己）作于前而郑（伯熊）承于后也"，复又指出，"永嘉之学，必弥纶以通世变者，薛（季宣）经其始而陈（傅良）纬其终也"①。只有将"兢省以御物欲"与"弥纶以通世变"两者结合起来，将义与利结合起来讲，我们才能够鸟瞰永嘉之学的全貌。②所以，只有站到马克思主义的道德视界，站在人民大众的立场，才能看到永嘉学派"以利和义"思想的巨大历史进步意义。

被标上"功利主义"并不可怕，即使永嘉学派因为坚持"以利和义"思想而被称为"功利主义"，它的功利也指向大众群体的，是指向社会的，它的道义根基还是在于儒家正统的整体主义价值观，而不是极端的利己主义，故它不是为了个人功利最大化而损害社会群体之功利的功利主义，它实质是把对社会群体的道义落实到社会功利生产之中，从人的现实生活和社会发展层面来理解义利关系问题。就此而言，它与马克思主义伦理学之间又有义理上的相通性。马克思主义伦理学也非常强调道德的现实指向性，反对空谈道德，故它也是讲究道德的功利性的，但马克思主义道德的功利性也是指向人民大众和社会群体的现实生活的，是反对人们为了一己之私利而损害他人和社会的利益的。对此，《四库全书总目提要·〈永嘉先生八面锋〉提要》对永嘉学派的理解值得肯定："永嘉之学，……朱子颇以涉于事功为疑。然事功主于经世，功利主于自私，二者似一而实二，未可尽斥永嘉为霸术。……亦未可尽斥永嘉为俗学也。"③意思是说，朱熹等人虽然认为永嘉之学是一种事功之学，但是仅把"事功"等同于"功利"是不准确的，因为"事功"是讲经世之功，是为了社稷着想，而"功利"是利己之学，是为了个人的私欲，所以永嘉之学不能简单片面地理解为只讲私利不讲仁义的"霸术"和"俗学"。

人民才是主宰，社会才是权威。思想理论对不对，就看它能不能改善人民的生活，促进国家的富强。由于永嘉学派以人民生活和社会现实为运思逻辑，

---

① 叶适：《叶适集》，中华书局1961年版，第178页。
② 吴光、洪振宁：《叶适与永嘉学派》，浙江人民出版社2012年版，第15页。
③ 永瑢、纪昀：《四库全书总目提要》，海南出版社1999年版，第694页。

以人的现世生活和社会阅历为筹划背景,所以那些圣贤之说和道统高论在永嘉学人眼里都失去了权威光环。叶适说"后世儒者行仲舒之论,既无功利则道义者乃无用之虚语耳"①,既体现了叶适对道统权威的蔑视,也体现了叶适对社会问题的投注,即他把"人民"和"社会"的轮廓背景勾画出来了,而不是只停留于"家庭""国家"的思考视界。

　　总之,以永嘉学派为历史坐标的温州传统道德文化,只有站在现代工商业社会背景、站在马克思主义伦理学视角、站在人民大众的立场,才能深层发掘它的深层历史意义和时代价值。

二、追求情智和谐、温润有理的道德生态环境

　　中华传统道德文化具有重情的一面,却有追求情理和谐、有礼有序的道德实践效果,温州传统道德文化也不例外。在宋代"濮议"、明代"大礼议"等历次重大议礼事件中都不乏永嘉学人的身影,从中可以看出温州道德文化"缘人情而制礼",不悖人情,讲求情理平衡以及强调务实变通的鲜明地域特点。例如,温州人张璁、孙希旦、孙诒让等人在阐释礼法制度与原则的同时,都不约而同地特别强调了礼法不能违背人之常情,而且偏爱在情—理(礼)冲突的情况下选择从人情这一端来看问题。虽然人们对于张璁议礼至今都颇有非议,不过他以遵循"礼缘人情"的精神原则,从亲亲之情的立场上,来论证世宗尊崇本生父母的行为,在一定程度上是合情合理的,具有较强的说服力。

　　到了清代,孙希旦在《礼记集解》中对于"亲亲之情"的多处阐扬,尤可见其"依情释礼"式的诠释。他曾将《礼记·大传》的整篇文义归结为"亲亲"之情:"盖人道虽有四者,而莫不由亲亲推之,所谓'孝弟为仁之本'也。"对亲亲之情的推重,在有关君为臣纲、未嫁守贞等礼例讨论上体现得最为鲜明。他对《礼记·礼运》中的"十义"——父慈、子孝、兄良、弟悌、夫义、妇德、长惠、幼顺、君仁、臣忠十种伦理价值进行排序时,特别指出"先父子而后兄弟夫妇,先尊而后卑也。先兄弟而后夫妇,先天合而后人合也。先闺门而后乡党,先乡党而后朝廷,先近而后远也。"在这里,孙希旦是以亲属关系的亲疏、尊卑和远近来确定

---

① 叶适:《习学记言序目》,中华书局2009年版,第324页。

伦理价值规范的优先次序的。其中，"先天合而后人合""先乡党而后朝廷"等价值标准，与当时被宣扬为"天下第一义"的"君为臣纲"之忠君伦理有明显的距离。孙希旦在君臣关系上坚持"君臣以义合"，明确反对"君臣以天合"——认为君臣有如父子般的拟制血亲关系无所逃于天地之间的说法。他在解释《礼记·内则》"道合则服从，不可则去"时也不无类似地指出："服从，谓服其事而从君也。君臣以义合，故道合则服从，不合则去，不可以阿徇而取容也。"将其与清代有关君臣是天合还是义合，是依从父子之道还是夫妇之道抑或朋友之道的众多讨论①联系起来看，孙希旦同样对愚忠伦理表现出了高度的理性自觉和强烈的批判态度。孙希旦在解释"嫂叔无服"和"未嫁守贞"的礼制惯例时，皆能够尽量从真诚恻怛之人情角度出发摆脱教条化的解释，做到情理兼尽，使其《礼记集解》与清代诸多不带情感的文字考据区别开来。②方立明也曾指出，温州人以血缘、亲缘和地缘为纽带所形成的抱团现象，其中蕴含了合作共享、重义兼利、尚信守诺、克己勤俭等积极正面的儒家伦理观念。③

《礼记·礼器》曰："礼，时为大，顺次之，体次之，宜次之，称次之。"意思是说，先王在制礼的时候，时代环境是首先要考虑的，然后是要合乎社会伦常，其次是要注意因对象不同而有所区别，再其次要合乎人之常情，最后是要与身份相称。所以，礼仪规范或制度在不同时空条件下，要因应环境做出变通和调整；否则，只知一味地僵化教条、顽固不化则可能与圣人制礼作乐的初衷背道而驰。叶适等人批评心性儒学"虚意多，实力少"，改以主张"道在器中""事上理会"，主张通过实践不断改进政治绩效、脱虚向实的取向异常鲜明。张璁在大议礼中能够自成一派，与其能够主张礼学"固当随时为之损益，不可胶于一说也"④有很大关系。孙希旦对于嫂叔"吊服加麻"与女子可以更订婚约再嫁的论证，前者的条件是嫂叔之间情同母子，后者则是未嫁而婿死，也多非一般礼法规则，而是在特定条件下的变通处理。从中我们可以看出，永嘉礼学的又一显著特点，即明确主张"礼时为大"，因时损益，强调顺应现实环境的变化而加

---

① 孙邦金：《明清儒学对君臣关系与忠君伦理的多元省思》，《武汉大学学报》（人文科学版）2015年第3期。
② 孙邦金：《孙希旦〈礼记集解〉的诠释范式移易及思想新蕴》，《中国哲学史》2021年第4期。
③ 方立明：《义与利的自觉——温商伦理研究》，上海三联书店2014年版，第71—108页。
④ 孙邦金：《孙希旦〈礼记集解〉的诠释范式移易及思想新蕴》，《中国哲学史》2021年第4期。

以灵活变通,始终紧密联系当时社会现实的务实性格。由上可以看出,温州传统道德文化也是非常重视人的"恻隐""同情"等先天性道德情感的价值的,同时也强调情感实践的合理性尺度,强调出情入理、情理和谐。

就当代温州人的道德心理世界来看,情感和理智的成分可以说匹配得比较和谐,温州人既有温情的一面,也有理智的一面。温情与理智的和谐相处使温州人的生活世界散发出温润和谐的氛围,理智使他们讲究抱团、追求事功和逐利梦想,温情使他们抱团分享创业路上的辛酸和喜悦。①

温州人的道德世界具有的温情与理智的和谐气象,既与温州恶劣的历史、地理环境等生存环境有关,也与中国重情感的家庭文化传统有关,更与改革开放的社会环境相关。恶劣的历史、地理环境使温州人形成了自立、自主、自强、坚韧的德行品质和善于思考变通的思维品质。温州人也非常看重家庭亲情,他们以这种家庭亲情纽带来抱团、组团追求事功,同时也以这种事功效果来强化这种亲情关系,从而形成一个以血缘亲情为基点不断向往拓展的事功世界。在这一点上,温州人与犹太人的确有某种相似的一面,都注重发挥群体情感的事功价值。改革开放为温州人民提供了和平稳定的政治环境,这种环境特别有助于温州人民练习自己的品质优势和行商才能。长期的营商实践也使温州人民非常看重和平、和谐的相处之道。俗话说"和气生财","霸气""匪气"都不是长久的生财之道。"和气"需要理智与情感达到和谐状态,以理智调节情绪,使情感得到合理性的出场,"生财"根本是为了生活。所以,温州人继承的"以利和义"道德事功精神使他们更热爱和平稳定、治理有序的社会道德生态环境。

三、讲究"化情入理""行在实处"的家国公益情怀

由于自然条件恶劣,耕地不足,温州人自古以来就有坐贾行商的习惯,无论是在南宋时期,还是在改革开放的今天,只要有相对宽松而又稳定的政治环境,温州人都会积极从事社会物资的转运和营销,以改善自身和乡里的不利生活处境。同时,在道德现实主义精神的影响下,温州人注重把每一分钱用到

---

① 杨华:《人的和谐发展——温州模式的诠释》,人民出版社2006年版,第162页。

"实处"，能够产生"效果"，所以他们在富裕之后也非常注重反哺家乡，从事乡村医疗、教育、慈善等有关社会公共事务的捐赠捐资活动，特别是改革开放以来，随着"世界温州人"行商圈的形成，温州人通过成立企业基金会、坊间公益组织等形式积极从事乡里和全国的公益活动。例如，2020年疫情期间，海外温州人包机向祖国运送捐赠物资。

温州人具有这种强烈的家国公益情怀，一方面源于自古以来温州人练就的"求真务实""经世致用"的道德事功精神，另一方面也源自温州人深层的理性精神，或者说在感恩乡里、热心公益的家国情怀背后，体现了温州人的深度理性精神。理性精神也是务实精神，它促使人们易于形成坚定的道德信念，而不会让人们受当下情绪的影响而改变既定的信念。所以，温州人的行商经历使温州人的家国情怀沉淀为一种务实的实践理性，让他们逐渐出于内心的道德自律而去做公益的事情，而不是仅仅为了博取名誉和满足当下的情绪。所以，"追求事功"的理性精神要比"空谈心性"的道德情感更具有践行家国情怀的持久力，因为前者是受理性的"理念"引导，后者是受情绪"感受"的引导。

永嘉学派就非常推崇人的"求真务实、经世致用、义利双行"的道德品质。例如，叶适说"善为国者，务实而不务虚"，为永嘉经制之学奠定了经世致用的务实基调。后来宋恕将之凝练为"勇于办事，敢于任怨"，"学者学经世也"的实干精神。晚清孙锵鸣在《家训随笔》中说："做人道理，四书、五经言之详矣！……大约做人道理，多看宋儒书有益。近来重汉学，薄宋学，人心风俗坏矣。"[1]刘绍宽等人也指出："以天下之利公之天下而己无所私"，"夫所谓仁、所谓道、所谓谊，即大功大利也，欲图大功大利者，不能兼顾小功小利"。[2]正是由于受"求真务实""经世致用"的精神引领，温州人尤其是知识分子通常身兼数职，集官、学、商于一身，融学术活动、经济活动与社会政治活动为一体，在历代地方史志中，诸如兴建书院学堂培育人才、修桥筑路改善地方基础设施、抚孤育婴养老救济弱势群体、施茶施粥施药助人为乐、捐钱捐物救灾救难等等记载，汗牛充栋，不一而足。这里仅以温州人积极投身于教育公益事业为例，略表一二。

温州自东晋置郡时就已经有郡学，但兴废无常且规模很小，非有士族身份

① 孙锵鸣著，胡珠生编：《孙锵鸣集》（上），上海社会科学院出版社2003年版，第266页。
② 苍南县政协文史委编：《苍南文史资料第十六辑·刘绍宽专辑》，2001年。

资格者莫能入学接受教育。受官方教育资源的限制,民间读书识字的人甚少,做官荣身的希望更是渺茫。唐宋开放科举取士以后,基层社会向上流动的机会增加,在仕进愿望的推动之下斯文开始大规模下移,教育开始渗透进民间社会。在此背景之下,府学、县学等渐入正轨,书塾、社学等民间办学热情逐渐高涨,教育资源供给显著增加。正所谓"堂斋庑舍,莫盛于宋,而学业随之"(《弘治温州府志·学校》),宋代郡、县官学以及书院义塾,非常兴盛。永嘉一地,当时除了府学和县学之外,还有官方资助、以民办为主的书院以及书塾,使得受教育的人口有较为显著的增长。当时有名的书院有,宋淳祐十二年(1252)由王允初之子王致远等人创立的永嘉书院、周行己创立的浮沚书院、陈傅良讲学的仙岩书院等。有名的书塾有王开祖设立的儒志塾,由周行己设立,沈躬行、戴明仲等人执教的东山塾,丁昌期设教的经行塾,郑伯熊、郑伯英设立的城西塾,陈傅良讲学的南湖书社(塾),杨简等人资助的慈湖塾,以及叶适晚年长期在水心村的讲学地,等等。通过这些官民合力推进的学校教育,关、洛、闽、濂诸学纷纷传入永嘉,经年教化,程朱之道才真正成为乡土文化之基调。在吸纳继承前人学术思想的基础之上,经过总结创发,与关洛之学风有重大差异的永嘉事功之学才应运而生。

永嘉学校教育和科举仕进在元代短暂沉潜之后,明代复有一阳来复、止跌回升迹象。宣德、正统年间,知府何文渊、刘谦相继修葺永嘉县学和孔庙,塑两庑像,复先贤、文昌、兴文三祠。成化十年(1474),知县文林购置学前地块,又辟东北山地扩而充之,增建杏坛亭阁,建制日趋完备。至明弘治年间,县学除了仪门、泮池、明伦堂、博文与约礼两斋、号房、膳堂、仰止亭等建筑之外,在戟门外两旁还有名宦、乡贤两祠,可谓"有桥有栏,画宇布地,规制完美,甲于东南诸学矣"(《弘治温州府志·学校》)。弘治永嘉知县林廷献建有鸡鸣书院,还有王瓒读书处的芙蓉书院,义塾、社学等民办教育机构较之宋代有了进一步的发展。它们多是依托于宗族族田、义仓、义庄为经济来源的,主要以宗族子弟为入学对象的民间公共教育机构。在明清时期的永嘉,设立义塾、义学、祠塾已经成为各个宗族共同体提高文化水平、积累文化资本和取得科举功名的集体性(准公共性)、制度化行为。

在清代的浙江十一郡中,温州地处东南沿海一隅,离省城杭州最为偏远。清代中前期温州科举人才的零落之势,直到19世纪上半叶仍未得到根本扭转。

这里值得一提的是,温州人陈遇春及其教育公益组织——文成会。陈遇春(约1765—1842),字镜帆,永嘉(今鹿城区)人,廪生。他一生热爱公益,曾先后襄助重修中山书院,参与重建西山护国寺和新建乐清大荆三溪九星桥。光绪《永嘉县志》卷一七有传,温州城区现存唯一的一座石牌坊"会典标名"(原在信河街珠冠巷,现移至九山),即为表彰陈遇春而建。其实,陈遇春有一项教育制度创新,应该是他本人一生也是当时永嘉地方最可表彰的成就,这就是1804年所创立的永嘉"文成会"。据《永嘉县志·庶政》记载,"文成"二字,乃"兴作文士,且寓玉成之意",意在改变"桑梓寒士不获与省试之苦",这一制度性创新开启了温州一地用向全社会公开集资生息的方式资助教育与科举事业的先河。陈遇春的做法是,"纠合同志,裒集三千余金,发商生息,以子钱所入为试费"。首先从个人、宗族与商行处募集到三千缗的本金放在典当行投资孳息,三年结算一次红利,利用这笔盈余,量入为出,视不同情况分配给贫寒举子们做盘缠。这种做法类似于今天的众筹公募的教育基金会。为了募集到本金,自嘉庆七年(1802)起,陈遇春"涉水登山,延门扣钵,越四载乃成",过程十分艰辛。据我们粗略统计,首次捐款及续捐的个体至少有二百五十人,绝大多数都是有功名的永嘉县学生员,另外还有若干宗族或商家合捐。其次,在收款之后,陈遇春又领衔制定了《文成会公议条约》,就如何管理、使用和分配这笔公共教育基金做了详细规定,并呈报官府核备,形成了可持续的制度规范化运作。①

陈遇春创立永嘉文成会的意义是多方面的:一方面直接资助了温州贫寒子弟,为永嘉一地的科举事业提供了一定的经济支持;另一方面,民间自发促成的文成会,可谓是一次"为人所未为"的地方教育制度创新。文成会在经费筹措上摆脱了此前仅仅依赖家庭和宗族独立支撑的局限,开始面向民间社会公开募集资金,并做了制度化的操作规范,无疑算是一次地方教育制度的重要补充。另外,永嘉文成会的示范性意义和风从效应很快得以显现。继陈遇春的文成会之后,"前未师于人,后争效其法,续仿于瑞安,瑞成于乐清,琼平(阳)、泰(顺)、玉环诸壤亦必闻风继起焉"②。受其启发,仅永嘉一县就有永场

---

① 孙邦金:《晚清温州儒家文化与地方社会》,人民出版社2017年版,第127—131页。
② 杨镕:《永嘉文成会记》,《温州历史文献集刊》(第1辑),南京大学出版社2010年版,第362页。

梯云会、南乡文成会、永嘉上乡云程会相继成立,瑞安、乐清等地亦很快涌现出与之类似的"民间教育基金会"。具体案例如表1所示①:

表1　温州地区民间宾兴组织情况

所属地区	组织名称	创立时间	创办者
永嘉县	文成会	1802年开始募款,1804年立案成立	陈遇春
永嘉县永嘉场	梯云会	1987年之前已有	不详
永嘉县南乡	文成会	1873年	叶浚
永嘉县	武成会	1879年	知府张盛藻谕令拨款
永嘉县上乡	云成会	1886年	徐汸等人
平阳县	文成会	1809年开始募款	县令周镐、杨云开、查炳华等
平阳县江南镇	文成会	1895年	杨慕汾、刘绍宽、夏巽申等
平阳县万全镇	文成会	光绪年间	陈彬等
平阳县小南乡	文成会	光绪年间	不详
平阳县金乡镇	文成会	1895年	徐润之等
瑞安县	兴贤局	1804年	县署训导杨蕴华、县令徐映台、教谕王殿金等
瑞安县河乡	宾兴局	1870年	朱养田等人
泰顺县	宾兴局	1875年	知县李炳厚拨田产

资料来源:王棻等纂,张宝琳修:光绪《永嘉县志·庶政》,《中国方志丛书》华中地方第475号;《张棡日记》(手稿本),温州市图书馆藏;刘绍宽纂,王理孚修《民国平阳县志》卷一一《学校志三》,《中国地方志集成》;沈懋嘉《金镇文成碑记》,收录于杨思好编《苍南金石志》,浙江古籍出版社2011年版;瑞安市地方志编委会整理:《嘉庆瑞安县志》卷二《建置·学校》;《泰顺县大事记》,泰顺县志编纂委员会《泰顺县志》,浙江人民出版社1998年版。

　　这项事业得到了永嘉及温州各界尤其是读书人的广泛支持,体现了温州人敢为天下先的精神与急公好义的公共意识。1893年,有鉴于"法多未备",瑞

---

① 陈明华:《清中后期宾兴款的设置与下层士绅权力的扩张——以温州为例》,《华东师范大学学报》(哲学社会科学版)2016年第4期,第95页。

安陈虬特撰《温郡捐变文成会议》一文，分别就经费筹措、存管、给放以及公杂费处理等事项，提出了自己的改进意见。①后来孙诒让主导的温处学务处取得了巨大的办学成绩，与举各方之力、得各方奥援是分不开的。

温州传统道德文化蕴含强烈的家国公益情怀，我们可以从当代温州的红日亭、兰小草，遍地可见的老人亭、伏茶点，疫情防控期间"硬核包机""史上最长单人行李托运单"等善举中充分看出这一点。

四、具有"护生爱物""泛爱众生"的生态保护意识

温州人爱物护生的道德实践由来已久，明清以来更是儒家、道教、佛教甚至外来的基督教等多元文化力量共同参与推进的一场运动。明清时的温州，佛教、道教一直非常兴盛，即使是不信奉佛教之人，也大多受其影响，积极参与宗教组织的活动。诸如戒杀、放生、护生等有组织的行为，可以说是儒、释、道、耶多教共举的事业。②绝大多数儒家学者对于戒杀放生皆持肯定的态度，并且能够积极参与其中。诗人何白（1562—1642）有《渔潭砌路募缘疏》云："庶生命共泳于慈波，物我同归于寿域。畴非帝仁之普覆，象教之中心者哉！"③清初李象坤《护生品小引》一文中曾记载，明末何白、李象坤等人皆曾参与放生会，立愿"各省一匕箸，令生趣广溢"④。晚清王德馨《雪蕉斋诗话》中认为："佛家戒杀之说，拘守之固不必，痛斥之亦不可。"他虽然坚持了儒家弱人类中心主义的立场，然而对于佛教完全戒杀吃素的行为并没有过激的反应，只是抱有一种听之任之的中庸态度。他同时指出："尝诗黄山谷诗云：'我肉众生肉，形殊理不殊。原同一种性，只是别形躯。苦楚从他受，肥甘为我输。暮夜阎老判，自揣更何如？'……及'爱鼠常留饭，怜蛾不点灯'等句，皆仁人之言。"⑤护生之举乃是人有仁及禽兽的仁爱表现，可以理解，完全不必大惊小怪。

时至晚清，温州人宋恕已经意识到人类有必要由"专爱同类"而"兼爱异

---

① 陈虬：《陈虬集》，浙江人民出版社1992年版，第208—209页。
② 孙邦金：《明清时期的护生观念与动物保护实践》，《中原文化研究》2014年第4期。
③ 何白：《何白集》，上海社会科学院出版社2006年版，第734—735页。
④ 李象坤：《匊庵选集》，黄山书社2012年版，第255页。
⑤ 王德馨：《王德馨集》，黄山书社2009年版，第495页。

类"，^①即从狭窄的"人际伦理"走向更为广泛和包容的"种际伦理"。他在其《佛教起信篇稿》结尾处说："夫人，吾狭同类也；群动，吾广同类也。……何忍不发勇猛愿力以助无量广同类早一日离苦海乎？"他虽然呼吁人类将道德关怀由同类进一步推展至动物身上，然而他同时也认识到"断一切杀者"的"无界之戒，诚非人道之世所能行也"。为了人类的生存必需而有限制地猎杀动物，在道德上"广义属不仁，狭义尚属仁"，仍然承认人类利益的优先性。宋氏为此提出了三层动物保护理论："断太惨之杀也，减多杀为少杀也，杀生且放生也。"^②这三个主张由弱到强，已经基本上囊括了现代动物保护运动中的反滥杀、反虐待的动物福利论、动物中心论以及素食主义思想，诚属不易。晚清时期西方人士曾经在中国设立动物保护组织，并以"恐伤造物之和，且恐禽类灭绝"的名义，敦促中国政府禁绝珍稀禽鸟羽毛的出口贸易。但是近代温州著名学者刘绍宽在其日记中记述这一事件时却将西方人的动物保护举动片面理解为以动物保护之名行贸易保护之实。时隔多年以后，刘绍宽才肯定了西方文明在动物保护方面的贡献。结合同一时期宋恕"兼爱异类"的动物保护思想，则可以管窥近代温州学人乃至整个中国在动物福利方面的进步与缺失。回顾这段历史，对于破除人道主义思想中褊狭的人类中心主义成见，彰显儒学"亲亲而仁民，仁民而爱物"的仁爱精神，不无借古讽今的启示意义。

温州传统道德文化中的生态意识在当今温州经济社会发展中也得到了某种体现。例如，2011年7月温州市委十届十一次全会就提出了"三生融合·幸福温州"的发展目标，既体现了对温州传统道德文化的继承和发展，也体现了科学发展观指引下温州经济社会的转型发展需要。

第三节　温州传统道德文化的当代影响

以永嘉学派"以利和义"思想为核心的温州传统道德文化，历史地塑造着温州人民的道德文化心理，深刻地影响了现代温州人的道德实践。当代温州

---

① 宋恕：《宋恕集》，中华书局1993年版，第263—264页。
② 宋恕：《宋恕集》，中华书局1993年版，第263—269页。

人身上所具有的抱团进取、家国情怀、追求事功、热心慈善等行为特征可以说都是上述温州传统道德文化价值特征的时代显现。总体来看，以永嘉学派为历史文化坐标和以"以利和义"为思想核心的温州传统道德文化，对当代温州人的道德文化心理产生了以下几个方面的重要影响。

一、奠定了温州人民的区域文化认同意识和自信心理

在改革开放的大环境下，随着温州民营经济的发展和影响，以永嘉学派为代表的温州传统道德文化也开始受到越来越多的关注，永嘉学派"以利和义"道德事功思想可以说已成为温州道德文化的金字招牌，或者说是"当代温州经济社会发展背后的文化命脉"[①]，奠定了当代温州人民的区域文化认同意识和文化自信心理。但是，在以往知识匮乏的年代，温州人民无法将自己的生活哲学上升到理论层次，而更多地在于口头经验相传和个人品质积累，无法形成区域文化认同意识。南宋时期永嘉学派的出现，为温州区域文化的提炼和认同提供了一次历史机遇。改革开放以来，温州发展的成功经验和未来信心使温州人民对温州传统道德文化有了进一步认同意识和自信心理。为了进一步促进这种认同意识和自信心理，我们需要对温州各历史时期的文化发展做规律性的探索。

一般来说，温州的历史发展有几个关键时期，一是南宋时期，二是清末时期，三是改革开放时期。南宋时期，温州曾有政权陪都性质，改变了远离政治中心的局面，大量人口涌入，经济、文化迅速发展，遂致永嘉学派兴起。清末，闭关锁国的局面被打破，温州传统经济受到冲击较大，又因港口之便对外面世界有较多接触，维新派务实救国之声遂从这里发出。改革开放初期，温商携带温州模式迅速走出去，打破的不仅是保守的经济局面，还有保守的思想意识。永嘉学派、维新派、温商都属于文化与经济互动的产物，他们的共同之处都是呼唤务实创新，富于改革精神。这一方面提示，温州地域文化特质的表达不是偶然的，它延续了千年永嘉之风，在温商精神里面发现永嘉经世思想的存在是合理的。另一方面提示，这种精神成为文化品质则融入世世代代温州人的血

---

① 陈安金、王宇：《永嘉学派与温州区域文化崛起研究》，人民出版社2008年版，第305页。

脉中,影响世态时风,也对区域文化的总体特征产生着影响,奠定了温州人民的区域文化认同意识。

例如,永嘉学风影响之下,永嘉诗歌、市井文化都表现出了独特的一面。永嘉学派的主要代表人物皆擅诗文,本身对于文风就有较大影响。钱锺书曾论道:"朱子在理学家中,自以为能诗……然较之同辈,亦尚逊陈止斋之苍健,叶水心之猷雅。"①温州在南宋文坛上有一席之地的还有生活在南宋后期号称"永嘉四灵"的徐照、徐玑、翁卷、赵师秀,他们的诗歌突破了宋诗以理入诗的文风,描写田园风光、百姓生活的场景在诗歌大量出现,其空灵秀逸的风格给诗坛注入了一股新鲜清流。南宋时,温州市井文化发达,南戏随之而生。南戏的主题,多有科举成功之人不负糟糠之妻的题材,揭示了世俗功利观与儒家传统道德观的冲突。南戏对道德重建的诉求反映了文化发展过程中对社会观念的激烈冲击,承载了对工商伦理经济时弊的批判。如果说永嘉学派经世致用之说与南戏对儒家伦理正统的宣扬形成互补效应,毋宁说南戏的家庭伦理观本身就为永嘉学者所肯定。永嘉学派属于儒家一支,其对于社会经济发展的构想不以牺牲传统道德建设的基本安排为代价。

永嘉学派相比南宋时儒学说的异质性特征,在早期开创者王开祖等人那里已经表现出来,而后为南宋永嘉学者所自觉维护,永嘉经世致用之学本身是对程朱理学的一种反动。永嘉学派的儒学家们在特定的历史时期以事功之说纠正空谈道德性命的偏失,也可以看作是理学在规限内向事功学说的最大限度扩展。《德意志意识形态》在评论18世纪资产阶级的功利主义时写道:"这也是一个大胆的公开的进步,这是一种启蒙,它揭示了披在封建剥削上面的政治、宗法、宗教和闲逸的外衣的世俗意义,这些外衣符合于当时的剥削形式,而君主专制的理论家们特别把它系统化了。"②尽管永嘉之学与资产阶级功利主义有本质不同,但他们向理学主流挑战,力图兴国安民的做法,还是体现了当时思想家的进步追求,也具有充分的历史意义。"贯穿古今,通经致用"是永嘉学派思想的灵魂所在,实践着对于儒家民生为本的回归。

简言之,以永嘉学派"以利和义"道德事功思想为核心的温州传统道德文

---

① 钱锺书:《谈艺录》,商务印书馆2011年版,第213页。

② [德]马克思、恩格斯:《马克思恩格斯全集》(第三卷),人民出版社1960年版,第480页。

化，使得温州道德文化特别远离一种庸俗的道德主义的说教，以爱国、务实等担当影响着士风与风俗。那么，如何准确定位永嘉学派对温州人心灵世界的影响，考验着当代学者对思想史嬗变总规律的把握，也考验着当代温州人走向文化自觉、自信的能力和水平。这是一个牵涉面广，讨论又较为麻烦的大问题。这里仅引述当代思想史学者韦政通先生在《中国思想史》的论述做一参考："我们研究思想史，特别注意的是，不论是南宋或是清初，重视事功的思想家，在一定程度上都与理学家对立，水心甚至与整个的孔子传统为敌。这绝不能以为只是因为时代环境的刺激，而出于意气之言，这种现象实反映着儒学传统中的一个大问题，这个问题的核心，是要求如何解决外王的问题。理学家们，不管对心、对性的了解有何不同，他们对外王问题比较忽视，是一无可争辩的事实。先秦儒家当然是重视外王的，孔、孟、荀都是行动又兼思想型的人物，对社会政治问题都是高度热情，但在理论上所表现出来的，是内圣与外王一贯的思想，外王必须以内圣为基础。因此，所谓外王，就是圣德的功化，这是道德的理想主义的看法，不但在现实政治中无法落实，孔、孟、荀在这方面的努力也是失败的。"①可以简单地说，是落实内圣之道，还是实践外王之道，正是理学家和实学家于儒学耕耘的差别。事实上，永嘉学派对道德人格的追求，更多的正是"豪杰"，而不是"圣人"②。一方面，豪杰人格意味着突破，意味着不迷信权威而独立思考，也正是这种人格追求成就了一种反叛精神，成为温商的人格品质；另一方面，豪杰人格意味着不能脱离实际看问题，富民强国在宋代是时代要求，在今天也是时代要求，务实不务虚成为永嘉学者和温州道德精英所坚持的基本实践原则。

综上观之，以永嘉学派"以利和义"道德事功思想为核心的温州传统道德文化，奠定了当代温州人民的区域文化认同意识和自信心理，特别是在经历了改革开放这一历史环境的深耕培植后，在中国共产党领导下通过与马克思主义实践真理观的深入融合，孕育出了"温州模式""温州人精神"，温州人民的道德文化自信心理已经开始彰显开来。例如，目前温州市在促进温州人民的区

---

① 韦政通：《中国思想史》（下册），台湾水牛出版社1980年版，第1210—1211页。
② 刘梁剑：《豪杰精神与思想范式重建：从王开祖看永嘉学派一个被忽略的精神面向》，《现代哲学》2019年第1期。

域文化认同意识和文化自信方面做了许多基础性工程,围绕永嘉学派展开了各项学术活动和典籍整理事项,还单独建立了永嘉学派馆,详细展示了永嘉学派的来龙去脉。2021年12月22日,位于温州市区海坛山公园的永嘉学派馆正式开馆,"永嘉学派研究大系"开题会同步举办,该研究被列为浙江省文化研究工程重大项目,也是新时代浙江省实施文化大省发展战略和推进宋韵传世工程的重要组成部分。

图1　2021年12月22日,建立于温州市海坛山公园中的永嘉学派馆正式开馆
（图片来自网络）

二、培育了温州人民的爱国精神和群体意识

以永嘉学派为历史坐标的温州传统道德文化,主要产生于南宋时期。它的诞生与彰显民族大义和体恤人民生存问题紧密相关,它倡导"以利和义"思想本身就包含了国强民富的意蕴,就含有为民族之强大和人民之富有的论证意义。这种传统道德文化深刻影响了当代温州人民的道德实践,使人们始终相信,只有通过实际的行动和有效的办法才能实施强国富民的道理,空谈只会误国,使人民遭殃。只有不断学习新知,才能找到优化的办法,产生更大的事功效果。

我们知道,南宋时期民族政权冲突激烈,宋政权偏居江南虽苟得一时之安,但危机一直存在,加之每年向金等供给巨额财帛,百姓负担沉重,学者拯救国民的意识强烈，而对时下问题的关切，又往往贯以历史发展的眼光审视与反思。薛季宣、陈傅良、叶适等永嘉学者都是坚决的主战派，他们明"夷夏之别"，要求南宋政权统一中国。这种主张于今日看来，当然是出于狭隘的民族情结，不过跳出民族一围观照，其精神、情怀仍有相当之感染力。永嘉学者以《春秋》宣扬"尊王攘夷"的主张，体现了维护政权正统性的情怀。他们对《春秋》之学的训释，对兵法、政制、地理的关注，都是在这种思想背景下做出的。其实，这方面的著作产出非常多。今日尚存陈傅良《春秋后传》十二卷、《历代兵制》八卷、陈武《江东地理论》等等。

永嘉学者为了扭转南宋军事上处于弱势的局面，注重对历史的研究，"以史学补汉学之短"，希望以史为鉴，兴图强之道。据《温州经籍志》统计，其时著史学书者有二十五人，书四十三部。陈傅良的学生朱黼著《三国六朝五代纪年备遗》，《四库全书总目》评论说："其原书虽不可尽睹，然二十八卷之中，大抵愤南渡之积弱，违心立论，强作大言。谓南可并北，北不可以并南。侥冀轻举攻金，浮动者哗然和之，卒召败衄，未必非黼等偏僻之说有以荧惑众听矣。"[1]可见，永嘉学派学者对史学之关注，完全是出于纾解时局之困而为之的。

永嘉学者基本都反对与金议和，这是因为在他们看来，与金议和就会陷入政治是非的泥沼中，导致国家不振。叶适坚决主张在战事上抗击金兵、收复中原，表现了赤胆忠诚的爱国之心。叶适非常重视对历史的研究，他的重要著作《习学记言序目》是一部哲学著作，更是一部史学著作，全书五十卷，而史学部分所占在二十五卷以上。叶适重视历史研究，就是想通过呈现历史发展的治乱通变规律而为事功之学的开拓提供历史依据。因此，他的历史评述处处联系实际，侧重于总结历史经验而提出社会改革方案。

近代以来，以经世致用的目的研究史学，成为永嘉维新先哲的一个重要为学取向。"融会中西"成为永嘉学人存续传统思想精髓而促进主体觉醒和打造文化自信的时代强音，延续了经世致用思想的近代生命。宋恕著《永嘉先辈学案》指出永嘉学派的"纯"与"实"，陈黻宸著《中国通史》则重视社会史的研究，孙衣言点校整理的《永嘉丛书》书写了永嘉学脉历史，这些都使永嘉学派成了近代思想史上复活式的存在。他们激活中国传统文化开物成务、革故鼎新的

---

① 永瑢等：《四库全书总目》，中华书局 1965 年版，第 758 页。

基因解决国学与西学的矛盾,率先引入了西方的教育、实业,开启了实业救国之路。

三、铸就了温州人民的实业精神和行商意识

以永嘉学派为历史坐标的温州传统道德文化主张"以利和义",主张通过发展社会"功利"来承载和践行社会"道义"。行商和发展实业是实现社会"功利"的重要形式。这种道德传统在当代温州人民身上得到了深刻体现。改革开放以来,温州人民充分利用政策机遇,以家庭为劳动单位,大力发展小商品经济,赚取了发展实业的"第一桶金"。当然,在此过程中,一部分温州商人为了赚"快钱",力图在短时间内摆脱贫困和实现致富,于是生产和销售假冒伪劣商品,极大地损害了温州商人群体的市场形象,结果导致全国各大商场抵制温州产品,从而违背了少数温州商人短时间内致富的原初目的。为了扭转这种负面形象,温州市政府适时提出了"质量立市""质量兴市"的发展口号,通过十多年的质量建设,温州产品质量得到了极大的提高,温州品牌享誉全国。

温州市提出"质量立市""质量兴市"一定意义上与温州人民追求卓越的社会"功利"精神是分不开的,"没有逐利的冲动,温州人吃苦耐劳的精神就失去了依托"[①]。换言之,为了更好地实现"逐利"功效,温州商人群体必须提供更好的产品和服务,如果没有好的产品质量,逐利目的终将落空。所以,卓越的逐利"事功"精神促进了温州人要做好产品,做强品牌,塑造好的市场形象。这种行为表面上看是一种"先利后义"的功利行为,但是个人的功利动机经过党和国家的正确价值引导,就会变成整个社会的"功效"。所以,温州人民的先行富裕对于温州地区展现中国特色社会主义制度优势,对于推动浙江高质量建设共同富裕示范区等,具有重要战略意义。

随着温州商人的世界性行商,以及温州商人的质量和信用意识的提高,温州商人所到之处都会传播先进的市场意识,其中包括规则、效率、质量、服务等意识,特别是随着世界温州人的国际行商,温州商人群体不仅促进了当地经济的开发和发展,而且还传播了中国特色社会主义市场经济文化。从这个意义

---

① 陈中权:《永嘉学派和温州人精神》,《中共浙江省委党校学报》1999年第4期。

上讲,温州商人在长期的行商过程中创造和传播了中国特色社会主义先进道德文化。可以看出,当代温州商人将"商行天下"与"善行天下"内在统一起来,就深刻体现了"以利和义"的思想义理,并且随着"商行天下"与"善行天下"之间的良性互动,温州人的行商实践为其善行意识提供了物质基础,而具体的公益慈善等善行成果也为温州人的行商实践提供了更好的社会环境。

温州人的实业精神和行商意识孕育出改革开放初期温州人群体的市场交易规则,该规则也即史晋川教授所说的"人格化交易方式"①。有人说,温州人最不讲规则。这句话要具体分析。相比现代西方成熟的市场规则道德而言,改革开放初期温州人的市场规则意识的确薄弱。但是,相比当时中国市场规则整体滞后状况而言,温州人可能也是讲规则的,因为他们是凭借自身内在人格条件实现了有效交易,促进了资源合理配置和生产力发展。其实,改革开放以来,温州人群体通过独特的人格化交易方式,一定程度上倒逼了中国市场经济规则和机制的不断完善和发展。

---

① 史晋川:《温州模式的历史制度分析——从人格化交易与非人格化交易视角的观察》,《浙江社会科学》2004年第2期。

第二章

温州革命道德文化的形成与发展

1840年鸦片战争的爆发,彻底打破了中国自给自足的经济发展模式,建立在此基础上的封建道德文化也面临瓦解的命运。从鸦片战争到中华人民共和国成立的100多年时间里,中国道德文化建设主要围绕社会革命和阶级斗争而展开,由于当时社会经济、政治、文化、阶层等因素的剧烈变化,各种社会道德思潮激荡起伏,人的精神家园也四处漂泊,没有一种道德文化能够真正代表中国人民和中华民族的前进方向。

俄国"十月革命"一声炮响,为中国送来了马克思列宁主义;五四运动促进了马克思主义与中国工人运动相结合,进而催生了中国共产党。马克思列宁主义站在社会劳苦大众的立场,强调通过革命斗争和无产阶级专政方式去摧毁过去腐朽的剥削阶级的道德文化形态。中国共产党人充分吸收马克思列宁主义之思想精髓,以马克思主义实践真理观为根本指导,在实践中运用和发展马克思主义,形成了中国共产党领导下的中国化马克思主义理论。中国共产党领导下的中国革命道德文化属于中国化马克思主义理论的重要组成部分,它是中国共产党带领中国人民在长期的社会革命和建设实践中逐渐形成的新型道德文化形态,反映了中国最广大穷苦人民的价值愿望和中华民族道德发展的前进方向。中国共产党领导下的中国新型道德文化特别强调,要用坚决的革命斗志去克服传统道德文化中那种"软弱无能"的道德玄想,强调道德文化要为人的现实生活服务、为人民大众服务,强调要通过社会实践或实干的方式来实化道德理念,即强调道德文化的社会功利性,反对空谈道德。这种新型道德文化与永嘉学派所倡导的"以利和义"道德事功思想之间有着义理上的千年回音意蕴。

中国共产党成立之后,以谢文锦为代表的温州籍共产党人返乡宣传马克思列宁主义,使革命火种传播到浙南地区(温州),1924年中共温州独立支部(简称"温独支")在温州永嘉城区成立。温独支成立之后,共产党人在浙南地区深入传播反帝反封建革命思想,组织各类工农运动,为大革命事业在浙南地区的顺利开展奠定了社会动员基础,也为后来红十三军的成立储备了人才。1927年4月,温独支遭到了国民党反动派的严重破坏,剩余党员转入地下或农村继续开展革命斗争,使浙南革命火种得以延续。1930年5月,随着浙南人民反抗国民党反动统治形势的发展,中共中央根据浙南特委的决议,同意将浙南红军游击队统一编为中国工农红军第十三军。同年8月,红十三军在温州补溪正式成立,温州永嘉籍共产党人胡公冕、金贯真分别担任军长和政治委员,宁波籍共产党人陈文杰担任政治部主任。红十三军成立后,开展大小武装斗争百余次,沉重打击了国民党反动势力,有力地配合了中央苏区和其他根据地的革命斗争。

总观之,因为其特殊的历史、地理、地缘环境等因素,以温州永嘉、平阳等地为代表的浙南地区(温州)在很长一段时间内都是中共在浙江地区开展革命武装斗争的中心地区,特别是在红十三军成立之后至中共浙江省第一次代表大会召开这段时间,浙南人民更是经历了艰苦卓绝的对敌斗争。1939年中共浙江省第一次代表大会在温州平阳的凤卧乡召开,进一步总结了对敌斗争以来中共在浙江的工作经验,并提出了下一步的工作任务,据此平阳后来也被誉为"浙江的延安"。刘少奇也曾评价道:"全国党的斗争是浙江最残酷",而"浙江是浙南斗争最残酷,浙南是平阳付出的代价最大"。①粟裕同志在回忆录中也曾描述道:浙南比浙西南地区有两个更为有利的革命武装斗争条件:一是"1924年这里就有党的活动,1929年冬天以后的两年,党在这里领导过武装暴动,红十三军的旗帜曾插到瓯江两岸的许多乡镇,在群众中留有很深的影响";二是"这里离浙赣线较远,国民党统治势力比较薄弱"。②

古代温州恶劣的地理、历史环境孕育了温州人坚忍不拔、自强不息的精神品质,在近现代经过革命战争烈火的淬炼和马克思主义的思想洗礼,温州人的精神世界已经变得更加富有拼搏进取、自强不息的革命气质。改革开放之后,在商品经济的竞争浪潮中,温州人率先探路,勇往直前,处处表现出"敢为人先"的精神气概,创造出了"温州模式"。这无疑是艰苦卓绝的温州革命道德精神与"以利和义"道德事功思想在新的历史条件下之精神转化和发展的效果体现。改革开放以来,"温州模式"和"温州人精神"的显现,也进一步证明了马克思主义实践真理观及其基于人民立场的道德事功精神与永嘉学派所推崇的"以利和义"思想之间的义理融通,这种融合形成了中国特色社会主义条件下温州道德文化新形态,推动了温州人民的人性解放和平权发展。

---

① 转引自张睿:《浙江省委党校平阳分校启用,传承弘扬红色基因》,https://zjnews.zjol.com.cn/zjnews/wznews/201907/t20190725_10662501.shtml。

② 粟裕:《粟裕回忆录》,解放军出版社2007年版,第128页。

第一节　旧民主主义革命时期温州革命道德文化

晚清时期,随着鸦片战争的失败,中国被纳入资本主义世界经济体系之中。资本主义国家依托军事上的胜利,不断加紧对中国经济上的侵略与掠夺。温州因其特殊的地理位置,很快就吸引了侵略者的目光。1876年《中英烟台条约》签订,温州被开辟为对外开放的商埠,一些外国商人开始在温州倾销商品,进行资源掠夺。外国资本的进入,导致了大量传统手工业的破产,给温州的自然经济带来了很大冲击。加上巨额赔款所带来的苛捐杂税,温州人民生活每况愈下,社会矛盾日趋激化。面对严重的民族危难和社会危机,一方面,人民群众奋起反抗,掀起了一次又一次反帝反封建斗争;另一方面,温州地方知识分子怀抱强烈的社会责任感,纷纷行动起来。他们主张学习西方,推动变革,探索救国强国之路,或实业救国或教育救国,或学术救国或革命救国,经世致用的道德文化传统在陷入苦难的近代温州得到了彰显。

一、除暴安良,保家卫民,在反帝反封建斗争中求生存

鸦片战争失败后,清政府为维护自身统治,同时筹措对外的赔款,变本加厉地剥削劳动人民,百姓深受苛捐杂税之苦。当时温州民间流传着一首歌谣:"锣声一响官来乡,催租小吏猛如狼,纷纷窜避逾垣墙。明朝搜刮急输将,急输将,罄仓箱,十家九无隔夜粮。"在外国商品的疯狂倾销下,温州大量手工业者破产失业。老百姓走投无路、天灾人祸之下,爆发了多次农民起义。

19世纪50年代,在太平天国席卷江南的背景下,浙南爆发了以瞿振汉为首的与太平军有过直接联系的温、台红巾军起义。这场起义主要是由地方上的下层知识分子发起的,"瞿党多系贡监生员,兵丁胥役"。首倡起义的是乐清乐成的滇生傅礼淮和乐清柳市的生员刘公锐,两人系挚友,后来是义军的军师和参军。乐清虹桥人瞿振汉,于1853年在虹桥成立团练局,推瞿振汉为团练局团董。他利用这个机会迅速扩大队伍,铸造兵器。1855年12月17日,瞿振汉率领红巾军起义,竖起"浙东除暴安良虹军统帅"大旗,虹军多至2000余人。原计

划攻打温州，因内应被杀，改攻乐清，提出"护善良，降凶暴；散有余，补不足"和"洗变夏为夷之耻"的口号，发出"扫江海之烟氛"的反帝呼声，依照太平军装束，头缠红布，攻下乐清，开仓赈粮，队伍迅速扩大到三四千人，后在清军反扑下，起义失败。

1853年，瑞安还爆发了蔡时风领导的农民起义。1854年爆发了大罗山农民起义，起义军一度在永嘉和瑞安交界的大罗山上树立寨栅，反抗官兵。1858年，平阳钱仓人赵起利用在鳌江码头开饭铺的有利条件，联络朱秀三等8人结义，成立金钱会，以"金钱义记"的铜钱作为入会标志，发展会员10万多人。金钱会势力强大，从空间上几乎遍及温州全境，并蔓延至处州和福建，在成分上，大量的军人和政府职员加入，"公然纠党于瑞、永、乐及处之青田、闽之福鼎，营兵、衙役大半入会"。组织也趋于严密"沿钱仓江南北，公然酸饮焚香，金钱复加红帖，编列八卦号数"。1861年8月2日起义，10月初猛攻温州，清军被击溃，攻占道台、知府衙门等，并攻占福鼎县城。5天后清军会合各地团练反扑，起义军撤出温州围攻瑞安，攻城达一月之久，后失败。首领蔡华、谢公达英勇牺牲，赵起逃亡后于次年在乐清被官兵杀害。

1876年，中英《烟台条约》签订后，温州被辟为商埠，外国势力先后涌入温州。次年，英国人在温州设领事馆，外国商轮开始进入温州港。英、美、日等外国列强纷纷在温州开设洋行，并利用控制温州海关的便利，肆意贩卖鸦片、倾销商品和廉价掠夺原料，列强从政治、经济、宗教等多方面向温州渗透，日益加深了温州社会半殖民地半封建的程度。据统计，1888年温州进口鸦片233.8担，价值109197海关两，占这一年进口洋货总值的22.6%，仅次于洋布占第二位。同时，侵略者开始在温州进行文化渗透。先是美国传教士在温州花园巷设立基督教堂，后由意大利传教士在周宅祠巷建成温州第一座哥特式天主教堂，外国势力勾结官府豪绅，欺压百姓。温州社会中老百姓与教会的矛盾日益尖锐，进而导致教案频频发生。温州地区影响较大的教案有4个，按照发生的时间加以命名，它们分别是丙子教案（1876）、甲申教案（1884）、甲午教案（1894）和庚子教案（1900）。1884年10月4日，有几个儿童进花园巷教堂看做礼拜被抓并扣押，愤怒的群众冲进教堂，救出儿童并焚烧教堂，一夜间连续焚烧6处教堂，并捣、烧外国税务司住房和瓯海关房子及档案。这就是著名的"甲申教案"。反帝浪潮很快蔓延到浙南各地。早在乾隆年间，神拳会已在浙南各地发展组织。1899年,瑞安、平阳农民以"除灭洋教"入会。1900年7月,平阳蔡郎桥拳民在金宗财领导下正式举起反帝义旗。先在平阳拆毁多处教堂,继而蔓延到瑞安,杀死传教士1人,金宗财后来在地主势力包围中被捕杀害。此后,温州人民在一系列反帝斗争中表现英勇,包括1903年拒俄运动、1905年抵制美货运动、1907—1908年浙江拒款保路运动、1907年反对日商在温州开店及其暴行等斗争,涌现出一批反侵略反掠夺的积极分子,从而激发了民众的斗争热情。

辛亥革命前夕,温州人陈虬、宋恕两位著名学者著书立说,办报兴学,揭露时弊,号召救亡,对温州的反帝反封建斗争起到了推波助澜的作用。温州著名学者孙诒让经其学生宋恕介绍结识章太炎,其思想逐步从忠君救国的改良维新转而同情革命。孙诒让曾为营救鉴湖女侠秋瑾,支持光复会会员敖嘉熊、陈梦熊等人反清革命尽心尽力。温州志士宋左亭等在永嘉、乐清组织"哥老会"为开展反清革命活动而壮烈牺牲。1902年温州大旱83天,知府见灾不救,仍开征柑捐,引发南白象柑农数千人涌向府门闹局,年老者持香请愿,青壮年执锄头或扁担示威,逼迫知府翻墙逃走,柑捐免征。1903年,辛亥革命志士陈梦熊与敖嘉熊一起编写痛击时弊的《新山歌》,得蔡元培(光复会会长)嘉许,在上海大量印刷传播。继而在家乡乐清开展抵制洋货斗争,并与月空和尚等人以办学为掩护进行反清革命活动。1906年,陈梦熊与月空和尚、李靖明、华山等人在温州乐清白鹤寺创办僧民学校,同时在虹桥创办"明强女学"由其妻林世英任教,两校都以《新山歌》为课本。后遭当局迫害,流亡国外。

1911年11月8日,温州光复。温州乐清籍辛亥革命志士周六介从杭州返乡,联络月空和尚、仇溥等人,在温州乐清、永嘉、瑞安以及普陀等地招募一批敢死队员加入浙军支队。

1911年11月29日,徐定超回温组成温州军政分府任都督。孙中山曾高度评价浙军为光复南京所做出的牺牲和贡献。他说:"攻克金陵,浙军之力为多。"1917年7月1日,张勋在北京拥护溥仪复辟。多年追随孙中山的原同盟会会员,时任浙江第六区(温处)警备队统带的温州人戴任(立夫)复电省署,并在《瓯海公报》刊登布告,宣告温州自立,表示反对复辟。

温州平阳人黄群(1883—1945),早年曾留学日本,接受新思想。在武昌起义爆发后,他从湖北回到浙江杭州,毅然投身革命活动。浙江宣布独立后,他被推选为浙江代表赴南京参加南北和议，后又赴汉口参与《中华民国临时约法》的制订。民国成立后有两个大政党：一个是革命同盟会改组的国民党；另一个是由清末立宪派演变而成的进步党。梁启超是进步党领袖，黄群原是资产阶级立宪派的，所以他也参加了进步党。第一届国会选举时，黄群曾当选为众议院议员。1914年袁世凯阴谋称帝，解散了国会，黄群从北京来到上海，主办《时事新报》，自任社长，并聘学者张东荪任主笔。在蔡锷将军高举反袁义旗后，黄群积极活动，策动广东、广西两省军阀响应云南起义。袁世凯去世后，黄群又代表梁启超多次谒谈黎元洪、段祺瑞，商谈恢复旧《约法》和国会事宜。最终，约法恢复，国会重开。共和再造后，黄群对议会政治表现出了浓厚的兴趣。遗憾的是，在北洋军阀的专制统治下，他无法实现自己的政治目标，无奈发出"更忆东华尘十丈，议坛辩论亦徒为"的感叹。

在辛亥革命前后，温州不仅涌现了许多革命志士，同时也受到了许多资产阶级革命家的格外关注。如，光复会副会长陶成章夫妇、同盟会会员蒋尊簋（1912年任浙江军政府都督）都曾莅临温州活动。1905年9月，辛亥革命领导人在绍兴创办大通师范学堂，以"师范"名义建立了国内第一所培训革命干部的武备学校，温州乐清籍邵杰三于1906年进入该校学习，并与徐锡麟、秋瑾等人往来密切，成为温州地区著名辛亥革命志士之一。辛亥革命先行者孙中山先生也很关心温州的建设和发展，他在1918年制订的《建国方略》实业计划部分还特别提到了温州港口和铁路建设的重要性。这些对于促进温州地区民主革命的发展都产生了重要影响。

二、学习西方，发展经济，探索实业救国道路

中国知识分子长久以来就有"天下兴亡，匹夫有责"的道德勇气和社会责任。面对甲午战争的失败，面对列强瓜分狂潮这一"三千年未有之大变局"，地方知识分子毅然放弃了传统的书斋生活，奋起投身到救国救民的热潮中去。与以往的经学家皓首穷经、不问世变、漠视国运的特性不同，近代温州的知识分子均时刻关怀时局，不断思考救国的道路和方法。

孙诒让作为浙南地区士绅的领军人物，较早形成了学习西方、发展经济的主张，并且为开发浙南地方经济做了大量工作。他坚信"五大洲遂为商战之天

下",商业竞争在国家竞争中具有重要地位,因此要大力发展本国的工商业,同外国企业竞争,分外商之利。他在《兴儒会略例》中指出:"购商轮,行驶各埠,运货经商,以分洋商之利";设立"建造机器、纺纱织布各局,以保中国自有之利权";"开采煤矿、五金矿及设立制造铁舰、枪炮各厂","不致仰给于西人,复仇雪耻之大功,庶或可望告成"。孙诒让主张通过兴办近代工矿交通事业,发展中国社会经济,达到抵制外来侵略的目的。

在发展近代企业过程中,应大力鼓励发展本民族的民用资本。孙诒让所著《镇海叶君家传》,就是为中国首富叶澄忠所作的传记。对叶澄忠发迹史的记录和褒扬,表达了他对民族资本企业家在近代化中的作用的高度赞赏。他在叶氏传记中提道:"以民智未沦,由于识字之少,则以十万金设蒙学堂于上海,以教贫家子之不能塾者。盖其所经营尤深远,儒者不能逮也。"孙诒让还提出发展近代经济,"公办不如民办",靠腐败无能的清政府是没有出路的。他主张只有大力发展民族资本,才是中国经济致富的正确出路。

孙诒让强调,发展经济要"因地制宜",要从地方实际出发,引进西方的先进技术与方法,开发温州的丰富资源,发展地方经济。在孙诒让后半生的社会实践中,许多的实业活动都透露着这一思想。比如,利用温州桑蚕业具有深厚基础的有利条件,引进西方先进的方法,改进温州地区的蚕桑种养方法。孙氏主张"兼用中西新旧诸法,考验品种,选制蚕子纸,教导饲蚕种桑"。孙氏的努力,有效地促进了浙南地区蚕桑业的恢复和发展。又比如,孙诒让分析温州的自然条件,认为有利于发展海运和内河航运,"吾乡面山负海,湖港交错,素利舟楫",因此孙氏在瑞安创办了大新轮船股份公司,开始致力于发展温州的地方航运。

在这些思想的指导下,孙诒让从1897年起积极兴办实业,其主要活动包括:1897年春,集资创办蚕学馆于郡城,兼用中西新旧之法教导饲蚕种桑事业;1898年1月,和黄绍箕等集资组织瑞安务农支会,所订《章程》计有设会、集股、股利、议事、钱务、种植等52项,共收80股,购地三四十亩,试种湖桑和瓯柑;1904年4月,组织富强矿务公司,先以土法开采永嘉孙坑等地铅矿,后因英籍工程师勘察储藏不丰,交通不便,被迫中辍,复派郭凤诰赴湘鄂调查矿务;1904年7月设大新轮船股份公司,租用湖广轮船以飞云江为起点,行驶沪瑞之间,用以运销柴炭、明矾等土产;同年,邀请郡城绅商创办人力车公司,从上海购入铁皮车轮数辆,仿制50辆,试驶城厢,为温州人力车之始。从这些举措可以看出,孙诒让不仅有借鉴西方先进技术与方法的想法,也有发展本民族工商业的具体实践。他的探索和实践对温州人学习西方、发展地方经济起到了很好的示范和带动作用。

辛亥革命后,黄群告别政坛,投身商业,提出"殖产以厚其力",将主要精力投入家乡的近代化建设之中,探索实业兴邦之路。1919年3月,黄群与国会参议员吴钟镕、浙江省议员杨雨农等发起筹办温州首家电信企业——东瓯电话股份有限公司,建立董事会和监察制度。以100元为一股,黄群持5股以上,当选为董事。紧接着,他又发起浙南第一家自办的综合性地方医院——瓯海医院,并率先捐资500元,又以父亲名义捐助4800元,占总建筑费的1/4多。医院建成后,黄群按月给予津贴,直至该院扭亏为盈。1921年7月,黄群将其五弟黄梅初创办的通易公司招股改组为通易信托股份有限公司,正式经营银行信托业务,黄群担任董事长兼总经理。此后,公司规模不断扩大,在上海自建4层大楼,大楼后面自建仓库、码头,并在四川路设虹口分处;先后在北京、杭州、苏州设立分公司;公司保险部在哈尔滨、南京、武汉、广州设立分局,经营银行信托业务,代理股票交易,业务甚多。

三、储才兴学,以泽乡里,探索教育救国之道

以孙诒让为例,他在前半生是一个纯粹的学者,在后半生则由学者转而兼教育家和社会活动家。作为一名正统的儒家学者,在这种天崩地裂的大变局时代,他怀着强烈的爱国情怀不断探索和实践。1895年甲午战败后,孙诒让受到了强烈的刺激,深感自己平生所学与时局无益,"近者五洲竞争方烈,救焚拯溺,贵于开悟国民,讲习科学、不佞觊者所业,固愧刍狗已陈,屠龙无用……殊不欲他人之效我也"[①],对兴学强国表现出了极大的兴趣,认识到教育的重要性。1895年,康有为等与各省在京士大夫,议开强学会及强学书局,意欲共谋雪耻,孙诒让闻而感慨:"窃谓今日事势力之危,世变之酷,为数千年所

---

① 孙诒让:《答日人馆森鸿书》,见张宪文辑:《孙诒让遗文辑存》,浙江人民出版社1990年版,第159页。

未有。中国神明之胄,几不齿于人类。……睹此危局,靦然人面,不愿坐视夷灭。"①于是有了设立兴儒会以救国的想法。他在筹办算学书院时写道:"瑞安褊小,介浙闽之间,僻处海滨,于天下形势不足为重,然储才兴学,以待国家之用。而出其绪余,以泽乡里,则凡践土食毛者,皆与有责焉,固不容以僻远而自废也。"②这表明了他的办学目的和动机是与国家的命运紧密联系在一起的,旨在不断探索救国拯世之道。

戊戌变法时期,教育救国是当时思潮的一个组成部分。宋恕在《拟请广开学校折》里曾予以强调:"学校者,议论之本也;议论者,政事之本也。"中国传统知识分子长期存在一种"政必须教,由教及政"的思维定式。张之洞在《劝学篇》中阐述了这一思维:"世运之明晦、人才之盛衰,其表在政,其里在学。"因此,面对中日战争中的屈辱惨败,当时中国的士人更多地从教育的方面去寻找原因,举国恍然于教育之无当。孙诒让的思想认识与活动即充分受到这种群体思维定式与社会思潮的影响,他甚至发挥得更为充分。孙氏认为,"富强之源在于兴学","自强之原莫先于兴学"。他把教育同国家的富强自然联系在一起。其在《学务本议》里更是将办教育放在"定国是"的高度,认为"凡百新政无不以此为根本","所持以斡旋时局、维系人心者,仅此教育之一线"。孙诒让几乎将其后半生的大部分精力都投入教育事业中。他的办学,充分受到西方教育思想的影响,为当时浙南地区的教育植入了相当多的西方新的教育元素,大大促进了温处两地教育的近代化。他的教育思想最能体现他的西学思想。

孙诒让把普及教育作为"自立之计"。他认为:"世界日进于文明,觇国者必以教育之能否普及为强弱之符验",只有"全国人民个个都有普通知识,程度不相上下",国家才会富强。他首次完整地提出了人人都应受教育、人人都应接受平等教育的普及教育思想。孙氏的普及教育思想是他教育思想体系中最为重要的部分之一,其中许多的观点和主张大量吸纳了西方国家普及教育方面的一些具体做法。比如,在保证适龄儿童入学方面,西方各国普遍实施强迫义务教育,规定公民有接受教育的权利和义务,凡到入学年龄而不入学者则惩

---

① 孙诒让:《兴儒会略例并叙》,见张宪文辑:《孙诒让遗文辑存》,浙江人民出版社1990年版,第8页。
② 鲍锦江辑:《算学书院章程·前言》,藏温州市图书馆,光绪二十二年(1896)刻本,第1页。

罚其父母。孙氏对此规定十分赞同："通国士民子弟之及学龄而不入学者，父兄有罚。"但在具体的执行过程中，孙针对西方的做法又有所创新，结合中国实际，主张采取一种奖惩结合的办法，使人民懂得读书的好处，从而自觉送子弟上学。又比如，在女子普及教育方面，就更能凸显他教育思想中的西学痕迹。孙诒让认为普及教育不能将女子排除在外。西方国家都重视女子教育，所以国势十分强大。孙氏主张："国民分子，男女皆然，不应男修学而女失业。""普及教育，兼重女学。盖女人亦应有普通之知识，乃能相夫教子，破迷信，助营业，有以自立于天地之间。吾国女子无学，教育之不能普及，亦为一端。"孙诒让不分男女贫贱，认为人人都应受教育，这种普及教育思想是孙氏通识中外教育，同时又结合自身实践的结果，可以说是对西方潮流的正确把握，走在了时代的前列。

在新式学堂教学内容的选择上，孙氏本着"学无新旧，唯其致用"的原则，十分重视西学的传授，主张在新式学堂中植入必要的西学课程。他特别重视科学教育，在复日本学者馆森鸿的信中写道，在世界竞争日益激烈的条件下，当务之急是"开悟国民，讲习科学"。他通过对我国传统教育的研究，认为我国教育不发达、科学不兴的原因就是太过注重经学，而轻视科技教育。因此，孙氏在温处两地兴办新式学堂的过程中，非常重视在学堂课程的设置中加入必要的科学课程。在众多的科技之中，他最为看重的是数学和化学，认为他们是一切科技的基础。在办学中最先创办学计馆和化学堂就是该思想的体现。同时，孙诒让也认识到外语在学习西学中的重要性，因此他十分重视外语教学。他认为日本之所以迅速强盛，一个重要原因就是外语教学的普及，减少了国民学习西学的障碍。他主张："今宜于各省广开方言馆，务使东西文家喻户晓。"在这一思想指导下，他创办了浙江近代最早的外语学校——瑞安方言馆。自己也不顾50多岁的年纪，请人教学英文。

在"教育救国"思想的指导下，孙诒让借鉴西方先进的教育理念，积极办学，奠定了浙南地区教育近代化的基础。他先后创办了瑞安学计馆（1896年）、瑞安方言馆（1897年）、瑞平化学堂（1899年）等专门学校，温州蚕学馆（1897年）、温州蚕学堂（1905年）等职业学校，温处暑期音乐讲习所（1906年）、博物讲习所（1907年）、理化讲习所（1907年）、温州初级完全师范学堂（1008年）等培养教师的学校或短期训练班，实用学塾（1903年）、商业学社（1903年）等业余职业补习学校,女学蒙塾(1903年)、德象女塾(1906年)等女子初等学校。此外,孙诒让还创办了瑞安普通学堂(1901年)、东北偶蒙学堂(1902年)、温州府中学堂(1902年)、瑞安高等小学堂(1904年)等普通中小学校,总计各级各类学校共20余所。1905年以后,孙诒让被推选为温处学务分处总理,负责2府16个县的教育事业,从而使他的教育活动从瑞安县逐渐扩大到温州府、处州府乃至全省各地。在孙诒让任职的3年时间里,温处两地创立了300余所新学校,其发展速度之快、规模之大为浙江之首。

在清末民初的背景之下,温州地方知识分子非常专注文教领域的"经世致用"。刘绍宽曾想创办化学学堂,可困难重重,阻力巨大,最后并未成功。刘绍宽在日记里反思未成功的原因:"欲办化学学堂,不求教师,不充仪器,不谋校舍,常年的款仅木捐九百余元,未曾具领,而欲移借一二百元,便行举办,不知当时何以冒昧如是? 姑录之,以见当时风气未开之被动者,寻声逐响,往往如是。"[①]刘绍宽后被聘为龙湖书院山长,随着壬寅学制与癸卯学制的陆续出台,他对书院进行了大刀阔斧的改革,成功实现了传统书院向近代学堂的转型。作为当时平阳趋新士人的典型代表,刘绍宽勾勒出清晰的地方教育发展路线,不仅重视中学堂的发展,难能可贵的是他更看到了蒙学教育的重要性,促使地方蒙学教育逐步迈向近代化。

黄群也曾积极参与到兴办家乡文化教育事业中。1921年,黄群在故里郑楼购地筑房,创办郑楼小学,规定上学者一律免费,并聘请胡定侯为校长。"一两年后,学生数量大增,校舍亦年有添建,更造室育蚕,筑坿育鸡,辟场圃栽植果木,以推广农村副业。"1933年7月,浙江省教育厅计划在旧瓯海道区设立省立师范学校以提升浙南教育水平,但因财政匮乏,校址一直未定。黄群听说后当即表示:"愿移郑楼小学校址为省有,充省立温州师范学校,而以小学附属师范,俾清寒子弟仍得沾免费之惠,而先君子遗意亦庶几赖以不坠也钦。"省政府委员兼教育厅厅长陈布雷打报告给省政府予以接受。于是将校产房屋57间、场圃田荡13亩有奇,器具图籍若干,捐归省政府,用以创办省立温州师范学校。校产估值为31900余元。1935年秋,黄群又将校前梦仙公农圃捐归省有,用于扩充教室与寝舍,温师就地建筑洋式平房20间。黄群自述:"先后任郑楼小学

---

① 温州市图书馆编,方浦仁、陈盛奖整理:《刘绍宽日记》,中华书局2018 年版,第277页。

校及瓯海医院建筑费及历年经费几达十万金。"省立温州师范学校开学后,校长王学素特意在校前湖中心修筑溯初亭,以纪念黄群捐资兴学之功。

四、中学为本,西学为辅,倡导变法改革造福桑梓

晚清以来是一个大变局的时代,"新"与"旧"并存,"保守"与"进步"兼具,知识分子在大变革中所扮演的是一种矛盾的历史角色。热爱祖国,热爱人民,为民族解放与发展贡献自己的力量,是近代知识分子最大的道德追求。同时,在乡土情结的影响下,造福桑梓是他们重要的价值追求。地方社会要保持长期稳定局面,知识分子需要发挥显著作用。知识分子需要承担地方事务的责任,也使他们获得地方事务的发言权,这就是他们的"文化权力"。温州知识分子继承了永嘉学派经世致用的意识,不仅能够担负起地方士绅的角色,造福乡里,同时在西学西潮的催化下,亦给地方社会带来了许多新的事物,推动温州社会的近代化转型。近代温州的知识分子大多都能做到"既尽瘁于国事,复推仁于梓里"[1]。

作为温州知识分子的优秀代表,孙诒让怀着强烈的社会责任感,主张向西方学习,进行变法改革。孙诒让认为,中西新政不应"画区域以自隘"。孙诒让通过重新诠释儒家经典《周礼》,立足于古文经学,以西学比附周制,来表达自己的具体政治主张。"19世纪下半叶,面对着天崩地裂式的大变局,中国士人通常采取的是重新诠释古典以回应新变的途径,而在这种重新诠释古典的过程中,首当其冲的当然是重新诠释儒家经典。"孙诒让将《周礼》视为政治制度的典范,是他心目中最为完美的制度:"闳章缛典,并包远古,乃古今政教之典范,稽古论志之资。"他认为应当向西方学习,但学习的目标是《周礼》,采取一种"远法成周,近采西制"的方法,即以《周礼》为本位,结合西方的政治制度进行政治改革,形成完善的政治体制。孙诒让提出"阐《周礼》六艺之教以远播蛮荒,传种、蠡九术之谋以大雪仇耻"的设想。他明确指出:"中国开化四千年,而文明之盛莫尚于周。故《周礼》一经,政法之精详,与今泰东西诸国所以致富者,若合符契,然则华盛顿、拿破仑、卢梭、斯密亚丹之伦所经营而讲贯,今人所

---

[1] 潘国存编:《梅冷生集》,上海社会科学院出版社2006年版,第33页。

指西政之最新者,吾二千年前之旧政已发其端。"为了治《周礼》,从 1872 年开始,孙诒让就着手资料长编的编纂工作,到 1905 年夏,历时 20 余年,《周礼正义》多次易稿,才得以刊行问世。针对时局,他指出:"私念今之大患,在于政教未修,而上下之情睽阔不能相通。……然则处今日而论治,宜莫若求其道于此经。"① 可见,他治《周礼》主要是为了发扬此经中的政教精神,以振兴国家于危亡之际,竭尽古代经典中的光辉来挽救民族之危亡,其用心可谓良苦。

在《周礼政要》中,孙诒让引述了大量英、法、德、美各国的近代历史、经济、政治与科学技术的资料,试图引进西方资本主义的文明来达到变法自强的目的。在《周礼政要》序中孙诒让写道:"中国变法之议,权舆甲午,而极盛于戊戌,盖诡变而中阻,政法未更。"从这段话我们可以看出他对康梁变法的充分肯定。他深羡通过变法而自强的日本,赞其"邦域虽褊小,然能更其政法以自振立",足以"谙其政俗得失,以上裨国家安攘之略"。《周礼政要》40 篇中的每一篇,都是以周经为纲,西法为目,以西学比附周制构成的。比如,把西方议院比之周代三询之法,陪审制度比之周代三刺制度,商部比之于周代司布之官,等等。

乡邦文献是记载成册的地方历史,承载了人们关于故乡的记忆,蕴含着千百年来地方文化发展的脉络,并以其深厚的文化积淀滋养着一代又一代的人们。历史上温州文风鼎盛,保留下来的文献汗牛充栋。历代温州士人非常重视对乡邦文献的整理:"汇刻乡先哲遗著为郡邑丛书,滥觞于明人之《梓吴》,有清以来,浙为尤盛,降逮民国,厥风益煽。"② 近代孙衣言、孙诒让、黄群、刘绍宽、刘景晨等地方士人,广泛搜罗地方文献,然后点校,最后付梓,为保护乡邦文献、传承地方文化做出了重大贡献。孙诒让编纂《温州经籍志》共历时 8 年、二易其稿,同治八年(1869)开始至光绪三年(1877)写定,被学界称赞为地方艺文志之冠。孙诒让征集乡哲遗书藏于玉海楼中,并刊刻《永嘉丛书》,开了搜集、刊刻、研究温州乡邦文献之先河:"昔吾乡藏书之家,称孙氏玉海楼最富,汇刻之帙,亦始于玉海楼之《永嘉丛书》,遗响可承。"③ 梁启超在《清代学术概论》中

---

① 孙诒让撰,王文锦、陈玉霞点校:《周礼正义·序》,中华书局 1987 年版,第 5 页。
② 王荦:《刊行仙居丛书缘起及目录》,《浙江图书馆馆刊》1934 年第 6 期。
③ 潘猛补编:《温州历史文选》,作家出版社 1998 年版,第 314 页。

将清代思潮的发展分为四期："一、启蒙期；二、全盛期；三、蜕变期；四、衰落期。"梁氏将孙诒让列为衰落期中的代表人物，对其评价甚高："诒让则有醇无疵，得此后殿，清学有光矣。"近代著名的国学大师章太炎先生也赞之曰："三百年绝等双。"

在乡邦文献整理编纂中，黄群也做了大量工作。他发起校编了《敬乡楼丛书》，共4辑38种78册289卷，其中第一、二、四辑主要校勘者为永嘉刘景晨，第三辑主要校勘者是平阳刘绍宽。《敬乡楼丛书》印成后，黄群不仅赠给许多国内图书馆，而且遍赠世界各大图书馆，温州乡哲得以名扬海外。梁启超评价《敬乡楼丛书》："为续永嘉丛书，其于维桑必恭志事，可谓善继述者矣。"

在旧民主主义革命的近80年中，温州人民不愿做奴隶，不接受帝国主义与封建专制的残酷压迫和剥削，或奋起反抗参加革命，或孜孜以求投身实业、教育和学术等，不断探寻救国救民、造福社会的正确道路，延续和弘扬了温州人民以天下为己任的道德文化传统，为中国社会发展进步注入了积极的正能量。

第二节　新民主主义革命时期温州革命道德文化

1917年，俄国"十月革命"为中国送来了马克思列宁主义，而五四运动又促进了马克思主义与中国工人运动相结合，进而催生了中国共产党。1921年，中国共产党成立，中国革命从此有了科学的指导思想和正确的领导力量，革命面貌焕然一新。中国共产党在新民主主义革命的发展历程中，不断把马克思主义基本原理与中国的具体实际相结合，一步步发展壮大，最终领导中国人民取得了民族独立和人民解放。浙南革命斗争的胜利，正是浙南党组织在党中央和上级党组织的正确领导下，创造性地执行中央的方针政策，正确地运用党的建设、武装斗争和统一战线三大法宝，领导浙南人民及武装力量在极为艰苦的环境中不畏牺牲、英勇奋战的结果。在这个过程中，革命道德建设起着功不可没的作用。

一、新民主主义革命时期温州共产主义革命道德文化的形成和发展

根据《中共温州党史》(第一卷)①和参照学界对中国共产党思想道德建设史的阶段划分②,我们认为在新民主主义革命时期,温州革命道德文化的形成发展过程可分为三个阶段:建党时期到国民大革命时期(1919年5月—1927年7月)、土地革命时期(1927年8月—1937年7月)、抗日战争和解放战争时期(1937年7月—1949年10月)。

第一,温州革命道德文化萌芽于建党时期到国民大革命时期。从建党初期到第一次国民大革命战争时期,由于党在革命理论、路线、道路等问题上还没有全面的成熟的认识,还没有自己的根据地,党的革命影响并不能在一个相对固定的地域内发挥主导社会道德的作用,因而温州共产党人只是根据当时的革命实践提出了革命救国、共产主义的理想与信仰、为民众的解放而奋斗、革命牺牲精神等这些初步的共产主义道德内容,把爱国与反帝反封建联系起来成为中国革命道德萌芽的重要标志。

在《湖南农民运动考察报告》中,毛泽东论述了有阶级觉悟的人民在反对封建地主阶级的运动中,是怎样克服自身的缺点,一步步提高自身的思想道德水平的。阶级觉悟虽然属于政治学的范畴,但它蕴含着树立一个什么样的社会革命理想,能促使人们为了这个理想而提高自身各方面的素质。因此,阶级觉悟就成了道德建设的重要内容。从一定程度上讲,阶级觉悟是党动员人民开展革命和道德建设的先决条件,尤其对于深受两千年封建统治的中国人民来讲,启发他们的阶级觉悟就显得尤为重要。

五四运动以来,尤其中国共产党成立以来,许多温州仁人志士和以谢文锦为代表的温州籍共产党人积极返乡传播革命先进思想和马克思列宁主义,筹建党团组织,启发广大人民群众反帝反封建的道德觉悟。1924年12月,温独支在永嘉城区(温州)侯衙巷新民小学成立。温独支成立后,广泛开展社会调查,先后撰写了《关于温州社会概况调查报告》《关于浙江永嘉社会概况》

---

① 中共温州市委党史研究室:《中共温州党史》(第一卷),中共党史出版社2004年版。
② 韦冬主编:《中国共产党思想道德建设史》(上),山东人民出版社2015年版。

等①，其成员多以个人名义在《温州大公报》《永嘉周刊》上发表文章，同时散发党刊《向导》《新青年》等，进一步在广大劳动群众和进步青年中宣传马列主义②，启发民众的阶级道德觉悟。1927年4月，温独支遭到了国民党反动派的严重破坏，剩余党员转入地下或农村继续开展革命斗争，继续传播和践行无产阶级革命道德观，继续启发人民大众的阶级道德觉悟。

图2　温独支成立时旧址——温州城区信河街侯衙巷新民小学（图片来自网络）

第二，温州革命道德文化初步形成于土地革命时期。大革命失败后，以毛泽东为代表的中国共产党人在实践中闯出一条"工农武装割据"的革命道路，"使一小块或若干小块的共产党领导的红色区域，能够在四周白色政权包围的中间发生和坚持下来"③。从1927年8月到1937年7月这10年内战期间，党的工作重点从城市转到了农村，在农村建立了苏维埃政权，逐渐走上了农村包围城市、武装夺取政权和土地革命的道路。

---

① 中共温州市委党史研究室：《中共温州党史》（第一卷），中共党史出版社2004年版，第29页。

② 中共温州市委党史研究室：《中共温州党史》（第一卷），中共党史出版社2004年版，第28页。

③ 毛泽东：《毛泽东选集》（第一卷），人民出版社1991年版，第49页。

这一时期,温州的中共党员已经开始自觉探索道德文化建设的道路:围绕土地革命、创建红十三军和工农民主政权的实践,逐渐形成了以艰苦奋斗、坚定信念、勇于斗争、甘于奉献、清正廉洁等为品格特征的革命道德精神,标志着温州革命道德文化初步形成。另外,土地革命虽然是属于军事和政治的范畴,但是它对土地所有权的规定,推翻了数千年来禁锢、压迫人民的封建伦理制度,提高了广大人民的道德觉悟。土地革命战争时期,国民党反动派的军事围剿和经济封锁,锤炼了温州共产党人的革命精神和革命品质,从中共浙南特委成立,到红十三军的创建,再到红军挺进师在浙南的游击战争,艰苦奋斗、廉洁奉公、勤俭节约的政治品质和革命道德初步形成。因为残酷的历史、恶劣的地理环境,自强不息、坚忍不拔成了温州人民的传统美德,温州共产党人继承了这一优秀传统并将之同革命的目标、人民的利益结合起来,形成了敢于斗争、甘于奉献的共产主义道德精神。

例如,八七会议之后,在中共中央统一部署下,全国12个省130多个县的工人、农民和一部分国民革命军,举行了近百次不同规模的反抗国民党反动派的武装起义。温州地区的永嘉、瑞安、平阳3县农民联合武装暴动就是其中的一次。虽然最终因敌强我弱而失败,但是产生了很大的政治影响,反映了浙南人民要求革命的迫切愿望和不畏强暴的反抗精神。早在土地革命初期,红十三军中艰苦奋斗的精神已经十分突出,随着红军挺进师转战浙南和游击根据地的开辟,这一精神又进一步得到强化,使其成为体现温州革命道德的重要内容。温州共产党员在艰苦卓绝的革命战争中,以自己的实际行动继承、弘扬了中国共产党的伟大革命道德,创造了不朽的精神丰碑,对全国革命事业的顺利发展产生了巨大的推动作用。

红十三军精神是温州共产党员在土地革命初期领导人民进行艰苦卓绝的斗争实践而形成的,它以"坚定信念、不畏牺牲、艰苦奋斗、依靠群众"为主要内容。在继承红十三军精神的基础上,红军挺进师在革命斗争中逐渐产生了以"坚定信念、求真务实、一心为民、艰苦奋斗、无私奉献"为主要内涵的浙南革命根据地精神。红军挺进师在浙南开展了三年游击战争,经历了艰难曲折的道路。三年中,红军挺进师在同党中央和上级组织失去联系的情况下,经受了罗卓英、刘建绪两次各几十个团的"清剿",经受了严峻的考验,终于在浙南立定了脚跟,创建了浙南游击根据地,使之成为中国革命在南方的一个战略支点。

三年中,红军挺进师在国民党的心腹地区沉重地打击了敌人,宣传了党的路线、方针与政策,发动群众培养了革命骨干力量。1937年12月13日,中央政治局决议高度评价了浙南三年游击战争,认为这是中国人民一个极其宝贵的胜利。

第三,温州革命道德文化形成发展于抗日战争和解放战争时期。1937年"九一八"事变爆发,中日民族矛盾上升为主要矛盾,抗日救国成为当时中华民族的首要任务,也是中国革命道德文化建设发展的中心内容。这一时期,党的道德文化建设是在由土地革命和武装推翻国民政府转变为建立抗日民族统一战线的背景下展开的。在新的形势下,围绕着抗日战争的需要,党对道德文化建设进行了一系列有益的实践与总结。通过对主流意识形态的建设,对党员和干部的教育,亲民、高效、廉洁执政形象的树立来践行道德建设,为抗日战争的胜利提供了精神上的支持。在中国共产党的推动下,以国共两党为主体,中国各族人民、各民主党派、各爱国军队、各阶层爱国人士以及海外华侨终于会集在一起,抗日救亡运动在全国各地轰轰烈烈地开展起来。浙南党组织独立自主地依靠和发动群众,组织抗日救亡团体,同时利用国民党所属的合法群众组织,积极推动抗日救亡运动。

抗日救亡运动期间,浙南的群众组织规模超过了历史上的任何时期,如永嘉战时青年服务团、乐清县城战时青年服务团、泰顺战时服务团、瑞安青年服务团、平阳青年救亡团等。除了战时青年服务团外,还有其他由共产党组织起来的群众抗日救亡团体,如农民抗日自卫队、国术团、妇女救亡团、合作社等。中华民族解放先锋队是中国共产党直接领导下组建的一个先进的、具有广泛群众性的青年抗日组织。1938年春,中华民族解放先锋队首先在温州城区的温州中学、瓯海中学和联立中学建立起来,随后乐清、玉环等地也发展起来。在中共浙江地方党组织的支持帮助下,国民党浙江省政府主席黄绍竑采取了一些有利于抗日、民生的开明措施,接纳了一批共产党员和进步青年,使得抗日救亡运动得以蓬勃发展。在浙南地区抗日救亡运动中,农民成为抗日救亡团体的主体。中共浙南党组织除了独立自主组织抗日救亡团体,派遣共产党员参加战时政工队外,还帮助推动国民党建立各种群众团体和组织,并在国民党已建立的各种公开合法的团体和组织中开展统一战线工作,从而达到广泛开展抗日宣传活动、动员各阶层共同抗战的目的。

抗日战争胜利后,中国共产党和人民迫切希望和平、民主,但是以蒋介石为首的国民党集团背信弃义,破坏和平,倒行逆施,挑起了内战,中国革命进入了打倒蒋介石、解放全中国的人民解放战争时期。这一时期,温州革命道德文化和实践紧紧围绕着反对蒋介石国民党内战独裁政策、解放全中国、夺取中国革命彻底胜利的时代主题而进行。温州共产党人,一方面通过对民众进行广泛的动员、建立人民民主统一战线,从而从民众中汲取不竭的力量;另一方面,通过自身作风、政权和军队建设,提高战斗力。

二、新民主主义革命时期温州革命道德文化的主要实践形式

新民主主义革命时期,温州革命道德文化及其实践总体上围绕民族独立和人民解放的奋斗目标。随着浙南革命形势的发展,革命道德建设的内容也发生相应的变化。大革命时期,中华民族与帝国主义的矛盾成为当时中国最主要的矛盾,此时温独支刚刚成立,并且又与国民党合作,一致对外打倒帝国主义和封建主义成为主要目的。因此当时温州革命道德文化及其实践的内容,一方面是宣传马克思主义,另一方面则是启发人民团结起来反抗帝国主义和封建主义。土地革命时期,国共统一战线破裂。这一时期,温州革命道德建设的主要内容是宣传党的主张、赢得人民的支持与拥护、反对国民党的反动统治。抗日战争时期,中日民族矛盾上升为主要矛盾,阶级矛盾变为次要矛盾,中国人民的主要任务是团结一致,共同抗日,实现民族独立,因此温州革命道德建设的内容是启发人民的阶级觉悟,团结一切可以团结的力量一致对外。解放战争时期,蒋介石不顾人民追求和平的愿望,发动内战。共产党一方面在人民中继续宣传马克思主义,另一方面则向全国人民表明共产党真心实意为人民谋利益的决心以及国民党反人民的面目。这一时期温州的革命道德实践围绕着团结人民、建立最广泛的革命统一战线、推翻国民党反动派的统治而展开。由此可见,在革命的不同阶段,温州革命道德文化的具体实践根据革命形势的变化而不断调整,做到了坚持结合实际、有的放矢的唯物主义原则,从而推动了新民主主义革命的胜利。

第一,加强宣传与教育,为革命道德指明方向。党的一大指出,宣传机构一定要掌握在我党手中,出版物不论中央或地方,皆应由我党同志直接管理与编辑,不论中央或地方,任何出版物不得登载任何违反我党主义、政策和决议

的文章。五四运动不仅是轰轰烈烈的爱国救亡运动，也是波澜壮阔的思想解放运动，它的突出表现是学会报刊的蓬勃兴起。温州先进人士陆续创办一系列学会和报刊，宣传党的政治主张，教育了人民，启发了阶级觉悟，并对其进行正确的管理与引导。该时期陆续出现的学会和报刊有：救国讲演社和《救国讲演周刊》、醒华学会、永嘉新学会和《新学报》、知行社、旭社、会文学会、醒狮化装演讲社、血波社、宏文社、溪山学友会、瑞安中山主义研究会等。郑振铎、陈仲陶等主编的《救国讲演周刊》，除漫画外分言论、时评、记载、演讲、调查、文艺、杂俎、别录和来信专栏，石印24开本。创刊号刊载了《论抵制日货莫若提倡国货》《敬告吾同胞应有觉悟》等专论，附录东瓯中等学校学生联合救国会《宣言书》；第二期刊载《还我目的》讲词、《青岛图》插图；第三期刊载《李厚基残虐学生》时评；第四期刊载《中国为欧战受损，当诉争公理》《劝商人停运粮到日》等评论。除报道国内外交涉和京津各省市的运动发展情况外，也报道本埠推广国货和抵制日货的进展，以及各界各处救国团体的成立活动。郑振铎"暑假从北京回乡"，听说游侠"在办《周刊》"，要求游侠"在刊物上注意介绍新思潮"，使得游侠"开始接触到社会主义思潮"。①随着学会、报刊的蓬勃兴起，封建制度受到猛烈的冲击，民主和科学的新思潮开始广泛传播。特别是中国共产党成立以后日益浩大的宣传声势，使得在学生运动中脱颖而出的先进分子终于找到了马克思列宁主义。

　　抗日救亡运动是温州近代最宏伟的全民性运动，它不仅宣传党的抗战政策，还动员和组织群众支援前线，进行民主主义和爱国主义的教育。抗日救亡团体最主要的工作是开展抗日救亡的爱国宣传。它们都有各自的宣传队伍，方式多种多样。永嘉县战时青年服务团曾举办歌咏干部训练班、民众歌咏班，《义勇军进行曲》《大刀进行曲》《游击队员之歌》等抗战歌声响遍城乡。街头演出和舞台话剧则是吸引群众的主要形式。当时演出的剧本有上百种，著名的如章珉编的《死亡线上》和《妇女进行曲》、马彦祥编的《古城的怒喊》、田汉编的《雪中的行商》、胡绍轩编的《我们不做亡国奴》、陈楚淮编的《铁罗汉》、易振编的《打回老家去》、陈白尘编的《卢沟桥》、洪深和徐萱编的《死里求生》等。这些救亡团体的文艺宣传深入穷乡僻壤，"旧温属联立初级中学"的宣传队从乐清

---

① 游侠：《我是怎样和佛教发生关系的》，鹿城区党史办存件。

馆头出发,由南向北巡回演出,直到雁荡山区。很多爱国人士和进步团体出版了多种抗战期刊,在浙南党组织直接影响下创办的有《救国导报》《生线》《老百姓》《先锋》《游击》《女战士》《妇女阵地》《战时商人》《学生行进》《海防前哨》《抗战漫画》等11种报刊。不少青年正是在革命书刊、抗战歌曲、救亡戏剧的影响下加入抗日队伍的。

从1946年11月开始,浙南特委先后创办了《新民主》半月刊、《浙南月刊》、《浙南周报》等3种报刊。《浙南周报》还设有《画刊》和《新民主》文艺副刊,并于1948年1月增设《周报通俗报》,择周报上的重要内容改写成通俗文章,供文化水平较低的战士与农村党员阅读。报刊由浙南特委宣传部部长胡景瑊负责,内容涵盖新华社广播电台播发的新闻、地方新闻和美术作品,深受党内外读者的喜爱。这些报刊在解放战争中,对团结和教育人民、揭露打击敌人、鼓舞浙南人民的革命斗志发挥了重大作用。此外,浙南特委还翻印了不少小册子、书籍,如《关于若干历史问题的决议》以及新华社社论、时事评论等。此外,特委根据革命形势发展的需要,还注意吸收专业戏剧、舞蹈工作者,通过文艺活动宣传革命道德。如:周西创作的《胡老海》是一出反映部队遵守群众纪律的小戏;朱保珣的《臭皮蛋》、周西的《抓丁》都是揭露地主罪恶的剧目;郑伯永创作的《天亮之前》则反映了山区青年农民投奔游击队的故事。1948年11月,中国人民解放军浙南游击纵队成立后,浙南特委和纵队组织一批美术工作者下基层,积极创作各类美术作品,鼓舞部队指战员和广大人民群众的革命斗志,起到了很好的作用。如:用漫画、连环画等形式,编绘《浙南周报》画刊专页,揭露国民党反动派假和平、真内战的阴谋,宣传中国人民解放军的各项政策,动员群众参加解放战争;陈沙兵、张怀江、夏子颐等共同创作木刻画集《三大纪律八项注意》配合部队中普遍开展的纪律教育,起到了很好的作用;绘制巨幅宣传画和解放战争形势图,宣传解放军渡江、民兵配合作战、拥军爱民和解放战争形势。

第二,发动群众、组织群众,广泛开展反帝反封建的爱国主义斗争。中国共产党是以工人阶级为阶级基础的政党,所以,共产党成立后首先要向工人阶级宣传新思想,提高工人阶级的道德素质和阶级觉悟。温独支是在外地入党的共产党员按照党的要求组织起来的。温独支成立后,非常重视工农的不幸处境并逐步开展工农运动。温独支通过开展传授文化、发动罢工、组织工会等多种活动,向工人们揭露帝国主义怎样侵略中国、资本家怎样剥削工人等事实,帮助工人提高他们的阶级觉悟。1925年,温独支派员至温州较大规模的工厂中一席厂和鹿城布厂办平民夜校,传授文化,开展宣传,以此来教育工人,提高他们的觉悟。1926年5月1日,温州织工研究会举办五一劳动节纪念会,晚上在城隍庙举行学生化装演出,宣传劳动节的意义。1927年1月,施德彰在所组织的理发、缝纫、印刷、制鞋、织布等5个行业工会的基础上宣布成立温州总工会筹备会,委员长为施德彰,秘书苏眉如,事务委员为理发业的阿洪,文书为制鞋业的徐宗川,宣传委员为印刷业的童伯吹,经济委员为缝纫业的高育康,等等。

工人运动是党的中心工作,并不意味着农民运动不重要。温独支的一些领导人已经意识到农民的重要性,并通过成立农民协会、农民补习学校等,来帮助农民抨击封建宗法制度,破除封建迷信。1926年2月初,社会主义青年团温州支部发动团员和进步青年在瑞安塘下、莘塍前埠、永嘉上下河乡等地开办农民学校和平民夜校,提高农民政治觉悟,至1926年底,永嘉县7镇8乡普遍建立了农会,并于1927年1月成立县农民协会,王国桢当选会长。1927年2月初,张培农等在平阳江南新安成立平阳县第一个基层农会(环川农民协会),随后万全、小南、南港、北港、蒲门等处也纷纷成立农协,并最终成立平阳县农民协会,张培农任会长。温独支成员在农民中的这些宣传教育,提高了农民的道德素质和阶级觉悟,为农民运动的发展奠定了思想基础。为进一步调动农民的积极性,根据浙南特委的要求,各游击根据地开展了"一反两减四抗"斗争。"一反"是指反霸斗争。斗争对象由共产党的基层支部和农联会研究确定,并报请县委审批。斗争方式一般由农联会或党组织主持召开群众大会或公审会,宣布恶霸罪行,并组织苦主上台控诉,进行经济清算,把恶霸强占的土地和勒索的钱财退还受害者。有的没收其粮食和钞票分配给困难户,对民愤极大有血债者予以镇压。"两减"是指减租减息。在"两减"斗争中,楠溪中心区12个乡镇4万多人中,受益者达3万余人;岭头中堡村38户佃农共得谷328担,平均每户得谷8.4担。"四抗"是指抗丁、抗粮、抗捐、抗税。各地党组织发动群众成立抗丁队、抗粮队及兄弟会、姐妹会等组织。由共产党员领导青年农民上山躲"抓丁",对乡保长派下的壮丁捐、自卫队捐等拖着不交。武工队积极支持群众,对乡保长予以警告,不许他们抓壮丁、逼捐、引兵"清乡",对个别顽固的反动乡保长坚决予以打击。1947年秋,"四抗"斗争取得很大胜利,如乐清县蔡岙村有抗租田 345 亩,抗租谷 483 担;减租田 430 亩,减租谷 301 担:两者合计共得 784 担,全村 102 户,平均每户得谷 7 担 7 斗弱。

以学生为主,联合广大工人、农民小资产阶级、民族资产阶级各阶层反蒋人士在国统区开展和平民主运动。抗战胜利后,国统区以学生为主的广大人民兴起了反对内战,要求和平的爱国民主运动。在温州的爱国民主运动中,永嘉县工委以及之后永嘉县委的介入和领导,把中国共产党的政策、方针化为群众的强烈要求,终于出现宏伟壮观的爱国民主热潮,获得很大的胜利。从 1945年冬到 1946 年秋的多次斗争是温州学生运动从多年来的沉寂走向新的高潮的转折期。首先揭开温州学生爱国民主运动序幕的是对昆明惨案的响应,接着掀起的是声援抢米风潮,第三次掀起的是"锄奸"与"反张"运动,第四次掀起的是抗议美军暴行,第五次是反饥饿、反内战、反迫害运动。浙南特委认真执行党中央关于坚持人民民主统一战线的政策,重视做好统一战线工作。1947 年 6月 20 日,浙南特委制定《爱国民主统一战线工作提纲》,强调党要加强对爱国民主统一战线工作的领导,保证党在政治上、思想上、组织上的一致。《提纲》还要求解放区的自卫战争要同国统区的民主运动相结合;要分清主要敌人,确定斗争对象和斗争策略,争取一切可以争取的力量,为夺取浙南游击战争的胜利做出贡献。同时,浙南党组织十分注意做好工商界、医疗界、政界、军界上层人士和开明士绅、国民党乡保长的工作,向他们宣传中国共产党的路线、方针与政策,让他们转变态度,积极支持根据地斗争。浙南党组织认真贯彻党的民主统一战线政策,建立起广泛的统一战线,使得党组织在根据地的活动得到许多民主人士的支持。

浙南党组织还重视群众组织建设。1946 年 10 月 20 日,浙南特委在《对今后任务的决定》中,把开展群众运动作为八大任务之一。1947 年 6 月 15 日,特委又制定《目前群众工作提纲》,要求各级党组织加强社会调查,深入了解群众的思想要求,制定正确的农村社会经济政策。1948 年 4 月,浙南特委第九次扩大会议通过了《关于目前群众工作的决定》,提出群众工作的方针是广泛组织群众,武装群众,逐步开展武装斗争。农民联合会是根据地群众的主要组织,其主要作用:一是组织农民开展"一反两减四抗"斗争;二是在党的领导下,代行乡村基层政权的职能;三是搞好地方文化教育工作;四是做好拥军优属工作;五是动员青年农民参军和做好支前工作;六是组织群众互助互济,开展禁赌、禁止种植罂粟,提倡男女平等、尊老爱幼等移风易俗活动。妇女联合会是根据地群众的重要组织。其主要作用:一是参加反封建斗争,争取男女平等;二是组织妇女学文化;三是组织妇女加工粮食、制作军鞋,保障部队需要。根据地内的一些地区还建立了知识青年联合会、手工业职工会和儿童团等群众组织。如:瑞安县陶山区于1949年2月成立知识青年联合会;平阳县矾山矿区为防止国民党反动派破坏矿区生产,维护生产秩序和社会秩序,成立工人纠察队,取得护矿斗争的胜利。

　　第三,加强党的思想、组织和作风建设,充分发挥党员在革命斗争中的先锋模范作用。温州共产党人一方面通过宣传教育来启发工农的阶级觉悟,另一方面则用严格的纪律要求共产党员,要求他们充分发挥党员的先锋模范和骨干带头作用,以此来团结教育人民大众。党的领导人经常深入士兵中间,讲解革命道理,教育他们要不怕困难,成为人民的表率。中共浙南特委在开展抗日救亡运动的同时,大力恢复和发展党的组织。浙南地区在三年游击战争结束时,党员不到400名,县区级机构也不健全。"党的工作地区非常狭窄,主要地区是平阳北港,其次福鼎、泰顺、瑞安各有一二乡的范围,城市方面除永嘉有微弱的工作外,其他全无。"[①]至1939年5月,全地区支部发展到608个,党员发展到7291人。在基层党组织迅速发展的基础上,闽浙边临时省委与中共浙南特委恢复和建立了一批县级及以上党组织,并恢复新建了30多个区委。浙南地区的抗日救亡运动,使浙南人民普遍觉醒,认清了日本侵略者的野心和罪行,识破了国民党顽固派积极反共、消极抗日的真面目,同时使共产党的抗敌政策深入民心,培养了大批农村骨干,为浙南党组织发动武装抗日及后来建立与扩大农村根据地创造了有利条件。

　　整风运动在党的新民主主义革命中扮演着重要角色,同时也是党的革命道德实践过程中的重要一环。为了进一步认清形势,树立信心,克服党内不同程度存在着的保守主义、主观主义、宗派主义等不良倾向,使全党思想更加统一,意志更加坚强,组织更加坚强,浙南特委于1947年下半年至1948年上半年,在特委、县委两级机关干部中开展整风学习运动。"共产党员在建立巩固和

---

① 中共浙南特委:《中共浙南特委两年工作报告》(1940年5月),《浙南——南方革命的一个战略支点》,中共党史出版社1991年版,第75页。

发展根据地的过程中要以身作则,严格遵守党的纪律,建立为人民服务的坚强观念,绝对不允许有任何特殊地位、暴露突出的脱离群众的现象存在,否则,必须受到党的纪律制裁。"①地委在重点抓好各级领导干部和机关干部思想教育的同时,还注重抓党员的思想教育。根据浙南斗争的实际,各级党组织对党员经常进行共产主义理想、为人民服务思想和党的路线方针政策及形势与任务的教育。一些县、区委纷纷举办机关党员和农村党员培训班,对党员进行集中教育,进一步提高党员的政治素养和革命道德。地委还召开各种会议,在党员干部和广大人民群众中,广泛宣传党的路线方针政策和革命主张,深刻揭露国民党反动派黑暗统治给人民带来的苦难,使广大党员干部和人民群众看到中国革命的前途,增强了开展游击战争、夺取革命胜利的决心和信心。此外,浙南党组织还对军队、民主政府机关、群众团体中的共产党员的模范带头作用提出了具体要求。在极端艰苦的条件下,浙南党组织之所以能够带领根据地党员群众坚持与国民党反动派进行长期斗争并最后取得革命的成功,与党组织加强对党员干部和人民群众的思想教育是分不开的。

三、新民主主义革命时期温州革命道德文化的核心和原则

共产党人在领导浙南人民进行革命和谋求民族独立、人民幸福、国家富强的过程中,虽然条件极其艰辛险恶,但仍然不遗余力地宣传和践行党的革命政策和主张,积极培育和传播共产主义的革命道德文化。近30年的温州革命斗争实践最终孕育了以马克思主义为指导、以共产主义为理想、以爱国主义为基础、以艰苦奋斗为特征、以全心全意为人民服务为宗旨的革命道德体系。

第一,大公无私是共产主义道德的本质特征。新民主主义革命时期,浙南党组织要求每一个党员和干部要以毫不利己、专门利人的共产主义道德规范严格要求自己,个人利益服从集体利益和人民利益,在革命战争中发挥先锋模范作用。中华民族近代以来的历史就是一部爱国主义运动史,救亡爱国是近代中国的主旋律,高举爱国旗帜是中华民族的根本利益和共同需要。温州共

---

① 中共浙南特委:《关于今后根据地建设的决定》(1947年11月2日),《浙南——南方革命的一个战略支点》,中共党史出版社1991年版,第207页。

产党把爱国主义作为核心价值观进行构建,顺应民心,有效地整合了浙南社会资源。艰苦奋斗是中华民族的优良传统,是我党克敌制胜的法宝,是激励人民为革命事业不懈奋斗的精神力量,是新民主主义革命道德体系的重要组成部分。浙南党组织在艰苦奋斗中起家,在艰苦奋斗中成长,在艰苦奋斗中赢得人民的信赖与拥护。浙南游击根据地地处山区和半山区,经济落后,人民生活贫困,加上国民党在军事上、经济上的长期封锁,浙南武装部队和工作人员的生活条件极其艰苦,粮食和物资供应甚为困难,仅能维持最低的生活需求。在这种艰难困苦的斗争环境中,浙南特委和各县委积极通过各种渠道,广辟财源,增加收入,厉行节俭,并严格制订执行管理制度,从而保障了武装部队工作人员的给养。

第二,全心全意为人民服务是共产党建党立党的核心,是党的一切工作的出发点和落脚点。共产党带领人民所进行的以取得民族独立和民族解放为主要任务的新民主主义革命正是人民利益的体现,党在革命过程中的路线、方针、政策、纲领无一不是以人民利益为出发点和落脚点的。全心全意为人民服务是共产党最高的政治准则,是党的新民主主义革命核心价值体系的宗旨所在。全体党员要"真心实意地为群众谋利益",这是革命胜利的"真正的铜墙铁壁"。勤政为民,为人民真心实意地谋利益,是土地革命战争时期中国共产党"为人民服务"道德核心的初步体现。"我们对于广大群众的切身利益问题,群众的生活问题,就一点也不能疏忽,一点也不能看轻。""我们要胜利,一定还要做很多的工作。""解决群众的穿衣问题,吃饭问题,住房问题,柴米油盐问题,疾病卫生问题,婚姻问题。总之,一切群众的实际生活问题,都是我们应当注意的问题。"①这里我们可以看出,中国革命道德的核心已基本明确,同时作为一个革命的战斗集体,强调每一个共产党人都要反对个人主义,弘扬集体主义精神。1929年,浙南地区自然灾害频仍,粮价飞涨,民不聊生,而国民政府向农民征收的苛捐杂税有增无减,地主和高利贷者则拼命地向灾民逼债,农民生活陷入绝境。针对浙南形势,中共永嘉中心县委、瑞安北区桐溪党支部、平阳江南党组织等根据中央指示,广泛发动群众,领导贫苦农民有组织、有计划地同国民政府和地主、富农开展闹荒斗争,帮助广大饥民暂时渡过难关。同时,永

① 毛泽东:《毛泽东选集》(第一卷),人民出版社1991年版,第136—137页。

嘉中心县委在温州各地广泛部署开展反对土地陈报的斗争,维护了农民群众的经济利益,减轻了农民的负担,得到了广大群众的拥护和积极支持,使党在群众中的威望不断提高,塑造了共产党真心实意为民众谋利益的执政形象。

第三,中国革命道德文化的原则是集体主义。①任何时候都应把党的利益、国家的利益和集体的利益放在第一位。"没有党就没有个人,只有在党性建立之后,个性才有可能建立与发展。每个党员必须具有随时准备为党牺牲的决心,这是党员是否合格的标准。"②"党的利益高于一切,这是我们党员的思想和行动的最高原则。根据这个原则,在每个党员的思想和行动中,都要使自己的个人利益和党的利益完全一致。在个人利益和党的利益不一致的时候,能够毫不踌躇、毫不勉强地服从党的利益,牺牲个人利益。"③日本帝国主义的侵略,给浙南地区的经济带来了极其严重的破坏,加之国民党专横残暴的统治,致使国内经济萧条,物价上涨,人民生活日益艰难。在共产党的领导下,温州人民为了保卫自己的切身利益和生存权利,曾进行过多次斗争,其中规模较大、影响较深的是1938年11月温州棉织业工人斗争和1939年7月的永嘉纸山暴动。温州棉织业工人斗争,几乎席卷了温州城区所有的行业,影响很大。在斗争中,永嘉县委和城区区委根据群众的切身利益,提出了正确的口号,制止了少数干部和群众的过激行为。在情况发生变化时,引导斗争朝着正确的方向发展。这是一次运用合法手段、公开手段取得斗争胜利的范例。纸山暴动发生后,中共郭溪纸山区委善于引导,既保护了纸农的切身利益,教育和锻炼了群众,也提高了党在群众中的威信。纸山地区日后发展成为解放战争时期离温州市区最近的一块游击根据地。

第三节　社会主义革命和建设时期温州革命道德文化

从1949年至1978年,是中国共产党领导温州人民进行社会主义革命和建

① 罗国杰:《中国革命道德》,中国人民大学出版社2012年版,第4页。
② 陈云:《陈云论党的建设》,中央文献出版社1995年版,第155页。
③ 刘少奇:《刘少奇选集》(上卷),人民出版社1981年版,第130—131页。

设的重要时期。这一时期,与全国一样,温州经济社会发展也经历了新中国成立初期的百废待兴、改造时期的阔步向前、建设初期的意气风发,同时也经历了"大跃进""文化大革命"等左倾错误,遭遇了严重困难和挫折。因此,温州革命道德文化也经历了跌宕起伏、波澜壮阔的发展历程。在辉煌和困难并存的奋斗历程中,温州人进一步形成了敬业奉公、保家卫国、无私奉献、建设祖国的革命精神和优秀道德文化品质。

一、社会主义革命和建设时期温州革命道德文化的曲折发展

1949年4月21日,中国人民解放军百万雄师横渡长江。中共浙南地委和中国人民解放军浙南游击纵队英勇作战,制定了先解放温州城、后解放全浙南的作战方案。在解放温州城的过程中,向善向仁的温州道德土壤中涌现出一批敬业奉公的爱国名士。1949年8月26日,中共温州市委和温州市人民政府宣告成立,温州的党组织和人民政权建设进入了一个全新的阶段,人民当家做主的愿望开始实现。

温州和平解放后,为稳定社会秩序,加强政权建设,粉碎温州城内的国民党反动分子与特务分子,解散非法组织,温州市军管会发布《温州市反动党团特务人员申请登记实施办法》,开展了清剿武装股匪、取缔金银贩子和地下钱庄、打击盗匪活动、整理户口与建立居民委员会、恢复正常交通秩序、整顿防空和消防管理、加强公共卫生等工作。这些工作迅速扭转了混乱局面,整顿了社会秩序,稳定了社会局势。由此,温州革命道德文化在剿匪和反霸斗争中形成了不畏强权、勇于斗争的革命精神,推动社会主义建设焕发出新的生机与活力。

1949年9月,中国人民政治协商会议第一届全体会议通过的《中国人民政治协商会议共同纲领》提出,"爱祖国、爱人民、爱劳动、爱科学、爱护公共财物"为国民公德。"五爱"成为社会道德的基本范畴,其中爱祖国、爱人民、爱劳动分别体现了爱国主义、为人民服务和"劳工神圣"的革命道德观,爱护公共财物体现了集体主义的道德原则。由此,全国的革命道德文化精神逐渐向温州各地广泛传播。

1950年6月,朝鲜战争爆发。10月,中国人民志愿军开赴朝鲜战场,开始了抗美援朝战争。温州军民积极响应中共中央号召,开展了轰轰烈烈的抗美

援朝运动。为了统一认识,增强广大人民群众的爱国主义热情,温州地区迅速开展了以仇视、鄙视、蔑视美帝国主义为中心内容的时事宣传教育活动(也称"三视教育运动")。通过宣传教育,温州人民群众的爱国热情高涨,出现了踊跃参军的热潮。温州各界青年积极报名参加志愿军,要求到朝鲜前线打击美国侵略者,到处出现妻送夫、父送子、兄弟相送的热烈场面,各地报名参军人数远超应征人数。

　　1953年,温州对农业、手工业和资本主义工商业进行了社会主义改造,标志着温州已初步建立起社会主义的基本经济制度,温州社会结构发生了翻天覆地的巨大变化。与此相对应的是,通过党和政府的教育灌输,爱国主义、集体主义、为人民服务等革命道德文化在新社会的温州逐渐推广传播,社会主义新型人际关系以及与此相适应的良好社会风气、社会道德规范正在温州形成。

　　进入社会主义建设时期后,我国涌现出雷锋、王进喜和焦裕禄等一批先进典型,形成了"全心全意为人民服务"的"雷锋精神","爱国、创业、求实、奉献"的"铁人精神","爱民亲民、艰苦奋斗、科学求实、迎难而上、无私奉献"的"焦裕禄精神"等革命精神。①其间,温州人民也陆续掀起了"学雷锋、见行动"等先进模范活动。"大陈岛垦荒"及其精神便是温州人民的创造。大陈岛是1955年2月13日解放的,因国民党军队撤离时强行带走了岛上的居民,并炸毁了码头、学校、医院等设施,所以满目疮痍。1956年1月,共青团中央书记处第一书记胡耀邦向温州青年发出了"组成志愿垦荒队,开发建设大陈岛"的号召。②同年1月31日,首批浙江温州、黄岩等地的227名志愿垦荒队队员踏上位于东海之滨的大陈岛,开启一段艰苦奋斗的燃情岁月,他们用青春和汗水培育了"艰苦创业、奋发图强、无私奉献、开拓创新"的"大陈岛垦荒精神"。温州也成为拥军优属、拥政爱民的模范城市。1963年12月27日傍晚,温州东门上岸街发生火灾,赵尔春不顾危险几次入于烈火之中抢救物资,不幸被坍塌的砖瓦砸中殉职,国防部追授其"爱民模范"称号,并命名赵尔春生前所在班为"赵尔春班",这体现了以赵尔春为代表的温州人的见义勇为精神。全国家喻户晓的"海霞女民兵"

---

① 汪荣有:《中国革命道德的百年发展历程及启示》,《道德与文明》2021年第3期。
② 大陈岛,位于台州湾东南29海里处。1956年至1960年间,共有5批467名来自温州、台州的青年陆续上岛垦荒建设,将满腔热情和炙热青春献给了祖国的这颗东海明珠。

及其英雄事迹是军民一家人共护祖国海防的又一典型事例。

1956年秋冬，随着社会主义改造的迅速完成，我国确立了社会主义制度，进入社会主义建设时期。因缺乏经验，社会主义建设初期出现了盲目追求速度、追求所有制形式"一大二公"等左倾错误，给经济社会发展造成了一定困难，由此也引发了一些社会矛盾。温州也出现了少数农民闹退社、闹粮食、打干部，少数工人和学生罢工罢课等事件。针对全国各地出现的种种矛盾和问题，1957年2月，毛泽东在最高国务会议上发表了《关于正确处理人民内部矛盾的问题》的讲话。温州地区也广泛掀起了学习、贯彻毛泽东讲话精神活动的高潮。1957年5—6月间，温州地委、市委多次召开座谈会，邀请党外知识分子、各方面代表人物和民主人士参加。在此期间，还分别召开由教育、文化艺术、科学技术、医务、新闻工作者等参加的座谈会。这些会议，号召党外人士本着"知无不言、言无不尽"的精神，提出批评和建议，帮助共产党整风。机关、学校、民主党派也积极响应，纷纷召开各种形式的座谈会或小组会，展开热烈讨论，对各方面的工作提出批评意见。其中绝大部分批评和建议都比较中肯且富有建设性，是以切实帮助党整顿作风、改进工作、密切党群关系为出发点的。各级组织和党政领导也以积极欢迎的态度，认真听取党外人士和党员群众的善意批评与建议，并以负责的态度做认真的检查，逐步落实整改措施，一度营造了"知无不言、言无不尽"的实事求是的良好氛围。

"文化大革命"期间，温州地委推行极"左"方针，全面开展"斗、批、改"，包括"砸烂公检法"、干部下放劳动、知识青年上山下乡、教育革命、批林批孔运动等一系列左倾错误实践，造成了大量冤假错案，对温州经济社会发展和人民生活产生了较大的影响，温州革命道德文化发展遭遇严重扭曲。1976年"文化大革命"结束后，温州人民在地委领导下深入揭批林彪和"四人帮"两个反革命集团的罪行，平反冤假错案，从思想和理论上驳斥了种种错误言论及其反动实质，拨乱反正，正本清源。1978年5月11日，《光明日报》特约评论员发表了《实践是检验真理的唯一标准》一文。由此，全国各条战线展开了一场关于真理标准问题的大讨论。温州广大干部群众密切关注这场讨论，同年12月9—12日，中共温州地委召开全区理论与实践问题专题讨论会。会议宣布"不抓辫子、不戴帽子、不打棍子"，鼓励畅所欲言。通过讨论和宣传，温州广大党员干部的思想统一到了"解放思想、实事求是"的路线上来，端正了思想、改变了作风,不仅为改革开放、探索中国特色社会主义道路创造了条件,也为革命道德文化重回正轨奠定了政治基础和思想基础。

二、社会主义革命和建设时期温州革命道德文化的具体实践

第一,开展拥军优属活动,抗美援朝,保家卫国。温州军民积极响应国家号召,全力以赴支援和保障抗美援朝战争。为了统一认识、澄清思想,温州全地区开展了以仇视、鄙视、蔑视美帝国主义为中心内容的教育宣传活动。在宣传教育活动中,为了肃清亲美、恐美、崇美思想,温州市民纷纷举行控诉美帝国主义侵略罪行示威游行。温州掀起了踊跃支前的热潮。医务工作者组成医疗队,驾驶员组成汽车驾驶员队,积极响应到抗美援朝前线做好服务工作。许多优秀的温州儿女在战线前方浴血奋战,屡立战功,把鲜血洒在了抗美援朝的战场上。同时,温州人民还开展爱国主义生产竞赛、增产节约和订立爱国公约运动,为抗美援朝贡献力量。至1951年底,温州各地捐献飞机10架、大炮5门,捐款近100万元(不包括温州市)。温州市在抗美援朝运动中,共捐献3架飞机,捐献各种武器价值达53.7万元。同时,温州地区广泛开展拥军优属活动。各地群众纷纷写信给志愿军,捐赠慰问品、慰问金,成立拥军优属委员会或拥优小组,农村实行代耕工作,积极帮助、慰问烈军属。这样既稳定了后方,又鼓舞了前方志愿军战士的士气,有力地支援了抗美援朝战争。温州人民群众对抗美援朝战争的有力支援,一方面是对爱祖国爱人民的革命道德文化的生动诠释,另一方面也是将以爱国主义为核心的民族精神和温州具体实际情况相结合的实践活动。

第二,巩固海防前线,竭忠尽智,爱国爱乡。洞头"外载海洋、内资三江",是浙南门户、海防前沿,历来为兵家必争之地。在洞头的发展进程中,有两条道路始终为洞头人民所牢记。第一条是革命先烈浴血奋战的解放洞头战斗之路。解放军在洞头岛上进行了四出五进的拉锯战,直到1952年1月洞头才彻底解放。第二条是习近平总书记提出的建设海上花园奋斗之路。2003年5月,时任浙江省委书记习近平同志对洞头提出了"真正把洞头建设成为名副其实的海上花园"的战略构想。正是在这片经历浴血奋战的热土中,女子民兵连应运而生。

20世纪50—60年代，在毛主席"大办民兵师"的号召下，昔日"种番薯、养海带"的洞头渔家姑娘扛起钢枪，投入保卫祖国、保卫海防的事业中。洞头女子民兵连组建于1958年，是在原女子民兵排的基础上组建的，汪月霞任连长。1962年，在台湾的蒋介石妄图反攻大陆。一批特务渗透进入东南沿海福建、浙江等地。作为海防前线的洞头，一时间战云密布，进入紧张、忙碌的战备状态。为粉碎国民党军队窜犯大陆的阴谋，女子民兵连与驻军并肩战斗，开展了"联防、联训、联建、联欢、联心"活动，配合部队联防执勤，剿匪反特，先后参加了数十次实弹射击，参加了31次由原南京军区、省军区、温州军分区组织的比武活动，都获得了优异成绩。

"一旦战争爆发，我们定能做到'召之即来、来之能战、战之能胜'。我们将坚决守卫在阵地上，头可断、血可流，只要还有一个人在，就绝不会让敌人靠近阵地！"这是一份珍藏在洞头先锋女子民兵连纪念馆内的"决心书"，写于1962年。1962年4月，她们同中国人民解放军驻岛部队实行军民联防，坚持同学习、同训练、同备战、同劳动，团结一致，结下了鱼水深情。1962年夏，为粉碎国民党军窜犯大陆的阴谋，在连长汪月霞的带领下，女子民兵连和驻岛部队一起风餐露宿，挖堑壕4500米、掩体52个。女子民兵连历经风雨，"海霞"们不断接受着新的考验，可"决心书"透露的意志依然在传递，连队的战旗也将永远鲜红。

第三，改造私有制，确立公有制，走集体化的社会主义道路。根据中央和省委的部署，1954年2月22日，中共温州地委出台《关于农业生产互助合作运动五年计划指标与今后的发展意见》，大大推动了农业的发展，参加农业社成为一种群众性运动。但在发展过程中出现的强迫命令、侵犯中农利益等问题，让有些合作社少数社员思想动摇，甚至发生退社等问题。为此，3月10日，温州地委发出了《关于执行〈中央关于整顿和巩固农业生产合作社的通知〉的指示》，缓和了农村中的紧张情况，提高了农民的积极性，巩固了农业生产合作社。这体现了温州地委敢于纠错、接受批评、勇于改正错误的道德精神。温州地委供销手工业部出台《关于一九五五年下半年手工业工作的意见》，提出了贯彻"统筹兼顾，全面安排，积极领导，稳步前进"的方针，同时坚决贯彻遵循自愿互利原则，加强政治教育，有重点地发展手工业生产合作社。1955年12月14日，温州地委出台了《温州专区第一个五年计划后三年的全面规划方案》，要求根据有利国计民生、市场需要等不同情况，对不同行业分别采取发展、利用、限制等政策。经过整顿,温州的手工业合作化得到巩固发展。这一手工业合作化的实践,主要依靠自身力量积累资金扩大再生产,为手工业向机械化、半机械化生产转变甚至向更高级生产组织形式发展开辟了广阔空间,提高了手工业者的物质条件和文化生活水平。这体现了温州人自力更生的道德精神。早在党的过渡时期总路线公布前,温州市就有20家私营工厂已经开始社会主义改造,并对已进行公私合营的企业——西山窑业厂、西山造纸厂、富华棉织厂、汇丰面粉厂、温州铁工厂和温州电厂开展全面整顿工作。整顿主要围绕三个方面进行:一是调整公私关系,主要针对资产估值、股权、权职、利润分配等问题;二是贯彻中央、省委有关公私合营企业的政策,加强对干部、群众的思想教育;三是落实党对民族资产阶级的政策,加强公私协商,开展对资本家的教育。特别是对资本家的思想教育和安排使用,在人事安排以及职权分工上,温州地委根据形势的变化做出调整,对公私股代表的职权做了明确分工,对在职人员采取包下来予以安排的方针。由统战部进行内部排队摸底,在与公安部门取得联系摸清政治情况的基础上,根据资方从业人员以往的具体表现、原有的社会地位、是否具有代表性和实际工作能力等,按照"量才录用、适当照顾"的原则,提出安排意见。具体安排时,在职权上尽量照顾资本家,做到有职有权,同时教育职工要尊重资方人士的职权。

第四,志愿垦荒,无私奉献,开发建设大陈岛。1955年1月18日,中国人民解放军海、陆、空三军联合作战,一举解放了一江山岛。盘踞在大陈岛上的国民党军队于2月12日仓皇撤退,次日,大陈岛宣告解放。蒋军撤逃时,将岛上居民全部劫持离去,把一切军事设施和民用建筑全部炸毁,大陈岛变成了荒岛、死岛。1955年11月底,胡耀邦到浙江考察青年工作时,得知大陈岛迫切需要重建。于是,在共青团浙江省委召开的工作会议上,他在痛斥国民党军队灭绝人性的破坏后,提议在大陈岛解放一周年来临之际,组织一支青年志愿垦荒队开赴大陈岛,建设大陈岛。当时,出席会议的共青团温州地区两位负责人深切感到,这一任务应该由温州广大青年来承担。会间休息时,他们提出:"耀邦同志,你刚才说的组织青年垦荒队去大陈岛的任务,就交给共青团温州市委来完成吧!"胡耀邦同志听了非常高兴地说:"好,你们把队伍组织起来后,立即告诉团中央,团中央将在《中国青年报》头版上发表消息,派代表到温州送贺信、送队旗。这面旗绣上'建设伟大祖国的大陈岛'十个字。"

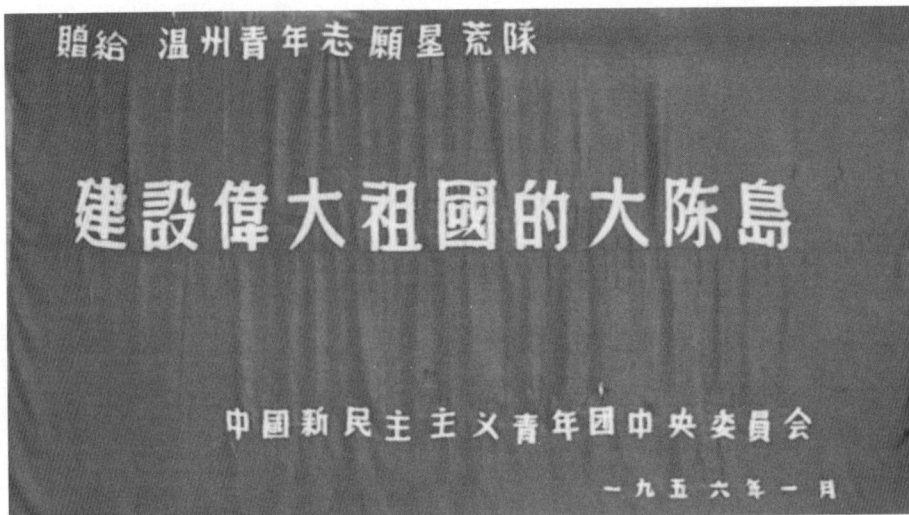

图3　团中央赠送给温州青年志愿垦荒队的锦旗（图片来自网络）

图4　20世纪50年代温州青年志愿垦荒队部分队员合影（图片来自网络）

　　1956年1月28日，在温州市人民大会堂举行了隆重的授旗仪式。垦荒队员代表在会上庄严宣誓："到祖国最需要的地方去！到最艰苦的地方去！誓把青春献给大陈岛！"1月31日，离春节仅几天，垦荒队员登上大陈岛，受到驻岛部队的热烈欢迎。从此，由队长卢育生、副队长王宗楣率领的由227名青年组成的首批志愿垦荒队开始了重建大陈岛的艰苦创业路。1957年3月,共青团在北京召开第三次全国代表大会。会上分发了大陈岛青年志愿垦荒队的书面发言。在会议短暂休息时,胡耀邦约见了前来参加会议的王宗楣。28日,会议刚刚闭幕,王宗楣就接到团中央办公厅的电话,得知胡耀邦要再次接见他。晚上8时,他被接到胡耀邦的办公室。胡耀邦关切地问:"垦荒队员生活得怎么样? 还有人想回家吗?"王宗楣急切地把埋藏在心中的欢乐与苦恼、疑虑与思索都说了出来。胡耀邦听了之后,伸出两个手指说:"团中央组织过两支垦荒队,一支是去北大荒的,一支就是你们。要告诉大家,要自力更生,不要向国家要什么,再奋斗几年,会好起来的。"他随即要秘书拿来一架望远镜:"这是我战争年代使用的,现在用不着了,送给你们吧,再给大家写封信让你带去。"他略加思索,伏案挥笔,写下了一封热情洋溢、鼓励青年扎根大陈岛的信。青年志愿垦荒队没有辜负胡耀邦同志的期望,经过5年的艰苦奋斗,到1960年,在全岛军民的共同努力下,大陈岛发生了翻天覆地的变化,在战争废墟上建立起浩瀚大海上的"东海明珠"。

三、社会主义革命和建设时期温州革命道德文化的主要特征

在社会主义革命和建设时期,温州市经历了近30年的风风雨雨,其革命道德文化建设取得了显著成效,为巩固新生政权和促进朝鲜战场停战协定的签订、为整顿社会秩序和恢复国民经济以及完成社会主义改造、为探索中国自己的建设社会主义道路奠定了良好的开端。这一阶段的革命道德文化主要有如下几个特征。

第一,以爱国主义为核心。温州市为抗美援朝进行了一系列的支援活动,是对以爱国主义为核心的民族精神的生动诠释。"抗美援朝,保家卫国"的时事宣传教育活动,使温州人民对抗美援朝的重要意义和正义性质有了深刻认识,提高了温州人民的爱国主义和国际主义觉悟,激发了温州人民的爱国热情,破除了一部分群众存在的亲美、崇美、恐美思想,从而大大提高和增强了民族自尊心和自信心,坚定了中朝人民必胜、美国侵略者必败的信念,使广大人民群众团结一致、同仇敌忾,为支援抗美援朝贡献自己的力量。另外,温州解放以后,按照中共浙江省委、省政府的部署,采取了一系列措施,其中重要的就是没收官僚资本。温州各级党委和政府对官僚资本企业的没收和改造,加强了温

州国营经济的力量,并使之在新民主主义时期的五种经济成分中居于领导地位。在维持生产和稳定秩序的基础上,开展民主改革和生产改革,对企业职工进行革命形势和工人当家做主的教育,使他们从思想上划清新旧社会、新旧企业以及革命和反革命的界限。同时,在企业中组织工会、建立共产党和共青团组织;清查和打击潜伏的特务分子、反革命分子和封建把头;废除奴役工人的管理制度,建立企业管理委员会,实行民主管理和劳动竞赛,从而把官僚资本企业改造成为社会主义性质的国营企业。国营经济的建立,为温州经济的恢复和发展创造了重要条件。

第二,以开拓创新为灵魂。大陈岛垦荒,是一段充满激情的建设历史。1956年1月31日,首批227名温台青年志愿者在群众的热烈欢送下,扛着团中央派专人赠送的锦旗,慷慨激昂地奔向大陈岛,开启了近5年的大陈岛垦荒生涯。当年,温州人民用梦想、青春和汗水,在国民党撤离大陆时破坏成荒无人烟的岛上,发展生产,恢复码头和渔业,修建岛上公路,兴办各种企业,并进行大面积的荒岛植树,创新式地做好岛上淡水涵养使用,荒岛逐渐建设成"东海明珠"。温州的垦荒创业者们,是五四精神的传承者,是民族复兴的创造者。这些垦荒队员放弃安逸的生活,甚至为了达到报名年龄资格,有些青年虚报了几岁,显示出为社会主义建设出力的迫切心情。他们为了响应号召来到孤岛,克服环境恶劣、生活艰苦和晕船等困难,凭着一颗建设大陈岛的决心扎根海岛,彰显了温州人谋求发展、砥砺奋进、不屈不挠、守望相助、患难共济的开拓创新精神,也充分体现了当时垦荒队员的国家主人翁意识和责任感,建设者的激情和意志,也体现了对美好生活的追求和创造美好生活的科学态度。

第三,以励志奉献为楷模。"海霞精神"随着连队孕育而生,是洞头精神的重要组成部分,是温州人精神的生动诠释,也是红船精神的基因延续。几十年来,女子民兵连顶住了重重压力,坚持思想不乱、组织不散、作风不松、联防不断,为人们所称颂。洞头先锋女子民兵连的姑娘们用理想、信念、忠诚、奉献谱写着守卫海岛华章,展现了海岛巾帼风采。这体现了温州人勤劳勇敢、保卫海防、心忧天下、视死如归的温州革命道德精神。正如毛主席所指示的那样:为建设巩固海防前线,我们不但要有强大的海军,我们还要大办民兵师。新中国成立初期,地处海防前线的洞头岛成了保卫祖国的最前哨,以汪月霞为代表的渔家姑娘,出于对党、人民军队和新生人民政权的热爱,自发组织起来为部队官兵送水送饭、洗衣缝被,与战士们一起站岗放哨、刻苦训练,投身保卫海岛。

第四,以法律法治为底线。人民政权建立初期,温州生产萎缩,百业萧条,失业者众多,民不聊生。为了打击以金银、纱布和大米为主的投机资本,温州禁止大面额金圆券流通。为了稳定金融,保护人民财富,禁止金银投机活动,温州市政府还开展了"反银圆投机"斗争;为了禁止金银通货进行非法交易,温州市军委会决定采取行政手段,对违法商人进行制裁,特别是对颇有名气的大商号经理进行批评教育和严肃处理。为抑制物价上涨,温州采取了许多有效的措施,保障商品供应:组织国营贸易公司突击调运粮食、布匹和农副产品等物资,在温州市区和各县城镇抛售大米、布匹、煤炭、食盐等主要商品。在市区,召开粮食、棉纱和绸布店主会议,分析物价上涨的原因和稳定物价的有利条件,要求他们守法经营,负起稳定物价的责任;召开声势浩大的群众大会,揭穿社会上传播的谣言,消除恐慌心理,稳定群众情绪;开展贫困户调查登记,并由国营贸易公司向他们供应低价大米,保障基本生活。市政府动员机关各科局配合人民银行收缩银根。同时加强税收工作,加强市场管理,管好流动摊贩,严厉取缔投机倒把,并对市区两家囤积造谣的米商予以处罚惩办。为平抑市场物价造势,温州领导的这场经济战,真正结束了旧中国遗留下来的连续十几年通货膨胀和物价飞涨局面,刹住了涨价风,居高的物价迅速回落,使投机商遭到沉重的打击,从此市场趋向稳定,为安定人民生活、恢复国民经济创造了有利条件。依法经营、守法经营的种子开始播撒于热心经商、善于经商的温州人思想之中。

第四节　从永嘉学派事功精神到温州革命精神 再到温州人创业精神

上章和本章我们分别描述了以永嘉学派为代表的温州传统道德文化和以中国共产党为主要领导的现代温州革命道德文化,重点是对以永嘉学派代表的古代温州人道德事功精神和共产党领导下现代温州人革命精神的凝练,下一章我们将描述改革开放所形成的当代温州人创业精神。为了更好地展现温州道德文化自古至今的逻辑义理嬗变和精神成长历程,这一节重在阐明当代温州人创业精神对古代温州人道德事功精神和现代温州人革命道德精神的义理传承关系。

当代温州人创造的"温州模式"和显发的"温州人精神"，令我们很自然地想要去追溯其背后的道德文化动因，但是人们通常认为以"以利和义"思想为代表的温州传统道德事功思想是其主要动因，而往往忽视了近现代中国革命斗争历史和共产党领导下马克思主义革命道德文化对这一传统事功思想的淬炼和升华作用。其实，当代温州人创业精神（"温州人精神"）的形成，是一个历史精神之不断优化和发展的过程，涵摄了古代永嘉学派道德事功精神和现代温州革命道德精神的精神元素。

一、马克思主义革命道德精神对温州传统道德事功精神的涵摄和发展

我们知道，永嘉学派对以董仲舒、朱熹为代表的儒家正统道德文化进行批判，主要是指责他们的道德理论缺乏社会现实意识，缺乏社会功利效果和实际社会实践能力，只讲个人良好动机和内观境界修为，永嘉学派则强调个人道德修为一定要转化为社会实际功效，要能转化为增加社会财富，改善人们的生活实际。在这一点上，永嘉学派与马克思主义之间有相通的一面。马克思主义也反对只讲心性道德，认为那是一种"僧侣"本性，不能改变世界，也不能改善人民的生活实际和社会处境。马克思曾经在批判德国传统道德文化心理时说道："路德战胜了信神的奴役制，只是因为他用信仰的奴隶制代替了它。……现在问题已经不是同俗人以外的僧侣进行斗争，而是同自己内心的僧侣进行斗争，同自己的僧侣本性进行斗争。"①这里所谓的"僧侣本性"是指德国古典哲学家所讲的道德哲学都是一些道德心性空谈，没有解决现实难题或"改变世界"的功效。这一点也正如恩格斯所说，相比当时的英国人在进行工业革命和法国人在进行政治革命而言，德国还在进行哲学革命。马克思、恩格斯则要将哲学思维引向现实，引向人的生产生活实践，成为人们"改造世界"的精神武

---

① ［德］马克思：《〈黑格尔法哲学批判〉导言》，《马克思恩格斯全集》（第三卷），人民出版社2002年版，第208页。

器,即能产生实践成效的精神武器。所以,在道德评价机制层面,马克思主义道德文化与永嘉学派"以利和义"思想之间有相通性的一面,都强调要从功利成效层面来理解道德的价值和意义,反对空谈道德。当然,马克思主义道德文化属于现代工业文明的产物,属于人类对象性活动的产物,它是站在象征先进生产力的工业无产阶级和人民大众的价值立场。永嘉学派"以利和义"思想是农业文明的产物,它虽然也体现了对社会中下层人民生活疾苦的关心,但是它不是建立在人的对象性活动、生产力相对发达的工业生产基础之上,而是建立在人类还臣服于自然界、生产力非常落后的农业生产基础之上。所以,即便永嘉学派"以利和义"思想对儒家正统"重义轻利"的思想有一定的纠偏作用,但它依然不能摆脱为封建地主阶级服务的历史使命。

同时,我们也已知道,永嘉学派"以利和义"思想也是对古代温州人民生活在严酷的历史、地理环境下的道德心理反应,反映出温州人民注重实践、看重实效的道德文化心理和坚忍不拔、顽强进取的道德品质。这种德行素养和道德心理为温州人民进入现代工商业文明社会提供了某种"心理素养优势"。中国共产党成立之后,温州籍共产党人返乡宣传马克思主义,通过温独支、浙南特委等党组织开展工农运动,通过红十三军等革命武装力量开展军事斗争,使马克思主义注重实践、服务人民的革命道德文化与以永嘉学派"以利和义"思想为代表的温州传统道德文化之间逐步实现义理融合。同时,温州人民在古代恶劣历史、地理条件下形成的坚忍不拔、顽强拼搏、自强自立的道德品质和"心理素养优势"在革命斗争的环境下也得到了新的锤炼,在马克思主义的价值立场指引下,其在理念追求上也得到了升华。

综上,我们可以说,马克思主义革命道德精神与以永嘉学派"以利和义"思想为代表的温州传统道德事功精神之间有精神义理上的相通性,并且通过温州共产党人长期的革命斗争活动,温州传统道德事功精神已经深深地吸收了马克思主义革命道德精神中的优秀成分,从而在新民主主义革命时期和社会主义革命时期产生了温州革命道德精神。这就表现为在温州共产党人团结和带领温州人民进行艰苦卓绝的革命斗争中所展现的艰苦奋斗、坚韧不拔的革命斗争精神和坚定信念、勇于奉献的革命道德精神。总之,温州革命道德精神是马克思主义革命道德精神与温州传统道德事功精神中优秀基因相结合的产物。马克思主义革命道德精神,使"以利和义"思想为核心的温州传统道德事功精神得到了精神义理的扩充和时代意义的显发，推动了温州革命的持续发展，最终赢得了革命的胜利，并影响到当代温州人创业精神的形成和发展。

二、当代温州人创业精神是对永嘉事功精神与温州革命精神的综合发展

精神不同于意识的地方，就在于精神是一个不断成长、丰富、发展的历史产物。精神的成长过程表现为它是吸收了人类以往一切的精神成果，而这些精神成果会因为人类在特定的时代情境中为谋求更好的生存和发展而被重新组合起来，最终会以最优化的方式显现出来，从而产生了时代精神。所以，时代精神不只是某个时代当下的孤立精神，而是人类历史上所有的精神成果在某个时代生活情境中被优化显现的人类历史之整体精神。正因为如此，时代精神既具有历史继承性，也具有反映当下生活情境的时代新颖性，原生的精神会被次生的精神或更新后的精神所扩充而发挥作用。人类历史越是发展，人类的精神就越是优化和丰富，同时其承受的成长风险和压力也会越大。例如，在黑格尔《精神现象学》中，"精神"就是一个比"意识"和"自我意识"更高一级的概念，它代表了事物发展已进入一个更高层次，所要融合的主客条件会更加复杂，自身成长的压力也会增大。

当代温州人的创业精神，既是当代温州人在中国改革开放这一特定时代情境中的精神显发，也是温州人对温州以往一切精神成果的继承和发展，特别是对以永嘉之学为代表的温州传统事功精神和共产党领导下的马克思主义革命道德精神的继承、优化和发展（当然，也包括对近代西方资产阶级所开拓出的现代工商业文明精神的继承、优化和发展）。其中，永嘉之学的道德事功精神为当代温州人创业精神提供了原生动力，马克思主义革命道德精神则为当代温州人创业精神提供了再生动力，并且永嘉之学的道德事功精神也是通过新近的马克思主义革命道德精神发挥作用的。在改革开放的时代情境下，这两种精神综合生成了当代温州人的创业精神。

关于当代温州人创业精神的内涵特征，人们虽然有不同的描述，但是其基本特征是一致的，都体现了永嘉学派道德事功精神和温州革命道德精神的共性特征，都展示了温州人民特别能吃苦、特别能战斗的坚韧务实、求效变通的

精神特质。例如，有学者认为，温州人的创业精神是一种"吃苦精神""冒险精神""创新精神""敬业精神""诚信精神"①；也有学者认为，它是一种"特别能自主""特别能吃苦""特别敢于冒险""特别能创新"的创业精神②；等等。这些描述都可以从永嘉学派道德事功精神和温州革命精神中找到精神文脉根源。不过，目前人们对温州人创业精神之精神文脉溯源大多是追溯到永嘉学派"以利和义"道德事功思想，而没有充分关注或阐释马克思主义进入温州之后，对永嘉学派道德事功精神的淬炼、扩充和升华的作用——产生了革命时代的温州革命道德精神，进而演进生成了当代温州人无比顽强的创业精神。其实，我们在前面也有所阐述，马克思主义道德文化是建立在其实践真理观的基础之上的，而马克思主义的"实践"不是抽象的观念意义上的"实践"，而是人们面对人的现实生存环境之复杂性问题解决的"实践"，是人们破解现实难题的"实践"，是人们"改造世界"的"实践"。人的实践活动如果不能破解现实难题、发挥改造世界的功能，就不是科学意义上的实践，也不可能产生真正的科学认知。所以，在马克思主义这里，人的"实践"是最具革命性、务实性的实践，那么建立在实践真理观基础上的马克思主义道德文化也是最具有革命性和务实性的。

正是因为马克思主义道德文化与永嘉学派之间有某种道德义理上的相通性，都有拒斥道德空谈、注重事功求效性的特点，所以也有学者将当代温州人创业精神的生成条件之一归结为是邓小平理论激活了温州传统文化基因活力。"归结起来说，温州特有的区域文化，在作为时代灵魂的邓小平理论的催发下，两者相互碰撞和融合，使温州人原本潜在的长期以来受抑制的敢为人先的精神重新被激发出来，成为温州改革开放、发展市场经济和开创大业的强大精神动力"，即"作为时代灵魂的邓小平理论激发了温州人身上特有的区域文化基因的活力"。③应该说，这一论断是具有义理上的合理性的。的确，邓小平理论是马克思主义中国化过程中的重要理论成果之一，它与毛泽东思想一样，都体现了马克思主义实践真理观在中国革命、建设和改革等不同历史时期的具体运用和实际成效，都体现了一种中国共产党人针对现实难题而生成的克难

① 肖龙海、陈银姆：《温州精神：创业的温州人》，合肥工业大学出版社2004年版，第2页。
② 谢志远：《温州人创业精神对大学生创业教育的启示》，《社会科学战线》2006年第3期。
③ 应云进：《温州人创新精神探源》，《江西社会科学》2002年第5期。

攻坚、矢志不渝的革命斗争精神。改革也是一场革命，"是中国的第二次革命"。因为改革是要改变那些已经不适应中国现实国情的指导观念、体制、机制，是要让人们的思想观念再一次归位到中国社会的实际情境之中，从而使中国人民能够立足于新的社会实践情境来进行实践创新，发展生产，防止人们脱离中国现实国情而空谈主义理论和社会道义。就此而言，邓小平理论激活了当代"温州人身上特有的区域文化基因的活力"，并生成了反响强烈的当代温州人创业精神，这是可以理解和解释的。

改革要取得成功也必须要有一种艰苦卓绝的革命斗争精神。中国的改革开放事业，体现了中国共产党人一如既往的革命斗争精神，体现了共产党人始终能够站在中国实践情境来变化观念、运筹条件、创新机制、产生实效的革命斗争精神。就此而言，改革开放以来，温州人所显发的顽强的创业精神，已不单是永嘉学派之道德事功精神的当代显发，而是经过马克思主义革命道德精神淬炼的道德事功精神的显发，是永嘉道德事功精神与温州革命道德精神在改革开放这一全新的社会实践情境中的优化叠加之综合显发。正因为如此，有学者指出："温州人创业精神的历史演进理路彰显了中华民族优秀传统文化与马克思主义中国化、改革开放伟大实践三者的有机融合与辩证统一。"①

的确，任何时代精神都是以往时代精神在人类新的实践情境中的优化组合和力量凝聚，从而让人们战胜各种实践难题，实现更好的生活追求。为此，可以说，当代温州人的创业精神要比永嘉学派道德事功精神显得更为优化地追求事功成效；同理，它比永嘉学派道德事功精神和温州革命道德精神也要显得更为优化地追求事功成效。它充分展现了温州人民乐于在民族独立和社会和平(稳定)的环境下矢志追求美好生活、摆脱贫困、谋求富裕的精神需求。②

---

① 夏春雨：《论温州人创业精神的历史演进及时代价值》，《贵州师范学院学报》2021年第7期。
② 其实，永嘉学派的道德事功精神也是为了当时封建地主阶级的"国强民富"之目的，但是由于那个时代条件和实践情境的限制(阶级立场和生产水平)，该事功精神是无法充分转化为现实成果的，同样在民族式微和革命战争年代所形成的温州革命道德精神根本上也是为了中华民族的"独立富强"，但是受时代条件和实践情境的限制(战乱和生产水平)，该革命道德精神也是无法充分转化为现实成果的。但是，这两大发展阶段的精神成效为下一阶段的精神成长提供了更优化的条件，从而使下一阶段的精神成果更为丰富，更为符合人的现实的生活需要。当代温州人的创业精神就体现了这种精神成长和精神成效。

三、新时代温州人精神

新时代温州人精神是以往各个时代温州人精神在新时代的实践情境中的优化显发,它反映了温州人民在新的历史时期和实践情境中所激发出的时代精神面貌。关于这个问题,我们将在第四章第四节"新时代温州人精神与温州道德文化自信"中再做阐述,这里不再重复。本节主要是将温州传统道德事功精神和马克思主义指导下温州革命道德精神过渡到当代温州人创业精神之中,即过渡到第三章改革开放以来温州道德文化发展和精神文明建设成效中来。

第三章

中国特色社会主义时期温州
道德文化建设

　　改革开放之后,温州成为我国14个农村改革试验区之一,也是我国第一个发展商品经济的试验区。随着商品经济的发展和物质财富的增加,温州人民的道德观念发生了变革,社会主义精神文明建设被提上议事日程。改革开放之后,党中央倡导和开展了"五讲四美三热爱、公民道德建设实施纲要、社会主义荣辱观、社会主义核心价值观"等有关社会主义精神文明建设活动。在此背景下,温州市一方面传播和落实党中央关于社会主义精神文明建设的相关方针政策;另一方面,结合温州实际依次开展了道德榜样、质量兴市、社会慈善、城市文明、乡村美丽等群众性精神文明建设活动,社会主义精神文明建设在温州取得了巨大成效,温州道德文化建设水平和社会文明程度获得了整体性提升。

　　物质文明与精神文明相辅相成、相互促进的发展关系,在温州道德文化建设中得到深刻体现。改革开放初期,温州人充分利用政策机遇和人力优势,大力发展轻工业产品,赚取了改革创业初期"第一桶金"。但是,受少数温州商人"制假售假"行为的影响,温州产品在全国市场受到抵制。为了改变这一不利形势,温州市提出了"质量立市、质量兴市、信用温州"等政策口号,从严从实抓温州产品质量建设,而温州人固有的事功精神也促使其进行理性反思和行为纠正。产品质量是最好的信用。随着"质量兴市、质量立市、信用温州"的有效落实,温州人的道德形象得以重新树立,这为温州人进一步行商和创业提供了有利的道德环境,促成了"温州模式"的诞生。

　　随着产品质量的提升,温州人的品牌意识和市场规则意识也相应提升。质量提升和品牌树立的过程,也是温州人工匠精神的塑造过程。温州人工匠精神的影响是全方位的,它不仅深刻地形塑和改造了温州人和新温州人的道德文化心理结构,提升了温州人民的整体道德素养,也倒逼着温州市政府服务效能的提升,产生了"即办制""最多跑一次"等行政绩效改革,政府的公德水平大为提升。温州人的工匠精神,作为当代浙江人工匠精神的组成部分,也是市场经济条件下中国工业文明和工业制造业发展的一种精神缩影,它深刻揭示了中国社会发展实现了由农村向城市的结构转变和由农民向市民的身份转变,记载了中国工业化、城市化、现代化的发展印迹。温州工匠精神既体现了一种"做工"精神,也反映了一种"精细"思维。

　　温州质量和品牌的提升增加了温州人的经济收益,为温州人从事慈善活动奠定了物质条件。温州市慈善总会、温州民营企业基金会等公益慈善组织为温州慈善事业发展注入了强大活力，而以"红日亭"为代表的温州民间道德现象则折射出温州民间拥有"厚德载物"的道德土壤，反映了温州人民具有自立自强又乐善好施的精神传统。所以，温州人能从"智行天下、商行天下"走向"善行天下"，从自强自富走向建设共享共富。

21世纪以来，温州市以科学发展观和"八八战略"为指导，在浙江省委、省政府的统一部署下，积极推动温州城乡综合平衡发展和经济转型高质量发展。对此，温州市加大温州城乡基础设施建设力度，提升公共服务职能和城乡治理水平，温州市也实现了成为全国"文明城市""美丽乡村"的建设目标。伴随着"文明城市""美丽乡村"建设成效，温州城乡综合平衡发展水平和城乡生态环境得到了极大改善，温州以往的自然环境劣势变成了经济和生态转型高质量发展下的优势，"绿水青山"成了温州人民的"金山银山"，温州人民的公共道德素质、生活幸福感指数都有了整体提升，温州真正进入"三生融合·幸福温州"的发展轨道。

第一节　社会主义精神文明建设在温州的兴起

改革开放之后,随着温州商品经济的发展,社会主义精神文明建设在温州也被重视和开展起来。但是,精神文明建设事业在温州并不是一蹴而就的,它在改革开放头20年是发展缓慢的,最近20多年来发展是快速的。这主要是因为改革开放之前温州地区物资匮乏,大多地区长期处于贫困状态,经过20多年的改革发展,温州社会的物质条件有了大大改善,人民物质生活水平整体有了提升,人们才反过来注意到精神文明发展水平的滞后性,认识到提升精神文明建设水平对于促进温州经济转型发展的重要性。为此,温州市政府加大了在城乡公共道德基础设施、生态环境整治工程等方面的投资力度和治理力度,力促温州社会精神文明建设步入快车道,特别是最近10年来,随着温州"文明城市""美丽乡村"建设目标的实现,温州社会精神文明建设水平有了很大提升。

一、商品经济引发道德观念变革和新的文化产业兴起

改革开放之前,温州地区长期处于人们所描述的"平阳逃荒要饭,文成人贩,洞头靠国家贷款吃饭"的贫困局面。党的十一届三中全会召开之后,缺地少地、贫困的温州农户大批转入了以小商品生产为主的工业、商业、运输业、饮食业、服务业等第三产业,而温州城市人口也大多自行组织起来,集资办厂,寻求各种形式的合营生产。"就这样,温州城乡被卷进了商品经济的激流之中,人们的生活节奏加快了,生产迅速发展了。"[1]尽管当时在温州发展商品经济也经历了短暂的挫折[2],但是温州人民最终以自己的卓越事功精神和实践成效赢得了国家政策的支持。基于温州人民的大胆摸索和经验成效,1987年国务院批准温州成为当时中国14个农村改革试验区之一。

---

① 潘善庚主编:《温州试验区》,中国展望出版社1988年版,第1页。
② 例如,1982年,在全国开展"严厉打击经济领域犯罪活动"的运动中,温州乐清市柳市镇部分从事个私经济活动的人因为"投机倒把罪"被捕入狱,出现了后来所谓的"温州八大王"事件,这些事件一定程度上滞缓了温州商品经济的发展步伐。

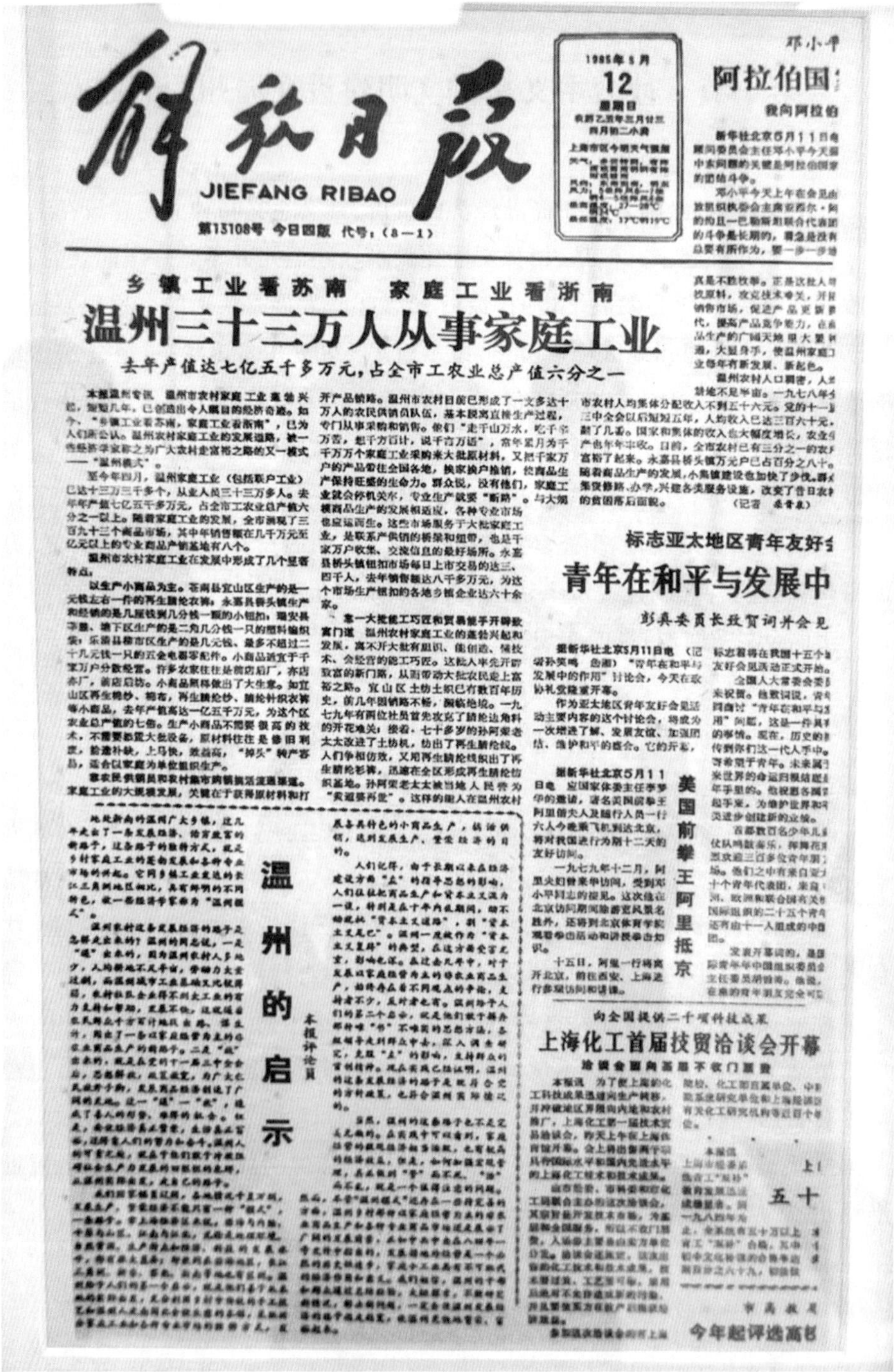

解放日报

JIEFANG RIBAO

第13108号 今日四版 代号：（3—1）

1985年5月 12 星期日

乡镇工业看苏南　家庭工业看浙南

温州三十三万人从事家庭工业

去年产值达七亿五千多万元，占全市工农业总产值六分之一

本报温州专讯　温州市农村家庭工业蓬勃兴起，短短几年，已创造出令人瞩目的经济奇迹。如今，“乡镇工业看苏南，家庭工业看浙南”，已为人们所公认。温州农村家庭工业的发展道路，被一些经济学家称之为广大农村走富裕之路的又一模式——“温州模式”。

至今年四月，温州家庭工业（包括联户工业）已达十三万三千多个，从业人员三十三万多人。去年年产值七亿五千多万元，占全市工农业总产值六分之一以上。随着家庭工业的发展，全市涌现了三百九十三个商品市场，其中年销售额在几千万元至亿元以上的专业商品产销基地有八个。

温州市农村家庭工业在发展中形成了几个显著特点。

以生产小商品为主。苍南县宜山区生产的是一元钱左右一件的再生腈纶衣裤；永嘉县桥头镇生产和经销的是几厘钱到几分钱一颗的小钮扣；瑞安县莘塍、塘下区生产的是二角几分钱一只的塑料编织袋；乐清县柳市区生产的是几元钱、最多不超过二十几元钱一只的五金电器零配件。小商品适宜于千家万户分散经营。许多农家往往是前店后厂，亦店亦厂，前店后坊。小商品照样做出了大生意。如宜山区再生棉纱、棉布，再生腈纶纱、腈纶针织衣裤等小商品，去年产值高达一亿五千万元，为这个区农业总产值的七倍。生产小商品不需要很高的技术，不需要添置大批设备，原材料往往是修旧利废，拾遗补缺，上马快，效益高，“掉头”转产容易，适合以家庭为单位组织生产。

靠农民供销员和农村集市购销搞活流通渠道。家庭工业的大规模发展，关键在于获得原材料和打开产品销路。温州市农村目前已形成了一支多达十万人的农民供销员队伍，基本脱离直接生产过程，专门从事采购和销售。他们“走千山万水，吃千辛万苦，想千方百计，说千言万语”，常年累月为千千万万个家庭工业采购来大批原材料，又把千家万户的产品带往全国各地，挨家挨户推销，使商品生产保持旺盛的生命力。群众说，没有他们，家庭工业就会停机关门，专业生产就要“断路”。与大规模商品生产的发展相适应，各种专业市场也应运而生。这些市场服务于大批家庭工业，是联系产供销的桥梁和纽带，也是千家万户收集、交换信息的最好场所。永嘉县桥头镇钮扣市场每日上市交易的达三、四千人，去年销售额达八千多万元，为这个市场生产钮扣的各地乡镇企业达六十余家。

靠一大批能工巧匠和贸易能手开辟致富门道　温州农村家庭工业的蓬勃兴起和发展，离不开大批有胆识、能创造、懂技术、会经营的能工巧匠。这批人率先开辟致富的新门路，从而带动大批农民走上富裕之路。宜山区土纺土织已有数百年历史，前几年因销路不畅，濒临绝境。一九七九年有两位社员首先攻克了腈纶边角料的开花难关；接着，七十多岁的孙阿菜老太太改进了土纺机，纺出了再生腈纶线。人们争相仿效，又用再生腈纶线织出了再生腈纶衫裤，迅速在全区形成再生腈纶纺织基地。孙阿菜老太太被当地人民誉为“再生腈纶”。这样的能人在温州农村真是不胜枚举。正是这批人寻找原料，攻克技术难关，开辟销售市场，促进产品更新换代，提高产品竞争能力，在商品生产的广阔天地里大显身手，使温州家庭工业每年有新发展、新起色。

温州农村人口稠密，人均耕地不足半亩。一九七八年全市农村人均集体分配收入不到五十六元。党的十一届三中全会以后短短五年，人均收入已达三百六十元，翻了几番。国家和集体的收入也大幅度增长，农业生产也年年丰收。目前，全市农村已有三分之一的农户富裕了起来。永嘉县桥头镇万元户已占百分之八十。随着商品生产的发展，小集镇建设也加快了步伐。群众集资修路、办学，兴建各类服务设施，改变了昔日农村的贫困落后面貌。

（记者　桑晋泉）

温州的启示

本报评论员

阿拉伯国……

标志亚太地区青年友好……

青年在和平与发展中……

美国前拳王阿里抵京

向全国提供二十项科技成果

上海化工首届技贸洽谈会开幕

图5　1985年5月12日，《解放日报》刊发《温州三十三万人从事家庭工业》一文

随着商品经济的发展和物质条件的改善,温州人民的道德观念、文化生活需求和文化心理结构发生了新的变化,温州社会出现了国家、集体、个人一起兴办文化事业以满足人们日益增长的文化需要的新局面。据不完全统计,当时温州全市"由地方投资、群众集资和个人独资兴办的旱冰场、健身房、球场等体育活动场所32个,地面卫星接收站1座,新建电视差转台70多座,文化中心83个,文化站511个,民间职业剧团139个,个人承包电影放映队450个,个体电影放映专业户157个,社会集资、地方投资和私人独资营建的影剧院176座。在温州经济格局的条件下,初步形成了一个多层次、多体制、多种形式的社会文化网络"①。这些文化产业的发展为满足新时期人们的精神需要提供了条件,也为社会主义精神文明建设准备了条件。

当然,在改革开放解放社会生产力和人的思想观念的同时,物质文明快速发展的刺激,也让一些人萌生了"投机取巧"心理,干上了生产"假冒伪劣"商品的行当,极大地破坏了人们之间原有的诚实守信观念。同时,在新的道德文明没有成型和新的经济体制没有完全确立之前,一些落后的、几千年遗留下来的封建道德文化和习俗又有很大程度上的复燃。所以,改革开放初期,虽然解放了温州人民压抑已久的敢闯敢拼敢干的精神,使他们在市场经济的大潮中成为时代的弄潮儿,但同时也释放了人们旧有的封建思想观念和习俗,使旧社会中的一些思想糟粕沉渣泛起。例如,改革开放之初,人们对温州的初步印象就是,"在人们用上了打过蜡的地板,改变了'睡猪栏'的同时,门前街道上依旧蚊蝇飞舞、十分脏乱;在高大的现代建筑物后,一座座低矮的庙堂里供养着许浒星君、济公元帅、土地大神;一些致富能手说今天的幸福是党的富民政策给的,私下里又不忘给菩萨烧香磕头"②,"被毁的菩萨重新立起,教堂、佛堂、祠堂又整修一新,小小金乡区近几年就新建祠堂44个,教堂11个、庙宇121个"③。据苍南县金乡镇的典型调查,该镇在20世纪80年代中后期仍然存在"以迷信活

---

① 徐令义:《商品经济的发展与精神文明建设——温州经济格局中的精神文明建设调查》,《社会科学》1987年第9期。

② 俞伯灵:《社会进步与历史代价之间——温州模式与精神文明建设的思考》,《探索》1986年第6期。

③ 俞伯灵:《社会进步与历史代价之间——温州模式与精神文明建设的思考》,《探索》1986年第6期。

动为职业的算命、选日施公、道士、巫婆、神汉等100余人。因此,在发展商品经济的同时破除封建迷信的任务还相当艰巨"①。

新旧交替,观念杂生,价值紊乱,所有这些都意味着一种新的、反映中国特色社会主义市场经济需要的道德文化和精神文明建设成为一种需要。

二、探讨"温州试验区"精神文明建设需要

改革开放以后,温州成为我国发展商品经济的试验区,也成为探索我国社会主义精神文明建设的先行区。面对发展商品经济中出现的新的社会道德问题,1986年9月,中共十二届六中全会通过了《中共中央关于社会主义精神文明建设指导方针的决议》,系统地阐述了社会主义物质文明与精神文明之间的辩证发展关系,指出了加强社会主义精神文明建设的战略意义。同年12月,包括中央书记处、中宣部领导在内的专家学者,专门召开了"温州试验区精神文明建设理论研讨会"。与会者比较全面地指出了温州在精神文明建设方面存在的突出问题,包括"放松对精神文明的领导,拜金主义盛行,偷税漏税、行贿受贿现象较为普遍,生产、经营中存在'假、冒、骗',迷信活动猖獗等"②。

的确,物质文明与精神文明是社会文明的一体两面。没有物质文明的发展,不可能有精神文明的进步;同样,没有精神文明的进步,物质文明发展也会走上歧路。温州社会精神文明建设的滞后,开始阻碍温州物质文明建设的脚步。"假、冒、骗"现象,严重地影响了温州货的声誉,制约了温州经济的发展,"姓社姓资"的争论迟滞了温州发展的步伐。但是,什么样的精神文明才是中国特色社会主义精神文明呢? 这是改革开放富裕之后,温州社会精神文明建设的一个新课题。温州只有在物质文明与精神文明两个方面都搞好,才称得上合格的试验区,才是真正的改革开放先行地。对于当时温州如何进行社会主义精神文明建设,人们需要一个指导性的意见。

对此,时任温州市委宣传部副部长王永昌在研讨会上说道:"精神文明建

---

① 徐令义:《商品经济的发展与精神文明建设——温州经济格局中的精神文明建设调查》,《社会科学》1987年第9期。

② 徐斌:《商品经济对精神文明建设起积极作用》,《科学社会主义》1987年第4期。

设的着眼点,应该牢牢放在适应时代的潮流上,放在促进改革开放和发展商品经济上,放在推动生产力的发展上,放在满足人民日益增长的精神文化需要上。唯其如此,社会主义精神文明建设才能真正健康地向前发展。"即"在新的历史时期,我们必须抛弃'以阶级斗争为纲'的'左'的指导思想,破除'批判'当头,摆脱'大破''大批'的'斗争哲学'的影响。精神文明建设的各个方面,任何时候都应着眼于积极的建设,重在提高人的素质,而不是消极地防范。我们应该把注意力集中到团结人民,充分发挥人民的积极性和创造性上来,集中到满足人民的文化和精神需要上来,集中到加强思想道德建设和教育科学文化建设上来,归根到底,集中到促进社会生产力发展上来",改善人们的道德文明素养和社会道德发展状况,"其根本的途径只能靠社会生产力的发展,只能靠继续改革开放,只能靠大力发展商品经济,只能靠用积极健康的、先进的精神文化成果去取代错误的、落后的东西,只能靠普及教育,传播科学文化知识"。[①]应该说,王永昌这一论断是非常有道理的,也是符合当时温州需要继续充分释放发展社会生产力的实际的,极大地鼓励了温州人民继续向前看,不再思想纠结,坚持用充分发展生产力的方式解决发展中的道德问题。这一点也正如有学者所言的,温州作为试验区,"不仅在经济改革上放开,而且在精神文明建设上也要放开,也要敢于开拓敢于创新"[②]。

三、在探索中推进温州社会主义精神文明建设

中国特色社会主义道路是一条崭新的道路,是一条探索发展的道路。中国特色社会主义精神文明也没有一个现成的模板,只能在实践中不断总结经验。例如,1986年至1996年间,党中央先后制定和通过了《中共中央关于社会主义精神文明建设指导方针的决议》《中共中央关于加强社会主义精神文明建设若干重要问题的决议》,围绕"培养什么样的人"(1980年提出的培养"四有新人"或1986年提出的培养"四有公民"等)和"建成什么样的环境"(1995年开始

---

① 王彦峰、王永昌等:《温州试验区精神文明建设理论讨论会发言摘登》,《探索》1987年第1期。

② 王彦峰、王永昌等:《温州试验区精神文明建设理论讨论会发言摘登》,《探索》1987年第1期。

探索全国"文明城市""文明村镇""文明单位"建设等)等问题展开了长期的关于社会主义精神文明的探索建设活动。对于当时的温州来说，一方面要继续推进改革开放对人的生产能力的极大解放作用；另一方面也要总结经验，找到温州社会精神文明建设滞后的原因所在。

导致温州物质文明先行、精神文明滞后的状况，涉及多方面的原因，其中一个重要原因在于温州地区一直缺乏先行的文化储备。这既与温州的历史、地缘有关，也与温州人偏重经验效果、不重文化(理念)提炼有关，当然还与当时发展商品经济这一新事物相关。所以，就温州人的市场开创性和执行力而言，当时温州人的文化储备是不足的，故而不能为其经济发展提供一种先行的文明理念。此时政府的价值引导和政策介入尤为关键。为此，温州市当初是从两个方面来探索推进社会主义精神文明建设的。一是树立市场"经济能人"典型，通过宣扬大胆实干的民营企业家的成功形象，来激发人们创富求富的欲望，保护人们的生产积极性和主动性；二是针对"假冒伪劣"等产品质量问题，温州市政府适时发挥价值引导职能，制定和严格实施了"质量兴市、质量立市、信用温州"等方针政策。应该说，温州市当初采取这两项重要战略举措是正确的，成效也是明显的。

例如，为解决"假、冒、骗"问题，温州市政府在1993年开展"质量立市"活动。1994年底，温州区域性假冒伪劣现象得到遏制，全民质量意识有所增强。1995年产品质检抽查平均合格率达91.12%，比全省平均高出6.17个百分点。此外，企业普遍树立商标观念，争创名牌，仅1994年底，全市累计拥有注册商标5000余件，占全国商标总数的1%，涌现出许多市级、省级和全国的著名品牌，树立了温州产品的新形象。又如，为了适应商品经济发展，温州也开展了以移风易俗等为主题的精神文明建设活动。据统计，1999年5月17日，温州的鹿城区、龙湾区全境和瓯海区、瑞安市大部分地区成为100%"火化区"。通过这些措施，殡葬观念实现由传统到现代的转变，树立移风易俗、文明殡葬的现代新观念。最终在全市范围内实施火葬，根除"青山白化"现象。解决"青山白化"问题是温州人观念上的一大转变，也解决了影响精神文明建设的问题。

总之，通过这些举措，社会主义精神文明在温州逐渐实践开来，进而为社会主义精神文明建设提供了示范效应。正如有学者所言，"温州精神文明的实践为研究市场经济条件下精神文明建设积累了有益的经验"①。接下来我们将从道德榜样、公民道德、产品质量、文明城市、美丽乡村、慈善义工等方面来具体展示温州市是如何一步一步探索和推进社会主义精神文明建设的。

第二节　温州道德榜样与公民道德建设

改革开放初期,随着党和国家的工作重心逐渐转向经济建设,解放和发展社会生产力成为评价社会道德进步的首要标准,加上社会法治和市场规则缺位,那些能在探索发展社会主义市场经济中充分利用党和国家的大政方针而取得经济成功和摆脱贫穷的市场"经济能人",往往成为社会道德榜样的主要塑立对象。在此背景下,温州市将市场"经济能人"作为社会道德榜样的主要塑立对象。当然,随着温州经济的不断发展和道德建设领域的不断扩大,温州道德榜样的塑立范围和标准也在发生变化。21世纪以来,随着市场经济的深入发展和中国城市化率的提升,中国人民的社会交往空间不断扩大,国家法治和市场规则不断健全,中国"公民社会"格局基本成形。

2001年9月20日,中共中央印发了《公民道德建设实施纲要》,全面开启了中国公民道德建设工程,也标志着此时全面提高人们公共道德水平已成为社会道德建设的迫切要求。在此期间,温州市围绕"公民思想道德建设""未成年思想道德建设""市容文明建设"②等主题开展了各类群众性精神文明创建活动,为最近10多年温州道德文化发展和精神文明建设成效奠定了重要基础。2010年前后,温州市制定了创建"全国文明城市"的详细规划,③以"三生融合·幸福温州"为理念目标,加大了城乡公共道德基础设施建设,实施"六城联创"工程,④温州市公共道德基础设施和生态环境因此有了根本改善,温州市连续

---

① 杨立淮:《试论温州社会主义精神文明建设的典型意义》,《温州师范学院学报》2000年第1期。

② 方立明主编:《温州市精神文明建设工作实践与探索》,红旗出版社2009年版。

③ 温州市精神文明建设指导委员会办公室、温州市创建文明城市领导小组办公室编:《温州市创建全国文明城市(2006—2008)规划》(2006年1月)、《温州市创建全国文明城市(2009—2011)规划》(2009年5月)。

④ 温州市文明办:《〈2010—2011年温州市"六城联创"活动〉简报汇编》(2012年1月)。

三届获得"全国文明城市"称号和"中国最具幸福感城市"称号，见证了改革开放以来温州市精神文明建设长期投入的效果。

一、培育"经济能人"，推动道德观念变革

马克思主义伦理学认为，道德是社会发展的产物，也是对特定历史条件下社会经济关系的反映；同时，道德作为意识形态，对社会经济发展也有一定的反作用。改革开放初期，随着党和国家的工作重心转向经济建设，解放和发展社会生产力成为评价社会道德进步的首要标准，增加人民收入和消除社会贫穷成为社会道德导向的主要目标。在此历史背景下，社会道德建设首先要反映经济建设的要求，社会道德评价标准也要反映人的社会经济贡献能力，从而在根本上促进社会经济发展。改革开放以后，温州作为中国发展民营经济的先行地，道德榜样的塑立标准主要是以市场"经济能人"为代表，通过塑造"市场经济能人"的道德典型形象，激发人们敢闯敢试的创业精神和勤劳致富的社会欲望，从根本上转变人们的道德观念，以便为探索建立社会主义市场经济下的道德规范提供思想和物质条件。

改革开放以来，在温州民营经济的成长过程中，涌现出许多市场"经济能人"。我们这里将根据温州企业的经营性质和发展阶段，选择几位典型的市场"经济能人"来阐明当时温州市塑立道德榜样的情况。其中，较有代表性的"经济能人"有：改革开放初期"温州第一能人"叶文贵，在私营企业海洋中建设辉煌国企的"温州奇人"滕增寿，以及"新温州模式"的积极探索者和杰出代表南存辉。这些市场"经济能人"成为当时温州社会道德建设和发展事业的楷模，在推动温州社会道德观念转变和促进温州社会经济发展方面起着强大的社会示范作用。当然，即使他们都是市场"经济能人"，但因为他们所处的时代背景和生活环境各有差异，他们各自所代表的道德榜样的类型和意义也有所不同。从"经济能人"到"国企操手"再到"市场精英"这一发展过程，他们分别所代表的这种典型形象，其实反映了温州人在市场经营能力和公共道德意识方面的不断提升。

（一）白手起家的"经济能人"——叶文贵①

叶文贵（1950—2017），温州市苍南县金乡镇人，被誉为当时的"温州第一能人"，也是"温州模式"早期标志性人物。受生存环境的熏陶，叶文贵从小就有经商意识。1969年10月，19岁的叶文贵，与众多知青一起支边，被分到了黑龙江七台河市插队，发现关内和关外土特产差价很大，于是在国家号召致富时，他就把东北的土特产转运卖到浙江，再把浙江的土特产转运卖到东北，掘得人生的"第一桶金"。后来，他还利用东北优质廉价的木材资源，和几名老乡办起了锹柄厂，又积累了一些财富，等到1978年回乡时，他已经是万元户了，成为当时名副其实的温州"首富"。

回到家乡金乡镇之后，叶文贵被安排到温州市文成县民政局所属的一个五金厂工作。但是，在文成县民政局工作不到一年，他就辞去了这份铁饭碗的工作，重新回到了苍南县金乡镇。此时的金乡镇，以铝制徽章、标牌为主的家庭工厂已悄然兴起，一面面招牌在召唤吸引着各地来客。经过一段时间的观察，叶文贵发现交通落后的金乡，人们搞家庭工业的原材料——铝板，全靠船载肩挑从外地输入。运输不便、增加成本不说，材料还很紧缺，常常影响生产。富有商业头脑的叶文贵想，自己在工厂里干，完全没有优势，亲戚们又面临就业难题，不如将这些亲戚组织起来，开一间轧铝厂，产品销路肯定没有问题，一定可以赚钱。1979年春节，他将亲戚们召集起来，把自己的想法告诉他们，大家都觉得这是一个好主意。说干就干，每人出资400元，盖起了厂房，买来了机器，年底正式投产。就这样，叶文贵先后创办了轧铝厂、高频热合机厂、压延薄膜厂、包装材料厂、蓄电池厂、微机仪器厂等6个厂，而且是办一个火一个。叶文贵不仅重视技术创新，总是快人一步开发出符合市场需求的产品，而且非常勤奋好学，引进大学生进企业工作，并对自己的工厂实行股份合作制，发行自己的股票。所以，他的工厂股票也是中国改革开放后最早发行的私营企业股票。叶文贵的创业事迹很快被传播开来，受到政府和社会各界的关注。

---

① 相关内容参见：叶文贵，https://baike.baidu.com/item/%E5%8F%B6%E6%96%87%E8%B4%B5/1448879?fr=aladdin；《叶文贵：电动车的开山鼻祖，30年前就差点在中国干出一个特斯拉！》，https://www.sohu.com/a/444525865_100119883。

1984年5月，《人民日报》头版刊登了一条消息。消息说，金乡镇家庭工业专业户叶文贵被县政府破格提拔为金乡区副区长。1986年，全国政协副主席、著名社会学家费孝通到温州考察，在考察了叶文贵的厂子之后，说他是"了不起的新型企业家"。加拿大机电学教授鲍勃惠不远万里来到中国看望叶文贵，赞叹道："在中国农村，想不到有你这样的奇人。"1986年10月11日，《温州日报》在头版以《新一代企业家——记金乡镇经营大户叶文贵》为题，用4000字的篇幅报道他的创业事迹。3天后，温州日报社编委会召开部分经营大户座谈会，又将座谈会内容整理后冠以《学习叶文贵，争做企业家》的标题，于次日刊登在《温州日报》头版头条。十几天后，《温州日报》再次在头版头条刊发长篇通讯续篇报道叶文贵，不同寻常的是，在这篇题为《农民企业家的气魄》的通讯旁边还配发了一篇长达2000字的评论，署名竟是当时的温州市委书记董朝才，评论的标题是《希望涌现更多叶文贵式人物》。这篇报道随后被《人民日报》全文转载。

1987年，叶文贵被评选为全国100名优秀农民企业家。这100人中浙江省占了6席，温州籍仅叶文贵1人。但是，叶文贵并没有因为收获这些财富和荣誉而止步，他的创业胆识和创新禀赋驱使他不断前行，实现更高更卓越的创业梦想。基于叶文贵为代表的早期温州"经济能人"的大胆实践和经验启示，1987年，国务院确定温州为全国首批农村改革试验区。同年，一系列支持民营企业发展的地方性章程和法规在温州相继出台，其中包括《温州市挂户经营管理暂行规定》《温州市私人企业管理暂行办法》《关于农村股份合作企业若干问题的暂行规定》。

1988年，坐拥千万资产的叶文贵以敢为人先的超前意识，破釜沉舟，开启了制造电动车的创业梦想。几年后，他的电动汽车真的动起来了，而且充一夜电能跑上百十千米。1991年，他的产品获得1990年度国家级新产品称号。1993年，他研制出首辆混合动力小轿车样车，该车95%以上的配件都来自温州本地。为了自己的造车梦想，叶文贵前后投入了几千万元；但遗憾的是，因为商品化的代价太大，而且当时没有充电站，电动汽车不能商品化，最终受财力所限不得不终止了该项目，这一次他彻底失败了。

图6　叶文贵发行的股票（图片来自网络）

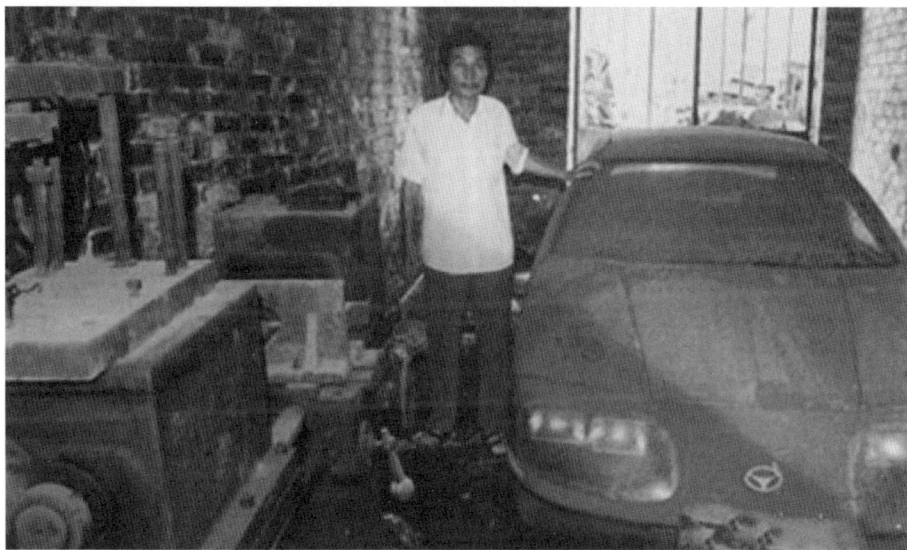

图7　叶文贵制造的混合动力汽车（图片来自网络）

　　叶文贵的创业梦想虽然失败了，但是他的精神并没有消失，而是汇聚为那个时代精神的重要组成部分，激励着越来越多的创业者怀揣梦想，去大胆冒险和成就梦想。叶文贵，作为时代"经济能人"的道德榜样，其价值影响也远远超出那个时代。作为一种道德榜样，叶文贵的创业行为反映了真正的创业者是出于对社会和人的需要的持续深入思考而激发出强烈的创业激情和胆识，只有深耕社会需要和人民生活，一个人才有持久的创业活力。社会的发展最终需要这种实业家创业梦想的支撑。只有不断创新产业，拓展社会生活空间，才能真正建设和提升社会道德。

（二）民企环境中成长起来的"国企能人"——滕增寿①

滕增寿(1938—2011)，温州市永嘉县人。作为温州道德榜样，滕增寿展示了一名共产党人的坚定信念和担当精神，展示了他对党忠诚和为集体谋利的奉献精神。滕增寿1938年出生，1956年加入中国共产党，而1954年在他16岁时就出席了浙江省第一届劳模会。可想而知，在那个年代，没有为集体和国家利益的奉献和担当精神，很难出席劳模会，也很难受到组织的真正认可。后来的事实也证明，他所创办的浙江东方集团公司在保护国有资产增殖方面做出了卓越的贡献，为市场经济条件下浙江经济的发展和我国国有企业的改革与发展都做出了重要贡献。

1974年，滕增寿接受组织委托，创办了当时国内最早的玻璃钢专业厂——国营温州玻璃钢建材厂。但是，工厂刚有起色，滕增寿就被扣上"唯生产力论"的政治大帽子，1976年被逐出玻璃钢建材厂。这一逐就是整整7年，玻璃钢建材厂也从此一蹶不振。1984年，由滕增寿亲手创办的国营温州玻璃钢建材厂因长期缺少好的当家人而处于资不抵债、濒临倒闭的困境。在职工的强烈要求下，上级决定让滕增寿重新出任厂党支部书记兼厂长。在职工大会上，滕增寿宣布："我当厂长的任务是六个字：为企业，为职工。"接着他提出"一大三好"的奋斗口号：大干社会主义，让职工吃好、穿好、住好。又提出第一阶段具体目标，用3—5年时间，实现"三个一流"：把工厂建成温州一流企业，搞出全国一流产品，职工生活达到温州国营企业一流水平。他向职工表示，为了实现上述奋斗口号和具体目标，"我坚决做到：一不为官，二不为名，三不为利，四不怕死，我把生命交给企业支配了"。职工们听了含泪拼命鼓掌，认为"企业有救了"！滕增寿说到做到，从1984年开始，他把全部精力心血都用到了事业上。为了搞活企业，他冲破重重阻力，进行一系列超前改革，使该企业在当年就扭亏为盈，利润超过1983年的产值。1985年企业利润又超过1984年的产值，第三年就成

---

① 相关内容参见：《滕增寿：公有制的守护者 创国企辉煌》，http://news.66wz.com/system/2018/05/01/105080458.shtml；陈必辉：《公有制的守护者——记共产党员滕增寿》，2014-06-28，http://www.wyzxwk.com/Article/cpers/2014/06/322593.html。

为全市利税大户,仅用了5年时间就被评为国家二级企业,并于1988年在全市率先成立集团公司——浙江东方集团公司,实现了"三个一流"的目标。

此后,他相继兼并亏损非常严重的温州造船厂等8家国有企业,都是当年兼并,当年扭亏,年年兴旺发展。几年来,他为这些企业还清旧债,安排数千人就业,确保2000名离退休人员安度晚年。同时,他还创办4家高新科技企业和1所高等院校,使企业发展成为横跨建材、造船、化工、机械、装潢、电镀、灯具、房开、教育、三产等十大行业的立体型集团公司。在温州,个体私营经济发达,国有企业在国民经济中比重只占4.5%,东方集团以国企身份获得辉煌业绩,充分展现出滕增寿过人的气魄和智慧。例如,温州灯具行业十分繁荣,市区个体私营的灯具厂约有上千家,而且大都集中在东方集团所在地一带。滕增寿认为,灯具是大多数个体私营企业都能生产的产品,东方不必进入,不与它们直接竞争。他冲破阻力,腾出厂房创办了独具古典建筑特色的东方灯具大市场,吸纳全市80%的个体私营灯具生产厂家进场,给它们"东方"的冠名权,并提供销售、质量、通信、运输、仓储、结算、保安、生活等全方位服务。这个大市场1993年开业,当年销售额达3亿元,1998年达到30亿元,成为全国灯具第一大市场,东方集团则每年从中获得3000万元利税。

滕增寿始终以一种优秀共产党人的身份严格要求自己,始终坚守共产党人的道德信念,竭尽全力为集体和人民谋福利,并且他主要是把共产党人的道德信念付诸实践,相信只有通过实践成效和实业成功才能展示共产党人道德信念的高尚之处。正如他所说的:"我是一个工人党员,没有系统学习过《共产党宣言》,但是我知道,《共产党宣言》中有一句话,是所有共产党员都不能忘记,并且应当无条件地为之奋斗终生的。这句话就是'消灭私有制!'"①正是在这种崇高道德信念的引领下,他才激发出强大的工作魄力和实践自信,成就了上述事业。所以他说:"我就是不信国有企业搞不好!我干不过私营老板,那还算什么共产党员!"正因他如此强调实践和实干,反对形式空论,以至于被扣上了"唯生产力论"的政治帽子。

作为国有企业的"掌门人",滕增寿既坚守了共产党人的崇高道德信念,坚

---

① 陈必辉:《公有制的守护者——记共产党员滕增寿》,http://www.wyzxwk.com/Article/cpers/2014/06/322593.html。

持为集体和国家谋利益，同时又吸收了温州人"敢为人先"的优秀行商品质，坚持务实创新和出奇制胜，为温州国有企业的扭亏和发展提振了信心。其实，他1976—1984年在家赋闲期间，也有人劝他垒起炉灶自己干，还有人出高薪请他出国干，滕增寿回答说："我的舞台在中国，我的阵地在国营厂！"他在家里读书、种花、健身，积蓄力量，坚信国家会有用得着他的时候。可以看出，如果他一点没有为集体和国家谋福利的那种动机和情怀，他根本就成就不了辉煌事业。如果他只想着为自己谋福利，他完全可以垒起炉灶自己干。他选择为国企发展奋斗终身，与他为党为国的道德情怀和所受的教育都有着密切的关系。作为道德榜样，他为新时代中国共产党的领导干部树立了可贵的精神榜样。

1991年，江泽民总书记到东方集团视察，问他怎样才能当好国有企业的厂长。滕增寿说："一要有永远当被告的准备，二要有永远与困难做斗争的准备，三要有为公办事永远不为个人留后路的准备。只有这样，才能勇挑重担，急流勇进，宠辱不惊，义无反顾。"

1997年6月，经国务院批准，东方集团进入全国512家重点国企行列。而身为当家人的滕增寿亦收获荣誉无数，包括全国优秀企业家、全国劳模、十大中国改革风云人物、全国人大代表等，并在全国各地举办过上百场事迹报告会，一度成为冲在改革开放时代浪尖上的温州经济形象代言人，著名经济学家艾丰曾称其为"温州奇人"。1999年，中华人民共和国成立50周年国庆招待会前夕，中央领导在人民大会堂接见各界模范代表。江泽民总书记走进会见大厅时，一眼就认出了被安排在第一排第一座的滕增寿同志。工作人员刚要介绍，他早已紧紧握住了滕增寿的手，连说"你们干得好！你们干得好！"2000年胡锦涛总书记在一份材料的批语中写道："浙江东方集团公司的实践证明，在建设社会主义市场经济体制的新形势下，国有企业完全可以搞好；在多种所有制经济共同发展的新格局下，国有企业照样可以搞好。……我们要大张旗鼓地表彰和起用滕增寿这样的优秀经营者。"这些都是对以滕增寿为代表的中国共产党人道德榜样的充分认可和尊重。

（三）推动"温州模式"转型发展的市场精英——南存辉

南存辉，温州乐清人。1976年，13岁的他初中辍学开始从事修鞋行当。1984年，南存辉发现，低压电器行业市场前景很大，便与同学胡成中等合伙创办了乐清县求精开关厂。这个求精开关厂就是现在的正泰集团和德力西集团的前身。20世纪80年代中期,温州几乎成为"假、冒、骗"的代名词,为了打破这种不利的区域商业形象,求精开关厂着力于产品质量的提升。在此过程中,求精开关厂凭借自己的创业决心和诚意打动了上海的技术专家,在上海专家的技术指导下,求精开关厂严把质量关,在柳市众多电器杂牌中打响了"质量立市"的好名声。1987年,求精开关厂率先成立第一个热继电器实验室,随后成为乐清县第一个取得机电部颁发的生产许可证的企业。1990年,国家七部委组成联合工作组进驻柳市,采取"打击、堵截、疏导、扶持"八字方针,对乐清县柳市镇低压电器进行彻底的治理、整顿。凭着过硬的产品质量和正规的生产许可证,求精开关厂幸运地成为政府扶持的对象。

随着企业的发展,南存辉与合伙人在一些经营决策问题上开始偶有争议,1991年乐清县求精开关厂一分为二。南存辉把分到的求精开关一厂取名为"正泰",最初赋予它"做人要正直,处事要泰然"的含义。"正泰"名号也顺应了当时温州"质量立市"的发展要求。1991年,南存辉在原有基础上成立了中美合资正泰电器有限公司,并提出了"重塑温州电器新形象"的响亮口号。这一举动,被当时40多家新闻媒体报道,正泰一时声名鹊起,成为社会各界关注的焦点。1993年,正泰年销售收入达到5000多万元。此时的南存辉意识到,正泰要想继续做大,必须进行一次脱胎换骨的变革。1994年2月,正泰以资本为纽带,以市场为导向,以产品为龙头,以品牌为中心,横向联合,成立了温州地区同行业第一家企业集团——温州正泰集团。从此,正泰开始走上规模经济之路,企业迅速发展壮大。

2004年,正泰电气股份有限公司在上海成立,这是正泰向高压输配电产业发展的里程碑。2006年3月,国家"十一五"规划纲要提出了要推进工业结构优化升级,优化发展能源工业,切实保护生态环境,践行科学发展观。为了响应国家节能环保的号召,正泰在发展传统产业的同时,积极进入新能源产业——太阳能光伏电池产业,在缓解国家能源紧缺的同时,也为社会提供清洁能源。2006年10月,正泰集团成立了浙江正泰太阳能科技有限公司,主要从事太阳能电池、组件和光伏应用产品研发、生产和销售。2010年,正泰电气股份有限公司在上海A股主板上市。2013年6月29日,由正泰太阳能投资建设的杭州火车东站枢纽屋顶光伏电站正式并网发电。2014年5月17日,正泰集团荣获中国工业大奖。2014年正泰集团收购德国Conergy公司光伏组件厂，2016年参股GRABAT-石墨烯电池，2016年入选工信部智能制造示范项目。2020年9月10日，"2020中国民营企业500强"榜单发布，正泰集团股份有限公司名列第83位。2020年9月16日，正泰集团入选由中国机械工业联合会、中国汽车工业协会主办的第16届中国机械工业百强名单，排名第10位。最近40年来，在南存辉的带领下，正泰集团立足于人类能源需求变革趋势和国家战略发展要求，不断推进主营低压电器产业转型升级和深度融合发展，布局智能电气、绿色能源、工控与自动化、智能家居等产业板块，形成了集发电、储电、输电、变电、配电、售电、用电为一体的全产业链优势，目前业务遍及140多个国家和地区，建有4个海外研发中心、6个全球营销区域、12个海内外制造基地、20多个国际物流中心、2000多家销售公司，全球员工超3万人，年营业收入达 893 亿元，连续20年上榜中国企业500强。

正泰的不断成长，既反映了南存辉不断创新融合的商业品质，也体现出他紧紧抓住了中国共产党领导下中国经济社会转型发展的重要历史机遇期，更体现了"温州模式"转型发展的成功。如果说民营企业的首要目的是逐利，那么中国共产党领导下的中国政府在各个历史阶段所提出的经济社会转型发展要求，则体现了中国政府对中国人民和中华民族整体利益和长久发展的道德考虑，为此民营企业紧跟国家发展战略不断深耕和拓新自己的业务，也是间接地履行一种道德义务和社会责任。换言之，党和国家给予民营企业极大的政策扶持，也就是通过民营企业的实业发展来实现其社会道义之目的，正因为这一点，我们说，中国共产党领导下的中国特色社会主义市场经济，无论是占主导地位的公有制企业，还是占重要组成部分的非公有制企业，它们都是在共同促进中国特色社会主义制度不断成长和成熟，其最终目的还是实现人民的共同富裕和民族的伟大复兴。这是民营企业和国有企业共同的社会道义。

正泰集团在原来主营的低压电器产业基础上向光伏新能源产业拓展和融合，是产业自身发展的需要，也是"温州模式"自身精神成长的需要。"温州模式"并没有过时，温州人"敢为人先、勇于实践"的精神并没有消失。正泰集团的转型发展和壮大，只说明了温州人精神需要新的成长环境，"温州模式"需要新的成长环境。温州本地因为技术、人才、资源等多方面的匮乏，很大程度上无力支撑"温州模式"的转型发展。我们看到，像正泰这类温州民营企业在随后的发展中,其发展重心都转向了杭州、上海、北京等一些人才、政策、融资供给都非常迅捷的大城市。因为民营企业光靠政策条件还不够,它的发展必须借助人力、物力等多方面的要素在短时间内实现集成,它的优势就是快捷、创新,劣势是资金、人力储备不足,无力与老牌大企业"打消耗战",所以必须在人才、融资、政策比较集中的城市才能补足短板,实现转型发展和做强做大。正泰集团的转型发展和壮大证实了社会主义市场经济条件下"温州模式"的持久有效性,证实了温州人精神能够适应市场经济发展,并且能够促进中国市场经济环境的良性发展。

我们看到,以正泰为代表的温州民营企业既有私营经济的逐利性,也有在党的价值导向和政策引领下的公益性。温州民营企业家通过自己的实践创新,不断拓展市场,培育市场服务意识,同时通过自己的产品质量和品牌建设,将温州人"敢为人先、勇于实践"的精神输送到中国各个地方,成为改变当代中国人精神面貌和重塑民族道德心理的重要因素之一,成为培育当代中国工匠精神和制造业强国的重要精神动力之一。所以,"温州模式"和温州人精神通过正泰这类企业的转型发展,实质地影响和改变着中国人的精神,甚至是当代整个中华民族和世界的精神走向。当然,"温州模式"和温州人精神这种持续的正向效应,离不开改革开放这个大环境,离不开中国共产党执政过程中不断解放思想和实事求是,离不开马克思主义实践真理观的指导。中国共产党如果没有对马克思主义实践真理观的推崇,没有对"人民至上"理念的绝对信仰,"温州模式"和温州人精神很难发挥出这种强大的效应。只有通过实践,才能改变中国,只有敢于实践,才能发展中国。正泰集团的发展和壮大可以说是马克思主义实践精神与温州人"敢于实践"精神内在融合的结果。

伴随着正泰集团的发展和壮大,南存辉参与社会公益事业建设的次数也越来越多,规模也越来越大。据统计,在他的倡导和推动下,正泰集团先后出资设立"中国中学生正泰品学奖""浙江省贫困大学生正泰助学基金",并成立了正泰公益基金会。集团迄今先后为扶贫济困、捐资助学、抗震救灾、公益创业、生态环保等各类社会公益事业捐资捐物累计超3亿元。不凡的经历和业绩使南存辉获得了"浙江省劳动模范""浙江省优秀企业家""改革开放40周年杰出民营企业家""优秀中国特色社会主义建设者""第十一届中国十大杰出青年""中国能源年度人物""中国企业十大创业领袖""世界青年企业家杰出成就奖""中国青年企业家管理创新金奖""中华慈善突出贡献人物"等荣誉称号。2018年12月18日，党中央、国务院授予南存辉"改革先锋"称号，颁授"改革先锋"奖章，并获评温州民营经济的优秀代表。

作为道德榜样，南存辉身上不仅体现了温州人自强不息、坚忍不拔、勇于创新的精神，也展示了现代企业家高瞻远瞩的胆识和战略思想。他把正泰精神概括为"和谐、谦学、务实、创新"，提出"争创世界名牌，实现产业报国"的企业理念。这可以说是一个人的道德信念或一个企业的道德理想的实践呈现。

表2　2013年度温州市优秀企业家①名单

姓名	企业/职务	姓名	企业/职务
南存辉	正泰集团股份有限公司董事长	张汉平	温州市爱好笔业有限公司董事长
邱光和	浙江森马服饰股份有限公司董事长	范叔沙	天信仪表集团有限公司董事长
王振涛	浙江奥康鞋业股份有限公司董事长	李牧	浙江三星机电股份有限公司董事长
尤小平	华峰集团有限公司董事局主席	王上胜	浙江胜华波电器股份有限公司董事长
胡成中	德力西集团有限公司董事局主席	黄友良	浙江苍南仪表厂厂长
郑秀康	康奈集团有限公司董事长	周家儒	温州市冠盛汽车零部件集团股份有限公司董事长
吴志泽	报喜鸟集团有限公司董事长	王达武	福达合金材料股份有限公司董事长
诸建勇	金帝集团有限公司董事长	潘建中	巨一集团有限公司董事长
郑元豹	人民电器集团有限公司董事长	陈晓敏	浙江俊尔新材料股份有限公司董事长
钱金波	浙江红蜻蜓鞋业股份有限公司董事长	颜贻意	浙江诚意药业股份有限公司董事长
池方燃	浙江乔治白服饰股份有限公司董事长	陈国荣	东艺鞋业有限公司董事长
张晓平	瑞立集团有限公司董事长	贺正红	浙江温州银泰百货有限公司总经理
高天乐	天正集团有限公司董事长	李艾黎	国药控股温州有限公司总经理

---

① 参见http://www.wenzhou.gov.cn/art/2014/2/24/art_1229116916_575319.html。温州市优秀企业家申报条件除了需要依法纳税、诚信经营、遵纪守法、创新发展等"软性"要求外，还要求在2013年度工业类企业的销售产值要达5亿元以上，利税总额达2000万元以上，而商贸流通类企业销售收入总额要达8亿元以上，利税总额1500万元以上这一"硬性"条件。从查阅的材料看，2005年至2013年，温州市政府每年都举办一次温州市优秀企业家评选和表彰活动。

姓名	企业/职务	姓名	企业/职务
韩玉明	温州瑞明工业股份有限公司董事长	邵奇杰	温州建设集团有限公司董事长
黄伟立	立可达包装有限公司董事长	朱何柳	陆港集团有限公司董事长
陈道荣	华仪电器集团有限公司董事长	曾仁佩	广泰建设集团有限公司董事长

二、评选平凡的"温州好人"①,铸就美好生活家园

随着温州社会经济的不断发展,除了在道德上塑造引领社会道德观念变革的市场"经济能人"代表之外,温州市也非常注重对人们日常生活中出现的好人好事进行道德榜样的塑造和传播。因为,对平凡人道德榜样的塑造,使人们认识到做道德的事情,其意义可大可小。道德的行为不一定都是轰轰烈烈的,当某人需要我们帮助的时候,关键在于我们是否愿意帮助这个人。所以,就个人来说,做道德的事情是自愿的事情,它不需要强迫,这一点与以集体的名义做道德的事是不一样的,后者有时可能出现"道德绑架",个体往往是被集体"胁迫的",而前者更体现了一个人的行为习惯或道德自觉,体现了道德行为者能够共情他者的处境,体谅他人的难处,从而伸出援助之手。有时候这种援助只是举手之劳的事情,但是往往会产生很大的社会效果。它展现了人们都希望这个社会有平凡的"好人"出现,即使自己做不了那种平凡的好人。大部分人都是平凡之人,有些不平凡的人也是从平凡的生活中经过历练成长为不平凡的人,所以即使一个人的事业发展得再好,身份地位发生巨大改变,这种平凡之心仍然起着道德的作用。

多年来,温州市委宣传部、市文明办和相关媒体部门把"做富而好礼温州人"作为温州公民道德建设的指导理念,通过举办"温州市道德模范""温州市文明市民""感动温州十大人物""百佳新温州人"等一系列面向民间的道德采风活动,让许多见义勇为、乐于助人、捐资助学、孝老敬亲的民间小微道德事迹得以发现和传播,为温州硕壮的道德之树增添了无限绿意。据统计,截至2021

---

① 参见邱小侠、余程主编:《温州好人》,光明日报出版社2015年版。

年,温州市通过在全市范围内开展"发现最美温州人,争做最美温州人"主题宣传实践活动,连续16年举办"感动温州十大人物"评选活动,每2年举办一次"道德模范"评选活动,每月开展"温州好人"寻访工作,涌现了一批在全省乃至全国有影响力的先进典型,累计培育各级各类道德典型2000多人,其中有9人获"全国道德模范"及提名奖,1人被评为"感动中国"年度人物,1人荣获"全国岗位学雷锋标兵",15人获浙江省道德模范,57人入选"中国好人"①,108人获评温州市道德模范,不断展现出新时代温州人思源思报的赤子情怀、义利并举的事功思想、守望相助的大爱精神。下面我们选取几个代表性的人物事迹作为描述对象。

(一)"舍己救人"的道德榜样——李学生

李学生,河南籍在温务工青年。2005年2月20日下午5点左右,8岁的男孩小瞿和4岁的女孩媛媛在金温铁路温州市黄龙段马坑隧道口铁轨上玩耍。这时,一列火车从杭州往温州方向呼啸而来。铁轨上的2个小孩可能是给吓坏了,不知该往哪边跑。危急时刻,年纪稍大的男孩往对面跑去,而小媛媛往前跨出几步,紧接着缩了回来,最后又跟着男孩跑了过去。而这时火车已经非常接近了。就在这危急时刻,正在对面不远处的李学生飞身跑了上来,右手抓住男孩就往铁轨外面甩,同时左手去抓较远的小媛媛。但就在李学生的手刚刚抓到小媛媛时,2个人被火车撞得飞了出去。男孩得救了,而小媛媛和舍己救人的英雄李学生2人同时不幸遇难。牺牲时,李学生年仅37岁。

2005年2月20日李学生舍己救人英雄事迹感动了温州,感动了中国。2月22日,共青团温州市委授予李学生"见义勇为好青年"荣誉称号,并于2月28日举行了隆重的追悼会。2月28日,中共温州市委宣传部、温州市文明办、温州团市委、温州市劳动和社会保障局联合发文开展向李学生同志学习活动。

(二)"见义勇为"的道德榜样——郭小亮

郭小亮,河南籍在温务工青年。2009年12月19日清晨6点多,女青年小陈行至温州市东游路新南亚大酒店附近时遭遇飞车抢劫。当时,一名男子正骑

---

① 参见《温州加快打造新时代文化高地综述:聚文化之光 绘共富美景》,http://www.wzxc. gov.cn/system/2021/11/02/014231036.shtml。

着自行车路过此地,为了拦截歹徒,他将自行车砸向飞驰而来的摩托车,2名歹徒应声落地,1名歹徒被保安及周围群众合力擒下。之后,这名男子将包递给受害者后,提着变形了的自行车默默离去。酒店监控拍下了事件的全过程。事后,经多方查证,大家才知道这位见义勇为者的名字叫郭小亮。

2010年1月6日上午10时,温州市公安局下发了《关于授予郭小亮二等治安荣誉奖章的决定》。根据浙江省公安厅《关于对有特殊贡献的治保人员、治安联防队和治安积极分子授予荣誉奖章的暂行规定》,郭小亮抢车砸倒飞车歹徒的行为,弘扬了社会正气、维护了社会治安,温州市公安局决定授予郭小亮同志二等治安荣誉奖章。郭小亮抢车砸向飞车歹徒事迹经媒体报道后,引起了包括央视在内的全国媒体的关注,中央电视台新闻频道《24小时》等栏目也对该事件进行了持续关注,给予很高的评价;同时该事件也成为当时广大网友热议的话题,人们赞他是温州"抢车侠""特有责任感的男人"。

(三)"助人为乐"的道德榜样——毛陈冰

毛陈冰,温州平阳人,中国美术学院原在校学生。2007年9月14日,毛陈冰从稀有血型QQ群里得知,贵州省黎平县一名29岁的农村孕妇杨昌花,因宫外孕大出血,生命垂危,她的RH阴性AB血型稀有,整个贵州省血库都没有。毛陈冰知道自己拥有同样的血型,随即只身赶往贵州省黎平县,为病危产妇杨昌花献出240毫升珍贵的RH阴性AB型救命血。10月25日,温州市委宣传部、市文明办、市妇联、团市委联合授予毛陈冰"温州市文明使者"荣誉称号。时任温州市委书记王建满会见了毛陈冰,赞扬她是当代大学生的典型代表,也是温州人的骄傲,温州将组织全社会学习她的事迹,弘扬这种社会主义美德。毛陈冰"千里献血"的动人事迹也在温州大地广为传颂。毛陈冰还荣获浙江省三八红旗手、浙江省道德模范等荣誉称号。2011年第三届全国道德模范评选中,毛陈冰荣获"全国助人为乐模范"称号。在贵州,她的事迹被传为美谈,受助妇女杨昌花和姐妹们专门创作了侗族大歌《美丽的心灵》,感激毛陈冰千里献血的救命之恩。

(四)"诚信老爹"的道德榜样——吴乃宜

吴乃宜,温州苍南县人。2006年台风"桑美"夺走吴乃宜3个儿子的生命,留下60多万元债务。在随后4年多时间里,吴乃宜承诺"人走账不灭",坚持靠省吃俭用、编织渔网替子还债40多万元。吴乃宜的事迹经报道后,被人们誉为"诚信老爹",并被评为"2010年感动温州十大人物"。

2006年,吴家4个儿子拿出所有的积蓄,又借了60多万元,筹够100多万元买了艘钢质渔船,成了苍南县霞关镇第一批拥有钢质渔船和先进捕捞工具的渔民。没想到,就在那一年,"桑美"台风在霞关港登陆了。渔船翻了,除了二儿子吴秀全,其他3个儿子再没能上岸。他的二儿子也因为在海水中泡了太久,暂时失去了劳动能力。悲痛击倒了当时77岁高龄的吴乃宜。更让他担忧的是,家里失去了大部分的经济来源,台风过后不久,有不少债主上门讨要债款。但当他们看到吴乃宜的境况时,都觉得开不了口。他们觉得,这笔债是要不回来了。可吴乃宜做出了让人意想不到的决定,他对每一个债主承诺:"我会想办法还债的。"他没念过多少书,但他说,欠债还钱天经地义,"儿子已经死了,我不能丢儿子的脸!"吴乃宜变卖打捞起来的渔船得到30万元,3个儿子人身和船只保险获赔24万元,这些全拿去还债后,大概还欠着26万元债务。

接下来的日子里,吴乃宜和老伴一起,拖着病体想尽一切办法赚钱、省钱。老两口养了10多只鸭,又种几垄番薯、蔬菜,天天到沙滩捡可乐瓶塑料罐,一只卖几分钱。老两口天天帮人织渔网,织1万眼1元钱。两人眼神不好,手脚也慢了,连织4小时才织5000个网眼。老两口每天只吃两顿稀饭,唯一的菜是水煮青菜。一毛一毛攒钱来还。2010年,吴乃宜当选"感动温州十大人物",媒体报道后,引起强烈反响,社会各界纷纷捐助。2012年8月底,在大家帮助下,旧债还清。吴乃宜请记者告诉大家,不要再给他捐款了。吴乃宜的事迹曾让他先后入选2012年、2013年"中国好人榜",第四届全国道德模范评选候选人,感动中国2013年度人物候选人,2013年被评为"最美浙江人——2012年度浙江骄傲"。

(五)"孝老爱亲"的道德榜样——张青青

张青青,泰顺县罗阳镇居民。1周岁时因患小儿麻痹症落下了残疾。2001年父亲被查出患上了急性白血病,2006年5月,母亲被检出患上了子宫癌,父母先后离世,残疾的张青青以瘦弱的肩膀挑起了家庭的全部重担。除开小店外,她还通过自己的努力,拿到打火机电子来料加工和鞋帮来料加工的代理点,分给村民加工制作。2003年,参加成人高考上线。但为了照顾家庭的弟弟妹妹,她放弃了这个机会。在面对记者采访时,她说道:不管面对什么困难,我都选择义无反顾地坚持下去,而家人就是我最大的动力。2013年10月11日,在"最美温州人——第四届温州市道德模范"颁奖仪式上,"80后"女孩张青青坐着轮椅登上了领奖台。

(六)"最美乡贤"道德榜样——郑超豪

新时代以来,在党的"初心和使命"强力感召下,温州一些基层党员干部充分利用温州民间乐善好施、积善成德的优良传统,通过搭建民间公益慈善平台和探索实施乡村贤治、德治机制,为降低乡村治理成本、提升乡村振兴效能和推动乡村和谐发展等做出了积极有益的探索。其中最具代表性的人物——郑超豪,瑞安人,瑞安市委党校原党委书记、常务副校长,现为瑞安市陶山镇新乡贤联谊会会长。从2005年开始,郑超豪相继创立12个民间公益慈善基金,基金总额达6000多万元,帮扶、奖励200多万人次。2013年12月,他联合瑞安市政协等16家单位,创建了公创民办公益性质的道德品行培训机构——崇德书院,举办600多场义务道德讲座,来自全国各地党员干部和企业管理者以及社区矫正、戒毒人员约4万人次接受了教育,对受众起到了洗涤心灵、明白道理、懂得感恩、激发干事热情的效果。此后,他又创建了崇德慈爱站、崇德文工团、崇德和合之家和崇德助推共同富裕志愿服务团等8项系列事业。他本人先后获得温州市道德模范、浙江省慈善奖、首届长三角慈善之星和"最美浙江人·最美乡贤"等荣誉。

除了上述榜样代表,近年来还出现了"飞车侠"刘文忠的英勇事迹、温州各界涌现的伟大抗疫精神事迹等。

三、塑造道德"公民",形成社会文明风尚

道德是人的社会交往的产物,培育有道德的"公民"是"公民社会"的产物和要求。"公民社会"的产生反映了人类交往空间的扩大和行动或行为自由的规范,也反映了"社会"载体(组织)力量的成长和"国家"载体力量的收缩或转移。这与市场经济的发展和人的自由活动及公共空间的扩大密切相关。其

实，随着商品经济的发展，现代西方也产生了所谓的"市民社会"概念。虽然这种"市民社会"与现代意义的"公民社会"有一定的历史语义差异，但它们的产生都有相似的经济发展根据，都是城市生活和商品经济发展的产物。为此，也有学者指出："当代中国市民社会得以兴起的最深刻根源，就是以市场为取向的经济体制改革和社会主义市场经济的发展"。[①]这里的当代中国"市民社会"也就是指我们现在所讲的中国社会主义"公民社会"。[②]

在狭义的西方哲学语境下，"市民社会"主要是相对于"家庭"和"国家"这类共同体形式而言的，在封建社会晚期随着城市生活和商品经济的发展就开始出现了。"家庭"是由亲近之人组成的、带有私人性质的共同体形式，它是自然形成的。"国家"是政府部门通过权力机制建成的政治共同体形式，是带有强制性的组织形式。"市民社会"是随着人们公共交往空间的扩大或市场交易的发展而形成的，它是以逐利为导向的，以城市集聚生活为据点。"市民社会"的形成是人类生产力发展的结果，象征着人类逐步摆脱自然家庭束缚、国家政治束缚而走向个体间性自由发展的历史趋势。

为了便于逐利、分工和生活，人们逐渐选择了相对固定的交易场所，围绕着这些交易场所，人们建成了临时的或永久的住所，用于休憩和享受由交易带来的果实，这就形成了城市生活。在城市，为了实现交易和生活，人们必须彼此关注，关注对方的作息时间和交易习惯，于是慢慢形成了城市人群的行为习惯和道德文化。在资产阶级"市民社会"，一部分人为了最大限度地逐利，利用机遇和智能，夺取了封建贵族手中的权力，进一步加强对城市生活的功利性改造。他们制定了严格的作息时间，改变了时间的自然意义，产生了城市化的作息时间。城市生活失去了自然空间的意义，剩下的只是扁平的、令人窒息的作业时间意义。很多人不适应这种生活，开始嫉恨或破坏这种城市生活，把城市生活看作肮脏的生活，并毫不吝惜地向城市生活抛撒"垃圾"，另一些人或重新回到乡村去歌颂乡村生活的美好，或批判城市文明的污缺（例如，像卢梭和费尔巴哈这类思想家就批评城市化的文明生活）。城市生活虽然有不利的一面，但大部分人都无法改变这种局面，甚至所有人都无法改变局面。所以，资产阶

---

① 郁建兴：《社会主义市民社会的当代可能性》，《文史哲》2003年第1期。
② 郁建兴、周俊：《中国公民社会研究的新进展》，《马克思主义与现实》2006年第3期。

级"市民社会"充分暴露了资本运作下城市生活的弊端。当然,随着资本主义国家的资本输出和城乡二元对立发展结构的逐渐消除,资产阶级"市民社会"的生活功能和人口素养也有了极大改善,人们公共道德意识整体提高,许多城市成了著名的宜居、宜商、宜游场所。社会主义市场经济"社会"则尽量回避资本的工具性弊端,发挥一般资本的生产要素功能,驱动城乡"公民社会"的形成和"公民"道德建设。

改革开放以来,随着中国特色社会主义"市场社会"的逐步形成,进入该"市场社会"的各种人物身份开始显现出来,为此在法律上,他/她们都被赋予了一种"公民"身份资格。具备"公民"资格的人们,相当于获得了一种进入该"市场社会"的身份权利。人们具备"公民"权利的同时,也必须履行一定的"公民"义务。这种公民义务既包括法律上的,也包括认同该法律义务的道德义务。所以,公民道德建设的主要目的在于塑造人们对其"公民"资格的道德意识。例如,遵纪守法是"公民"的基本道德义务,此外还有遵守社会文明礼仪,也是"公民"的基本道德义务,等等。20世纪80—90年代的中国,由于受市场经济冲击,传统的社会道德习惯出现"松动"或"滑坡"现象,因此加强社会主义精神文明建设成为新的历史时期党和国家的重要议题之一,社会主义公民道德建设问题也由此而产生。

例如,1981年2月25日,全国总工会、共青团中央、全国妇联、全国文联等9个单位联合发出《关于开展文明礼貌活动的倡议》,向全国人民特别是青少年倡议开展"五讲四美"文明礼貌活动。1981年6月,中共十一届六中全会审议通过《关于建国以来党的若干历史问题的决议》,把社会主义精神文明建设归纳为社会主义现代化建设道路的十个要点之一,并第一次把党在新的历史时期的奋斗目标概括为建设"现代化的、高度民主的、高度文明的社会主义强国"。1982年2月14日,中共中央办公厅转发了中宣部《关于深入开展"五讲四美"活动的报告》,确定每年3月为"全民文明礼貌月"。1982年7月,邓小平同志在军委座谈会上的讲话中指出,社会主义精神文明建设的根本任务:主要是使我们的各族人民都成为有理想、有道德、有文化、有纪律的公民。1983年3月30日,中央"五讲四美三热爱"活动委员会正式成立。1986年9月26日,中共十二届六中全会通过了《中共中央关于社会主义精神文明建设指导方针的决议》,指出社会主义精神文明建设的根本任务,是适应社会主义现代化建设的需要,培养"有理想、有道德、有文化、有纪律"的社会主义公民，提高整个中华民族的思想道德素质和科学文化素质。1996年10月，中共十四届六中全会审议并通过了《中共中央关于加强社会主义精神文明建设若干重要问题的决议》（以下简称《决议》）。《决议》指出，社会主义精神文明建设的指导思想就包括要培育"有理想、有道德、有文化、有纪律的社会主义公民"，把"我国建设成为富强、民主、文明的社会主义现代化国家"。1997年3月，创建文明城市、文明村镇活动示范点工作正式启动。中宣部公布了100个创建文明城市示范点和200个创建文明村镇示范点。文明城市示范点有55个小区、44条街道和3个城区；文明村镇示范点包括50个县、50个乡和100个村。至此，创建文明城市、文明村镇、文明行业三大创建活动已形成示范点网络，示范点工作已全面铺开。2001年，党中央颁布了《公民道德建设实施纲要》，为社会主义市场经济下公民道德建设提供了重要指导，有力地促进了社会主义精神文明建设。此后，党中央又提出要培育和践行"社会主义荣辱观"（2006年），"社会主义核心价值观"（2017年），制定了《新时代公民道德建设实施纲要》（2019年）。

温州市立足于温州民营经济发展和历史地理环境特征，通过结合改革开放以来党和国家推行的"五讲四美三热爱""全国文明城市""公民道德建设""社会主义荣辱观""社会主义核心价值观"等全国性的思想政治教育和精神文明建设要求，主要以"质量兴市"为道德建设核心突破口，以建成"全国文明城市"为主要道德目标，通过开展"六城九市"联创、建设"农村文化礼堂"、评选"最美温州人"等一系列道德建设活动，不断夯实温州城乡公共道德基础硬件条件，借助各类道德文化宣教和规约制定，逐渐孕育出温州城乡人民的公共道德意识。例如，2010年11月23日，中共温州市委办公室、温州市人民政府办公室印发了《关于全面提升市民文明素质的实施意见》，强调要扎实推进公民思想道德实践活动、推进未成年人思想道德建设、推进"信用温州"建设活动等。2014年，温州市荣获了"全国文明城市"称号，证实了多年来温州开展公民道德建设的显著成效。温州获得"全国文明城市"称号，是温州城乡人民公共道德素养整体提升的表现。

党的十八大之前，温州市容市貌给外地游客的印象并不太好，温州城市基础设施建设和生活环境不尽如人意，除了少部分地区，大多数地区城市基础设施、街道面容、河池绿化、公共交通等都可以用"脏、乱、差"来形容，虽然温州市民对生活和工作充满热情,但是温州市政府在基础设施建设供给方面显得相对滞后,影响到温州城市人口公共道德意识的整体提升,城市生活品质也整体不高,其中离不开温州城市建设底子薄的因素,也离不开因温州民营经济转型发展而导致城市发展动力不足的因素等。但是,也正是在这个时候,国家对温州市深层综合改革和发展给予了重视和大力支持,温州市特别加大了对温州城乡基础建设的投入力度。2011年11月,笔者恰好被抽调到温州市委办秘书处顶岗培训,参与温州市实施"即办制"①改革举措,深刻感受到温州市委、市政府围绕提高政府公共服务效能、温州统筹城乡综合和温州市"1650"大都市区建设规划等重大改革项目,有效改善了温州城乡公共道德基础设施,提升了温州城乡人民的公共道德意识和温州各类公职人员的公共服务效能。后来也证明了这些重大改革项目为温州城市生活质量和宜居环境的整体改观奠定了坚实基础,为培育温州城乡人民的公共道德意识提供了重要的孵化环境。②

10年后的今天,温州城市和乡村建设面貌已经发生了质的变化。在温州城市,小到斑马线和购物商场,大到湿地公园和河池水道,都被整理得井井有条、干净怡人,节假日里各种场所布满了静养休憩的人群。在温州乡村,有美丽的乡村景致,在乡村景致里面建有各种农村文化礼堂、道德讲堂、新时代文明实践中心等道德载体场所。在这些场所,有些老人在闲居养生,也有老人在为游客提供速食服务,他们在快乐的忙碌中忘记了自己的年龄,忘记了来者的属地,只沉浸在生活的当下,沉浸于自己的内心富足之中。在这样宜居、宜游、

---

① "即办制"改革是2011年初温州市推出的旨在提高政府机关公共办事效能而进行的行政改革举措。"即办制",顾名思义,即是根据公务事项办理难易程度,实行科学分类、区别对待,做到简单事立即办、复杂事限时办、特殊事紧急办,力求在最短的时间内办好事。凡是属于程序简单、不需要集体研究、单个部门可以独立办理的事项,应当场或当天办结,做到当天事当天办、一日事一日毕;凡是属于程序复杂、需要集体研究、涉及两个以上部门联合办理或需上级审核批准的事项,应立即启动办理程序,做到并联办理、限时办结;凡是属于上级部门和领导有特殊要求或情况紧急的事项,应迅速办理,做到急事急办、特事特办。通过"即办制"改革,温州市政府机关公共服务意识和效能都获得了长足进步。温州市政府的"即办制"改革与此后浙江省推出的"最多跑一次"行政改革举措,是一脉相承的,它们在很大程度上都反映出浙江人民勇于进取、勇于创新的实践奋斗精神,倒逼了浙江各地政府公共服务效能的改革步伐,同时也反映出浙江各地政府对浙江人民勇于进取、勇于创新这种实践首创精神的积极回应和良性互动。

② 关于这一点,笔者在绪论部分做了相关阐明。

宜商的生活环境里，几乎每一个人的公共道德素养都被无形地拔高了，很少见到人们在公共场所发生纷争冲突。这不仅是因为温州人民很珍惜来之不易的宜居环境，也是因为温州人民公共道德水平实质性地提升了。同时，这也是温州城乡融合和转型发展的道德见证。所以，相比以前人们把温州描述为"美丽的姑娘，破烂的城市"而言，现在用"美丽温州、浙南水乡"来形容温州的城乡面貌和温州人民的精神面貌，一点也不为过。

"吃水不忘挖井人"，美丽的生存环境塑造出人们美丽的道德心灵。温州城乡公共道德基础设施的整体改观和城乡人民公共道德意识的整体提升，与温州市长期投入和精准聚焦改革是分不开的，与党中央提出的科学发展观和浙江省委实施的"八八战略"等总体布局是分不开的。同时，温州城乡公民道德素养的整体提升，也是温州市政府与温州人民良性互动的结果。温州人民勤劳务实、不争不吵、勇于进取、勇于实践、善于学习、乐于生活的奋斗精神构成了温州城乡公民道德素养提升的根本动力。没有温州人民善于学习、勇于进取的生活奋斗精神，温州公共道德建设不会在短时间内取得这样的显著成效；同时没有温州市政府善于捕捉温州人民追求幸福生活的心声动向，并勤于为人民追求幸福生活的心声动向供给"搭桥过河"的工作态度和服务精神，温州公共道德建设也不会取得这样的显著成效。

第三节　温州产品质量与城乡文明建设

产品质量的提升和生态环境的改善是人们道德素养和精神文明提升的外在表现。改革开放以来，温州道德文化和精神文明建设成效还体现在产品质量和生态环境的改进上。20世纪90年代，温州市通过实施"质量兴市""品牌强市"的战略，温州品牌和温州制造水平大为提升，在此过程中形成的温州工匠精神也极大地改变了温州人民的道德心理和精神面貌，并为温州城乡生态环境改善奠定了物质基础和转型动力。21世纪以来，在科学发展观和"八八战略"指导下，温州城乡综合平衡发展水平显著提高，自然生态环境大为改观，温州"文明城市""美丽乡村"建设成效都获得了历史性的突破，城乡宜居指数和幸福指数大为提升，乡村振兴战略已从中揭开序幕。这些都有力地证明了，经过近20年的探索和应对转型之痛,温州市(及浙江省)已经成功转向了人与自然和谐发展、城乡综合平衡的绿色发展轨道。党的十八大以来,浙江省开启了建设全球先进制造业基地的发展规划,实施了"雄鹰行动"①计划。据此,温州品牌和温州制造业将迎来新一轮的质量提升,温州公共道德建设水平也将得到进一步提升。

一、温州"产品质量"建设

"人无信不立,业无信不兴。"诚信是人们行走社会的道德名片,产品质量是企业诚信的表现。一个企业的产品质量终究是一个人或一群人的诚信品质的外在表现。这一点正如王小锡教授所说:"任何产品也都是人的道德觉悟或道德素质的物化体","产品中的道德含量最终决定着产品的质量","产品的特性除了科技文化因素外,更重要的还取决于产品道德性"。②正因为如此,在市场经济下,"道德作为特殊的生产性资源具有独特的经济价值"③。的确,在市场经济下,道德是一种无形的资本,而资本的逐利性也会间接地促使资本本身(通过提升产品和服务质量)朝向更符合社会道德需要的方向发展。

诚信是人们的内在道德品质之外的行为表现,也是人们参与社会交往所形成的外在价值关系和道德信念之内化表现,它的实质是人们社会交往和利益博弈的结果。所以,诚信无疑是一个人或一个企业最重要的道德资本。一个人只有将自己的内在道德信念在与他人的社会交往中展现出来,这种道德才能真正变成现实生活中的道德。不经历社会之"江湖""风雨"的洗练,一个人不可能变成道德上的"坚强者",不可能坚守社会道德底线,不可能知道诚信对于一个人行走天下的重要性。反之,凡是道德上的"软弱者",要么是观念上的"好人",要么是没有见过什么"世面",要么是受强权或家庭的"庇护"。这些人一旦遇到现实的利益纠纷,往往是自私的、狭隘的或想方设法逃避责任的。

---

① "雄鹰行动"是指围绕制造业和生产性服务业,浙江省每年遴选100家左右优质企业,支持企业全面提升国际竞争力,加快迈向世界一流水平。参见《浙江省国民经济和社会发展第十四个五年规划和二〇三五年远景目标纲要》第104页。
② 王小锡:《论道德资本》,《江苏社会科学》2000年第3期。
③ 王小锡:《论道德的经济价值》,《中国社会科学》2011年第4期。

这些人无法支撑社会道德建设，也无法扩大社会道德建设的疆域。

温州诚信道德建设也是温州人勤于实践、勇于行商的产物，是温州人"商行天下"积极推动的结果。在资本原始积累时期，温州少数个体工商户也是诚信缺失的，但是随着资本增值的驱动和政府的有效引导，资本开始（通过提升产品和服务质量）转变为企业诚信道德建设，企业诚信和产品质量又推动了资本增值，[①]资本增值驱动又促进了企业诚信和社会责任的提升。改革开放初期，温州人凭借吃苦耐劳、坚忍不拔、顽强拼搏、谋求更好生存的本能愿望和斗志，抓住政策机遇，开设家庭工场，发展日用产品，抢占了市场先机，赚取了"第一桶金"。此时温州人还没有充分认识到道德诚信的重要性，而只是看到个人奋斗和敢闯敢拼品质的重要性。这种个人奋斗和敢闯敢拼的道德品质在市场开放初期的包容性环境下，具有很强的实战效用，极大地激发了他们集聚财富的欲望，产生了有违社会道德赚"快钱"的念头。例如，大概从20世纪80年代开始，温州企业生产大量假冒伪劣商品，温州货几乎成了"假冒伪劣"产品代名词。据说人们系的皮带都是用马粪纸包装制成的，打一个喷嚏就会断掉，皮鞋穿不过三天就报废了。市场经济终究是靠道德诚信建立起来的，以次充好，不讲诚信，终究会失去人们的信任，受到共同体人们的道德驱逐，所以到了20世纪80年代中后期，全国市场上出现了抵制"温州货"现象。例如，1987年8月8日，杭州市工商局在杭州武林门广场一把火烧掉了5000多双劣质温州皮鞋。随后，上海、南京、武汉、沈阳等几十个大城市的大商场相继展开对温州鞋的一次全面围剿。这一事件使温州商人真正认识到企业诚信和产品质量的重要性。

恶劣的地理、历史环境孕育了温州人"智行天下""商行天下"的天性。为了使该天性更好地适应现代商业社会发展，温州人需要从"智行天下""商行天下"的天性中成长出"善行天下"的社会本性。在中国，培育这种"善行"本性首

① 当然，资本的逐利性（通过提升产品和服务质量）间接地推动企业的社会道德水平和责任意识，但是这个道德是功利性的、以资本增值为目标的工具性道德，不是以人的全面发展和个性解放为目的的道德。所以，建立在资本增值意义上的道德发展，最终是会招致资本增值对人性的永恒压抑。正是在这个意义上，马克思主义是反对资产阶级统治下的资本主义社会道德的。在社会主义初级阶段，中国特色社会主义市场经济坚持公有制经济为主体，允许非公有制经济健康发展，也是由我国现阶段生产力发展水平所决定的。

先是靠执政党和政府的价值导向和道德建设来实现的,因为两者代表了中国最广大人民群众的整体利益,对民营资本发展具有集体主义道德约束和导向功能;其次,要靠民营企业家基于资本增值驱动的道德自觉,能充分意识到提升道德水平与实现资本增值之间的积极辩证发展关系;最后,人民政府与民营企业家之间达成了某种道德默契,通过提升产品和服务质量来改变温州人的道德形象,获得了资本增值与道德发展双丰收。

从1991年起,温州市政府发挥正面价值导向功能,积极筹划"质量立市"和"信用温州"的建设方案,引导温州企业塑造诚信形象。1993年,温州市提出"质量立市"的发展战略,通过了《温州市质量立市实施办法》。该办法的实施有效推动了温州社会道德心理的转型,企业社会诚信建设成为共识,温州企业营商环境逐渐好转。在此之后,1996年,温州市提出了"质量立市、品牌兴业",开始树立温州品牌意识。1999年,同样在杭州武林门广场,奥康集团董事长王振滔一把火烧毁了外地假冒温州的鞋——这是温州商人群体基于资本增值驱动和理性反思的道德自觉表现。2002年,温州市决定将每年8月8日设为温州"诚信日",温州市政府成立了"信用温州"建设领导小组,信用办设在市政府办公室。2004年10月13日,"2004名牌战略(温州)论坛"在温州市人民大会堂举行,时任温州市委书记李强在致辞中指出,温州发展必须把过去的"质量立市"提升到"品牌立市"的高度,以品牌赢得声誉、赢得竞争力,进一步提升温州经济整体素质和城市综合竞争力。2005年9月30日,温州市政府召开"推进12345工程,深入实施品牌战略大会",明确提出向"品牌强市"目标迈进,即经过5—15年的努力,力争培育2—3个中国世界名牌,"中国驰名商标"和"中国名牌产品"拥有量位居全国同类城市前列。

质量品牌的形成是最好的诚信标志,信用体系的形成是质量品牌建设的延伸。温州通过10多年的质量品牌建设,与之相应的社会诚信体系建设也获得新的发展。继将2002年8月8日设立为温州"诚信日"和设立"信用温州"建设领导小组之后,2005年,温州市政府又印发了《温州市现代社会信用体系建设规划方案》。2006年,温州市企业信用信息交换平台正式启用。2007年8月8日,在第六个温州"诚信日",温州企业家在杭州武林门广场举办"信用温州品牌强市"大型诚信主题活动,共同点燃了"诚信之火"。这把火具有特殊的意义,它既象征着温州商人群体对20年前那一把火的"雪耻",也象征着温州诚信的真正树立,充分展示了温州商人群体的道德自信,因为此时温州人已经创立了32个中国名牌、58个中国驰名商标。例如,产生了正泰、奥康、康奈、天正电气、森马、华峰、报喜鸟、德力西、美特斯·邦威、庄吉、红蜻蜓、双鹿啤酒、法派、人民电器、吉尔达等一大批知名品牌。基于品牌质量的建设成效,2011年,温州市政府将"质量立市"上升为"质量强市",颁发了《关于加快建设质量强市的实施意见》,质量建设拓展至产品质量、工程质量、环境质量、服务质量四大领域。2012年,温州市成为首批"全国质量强市示范城市"创建单位。2012年12月26日,温州市政府召开"温州市创建全国质量强市示范城市动员大会"。2013年,正泰集团等20家企业荣膺"温州市质量立市功勋企业"。2014年,温州市被原国家质检总局正式命名为"全国质量强市示范城市"。

图8　温州市制造业高质量发展大会现场(图片来自网络)

2019年,浙江省实施了质量提升的"雄鹰行动"计划,该计划旨在为浙江省培育具有全球竞争力的一流企业。为了适应新一轮国家制造业提升水平的战略要求和浙江省加快建设全球先进制造业基地的目标任务,温州市按照省政府的统一部署和要求,进一步强化了产品质量提升的激励管理措施。2020年5月12日,温州市召开制造业高质量发展大会,其中有200余家企业登上此次制造业高质量发展光荣榜,有力地推动了温州产品由传统制造向现代智能制造转变、由制造大市向制造强市转变。

由于温州人"商行天下"的天性,温州社会诚信建设的边界也在不断拓新。2011年初,温州发生民间借贷危机,促使温州诚信道德建设由实业领域向金融领域拓展。2011年10月,时任国务院总理温家宝来到温州调研,浙江省和温州市政府提出在温州设立金融改革试验区的想法。2011年10月底,温州市建成并启用个人信用信息系统。2012年3月28日,国务院常务会议决定设立温州市金融综合改革试验区,批准实施《浙江省温州市金融综合改革试验区总体方案》,引导和规范温州民间融资渠道和投资方向。2013年,温州市获批成立人民银行征信中心温州分中心,标志着温州成为全国首个拥有征信分中心的地级市。2014年,温州市印发《温州市信用信息管理暂行办法》《温州市信用服务机构管理办法》《温州市企业信用联合奖惩办法》《温州市百佳诚信企业评选办法》等4项信用管理制度。2015年,经国家发改委和人民银行批复同意,温州市跻身全国11个创建社会信用体系建设示范城市。2016年,温州市获评"十二五"商业信用环境优秀城市,并发布了《温州市社会信用体系建设"十三五"规划》,实施了《温州市失信黑名单管理办法》。2017年,温州市获批成为全国社会信用体系建设示范城市。

除了通过这些政策法规之外,温州市政府还通过政策激励和社会宣讲等方式来引导温州社会诚信道德建设。例如,温州市政府通过开展"功勋企业""消费者信得过单位""活力和谐企业""百城万店无假货"等有关先进单位评选活动,将社会诚信作为企业发展的一项重要评选内容,促进民营企业的社会诚信建设。2009年2月24日,温州民营企业家周家儒在温州市第十一届人民代表大会第四次会议上提出了关于切实加强温州商业道德建设的意见和建议,其中主要内容涉及:

> 非同寻常的2008年,我国先后发生三鹿奶粉、万科捐款门、黄光裕操纵股票等多起重大商业道德事件。……这些重大商业道德事件,虽然不是发生在温州,但也不能忘记温州也曾经是闻名全国的假冒伪劣"重灾区",是各级党委、政府历时几年的治理整顿、质量立市以及诚信建设才恢复了声誉,并打造出上百个国家称号的驰名商标和名牌产品,这是值得庆幸的。不过,而今假冒伪劣并未完全灭迹,

尤其是形成商业道德事件的急功近利、唯利是图的思想根源，仍然依存于温州深厚的市场经济土壤里，时而蔓延，时而扩张，有时甚至恶性膨胀，特别是在当前面临经济危机、企业经营困难的情况下，尤其应引起各级党政领导的高度重视，要以"三鹿"为鉴，把食品安全纳入关爱民生的重中之重，常抓不懈，防患未然。为此，本人想就加强思想建设、塑造良好商业道德，提出以下意见和建议。

一、大力加强商业道德宣传。各级政府应积极引导和推动各种传媒，参与商业道德宣传教育活动，必要时可利用报刊、电视、广播开辟《商业道德建设》专题栏目，定期宣传报道商业道德的正反面典型，大力提倡"君子爱财、取之有道""贸易不欺三尺子、公平义取四方财"等中华传统的商业道德观，弘扬吃苦耐劳、勤俭致富的温州人精神，为提升商业道德水准营造良好的舆论氛围。

二、建立温州商业道德论坛。建议由各级政府主办，有关学术团体协办，民间经济组织（工商联、商会、行业协会等）具体操作。组织政府官员、专家学者、商业人士参与商业道德的讨论，最好一年举办两次，每次一个主题，通过思辨与讨论，广大企业家和商业人士牢固树立良好的商业道德观，同时破解商业道德建设的难题。

三、加大商业秩序管理力度。各级政府在编制和完善商业活动的相关政策、法规、制度时，应充分融入商业道德的核心理念，创造更加透明、规范、公平的商业政策环境，遏制商业活动中的灰色成分。同时，加强对违德行为的监管和查处，增加违德获利的难度和成本，让守德者自在、违德者不适，为塑造商业道德创造良好环境。

四、开展商业道德评选活动。各级政府除每年评选功勋企业、明星企业外，可否增加一项商业道德奖的评选活动？这个奖项的评定，应更加注重商业活动的道德行为过程，而非财富多寡、商业活动收益等结果，真正让弘扬商业道德的人和事得到肯定和嘉奖，以促进商业道德建设的向心力……[1]

---

[1] 相关内容可参：https://www.docin.com/p-20346387.html；https://wenku.baidu.com/view/16e7a6ef5ef7ba0d4a733b71.html。

2009年7月13日,该建议得到温州市政府相关部门回应。2009年9月2日,以"做一个有道德的人"为主题的"温州民营企业思想道德教育大讲坛"正式启动。这是温州市精神文明建设史上一项创新性举措,也为温州民营企业健康发展注入了价值导向和道德动力。时任中共中央政治局委员、中央书记处书记、中央宣传部部长刘云山对该讲坛的创办给予了高度关注,并专门做出重要批示。时任温州市委书记邵占维出席启动仪式并致辞。时任中宣部常务副部长、中央文明办主任徐惟诚出席启动仪式,并为大讲坛主讲"企业与文明"第一堂讲座。2010年5月7日,"温州民营企业思想道德教育大讲坛"第三讲在龙湾举行,清华大学教授吴潜涛做了题为"企业核心竞争力是道德"的专题报告,讲述了企业在发展中要重视道德的力量,认为道德是企业的核心竞争力。2011年4月9日,温州市图书馆协办的"温州民营企业思想道德教育大讲坛"第七讲在温州市行政管理中心举行,讲坛邀请了国家行政学院副院长周文彰做主题为"德行天下"的报告。[1]这些讲座也促进了温州民营企业家对道德与资本之间辩证发展关系的认识。

总而言之,追求产品质量、塑造温州品牌、建立信用体系是温州人践行社会诚信的外在表现。这些都反映了温州人在"智行天下""商行天下"的过程中逐渐认识到讲究社会诚信和树立规则意识的重要性,认识到自利与利他的统一性问题,从中也逐渐培育出"善行天下"的社会本性。温州诚信道德建设历程,也为我们探索中国特色社会主义公民道德、质量诚信、个人信用等道德文化体系建设提供了不可磨灭的历史经验。

材料一:截至温州质量立市20周年,温州市通过的有关"质量立市"的部分重要文件[2]

《关于加强产品质量管理,提高我市经济发展水平的决定》(温委发〔1994〕3号)

---

[1] 相关内容参见 http://www.wenming.cn/syjj/dfcz/201104/t20110411_146225.shtml。
[2] 参见《温州市质量立市20周年·功勋企业展示》,https://www.cqn.com.cn/zgzlb/content/2014-01/22/content_2073980.htm。

《温州市质量立市实施办法》（温政〔1994〕22号）

《温州市名牌产品认定和管理办法》（第65号市长令〔1997〕）

《温州市质量振兴实施计划（1999—2010年）》（温政发〔1999〕214号）

《温州市名牌兴业实施意见》（温政发〔1999〕217号）

《关于进一步实施"质量立市、名牌兴业"的决议》（市人大九届三次会议通过）

《关于进一步提高产品质量、全力打造产品品牌的实施意见》（温委发〔2004〕35号）

《关于进一步实施品牌立市战略的若干意见》（温委发〔2005〕105号）

《关于实施技术标准战略的若干意见》（温政发〔2006〕64号）

《关于印发温州市质量与品牌发展规划的通知》（温政办〔2006〕154号）

《关于促进建筑业发展的意见》（温政发〔2008〕21号）

《关于深化名牌发展战略加快创建区域品牌的意见》（温政发〔2008〕43号）

《关于印发温州市质量与品牌奖励资金管理办法的通知》（温政办〔2009〕170号）

《关于印发温州市市长质量奖评审管理办法的通知》（温政发〔2009〕59号）

《关于开展优质产品生产示范区创建工作的实施意见》（温政发〔2010〕66号）

《关于加快建设质量强市的实施意见》（温政发〔2011〕44号）

《关于温州市质量强市"十二五"规划的批复》（温政函〔2011〕252号）

《关于进一步加强产品质量建设的若干意见》（温政发〔2012〕47号）

《关于推进服务业跨越发展的意见》（温政发〔2012〕60号）

《关于印发温州市创建全国质量强市示范城市实施方案的通知》（温政办〔2013〕19号）

承担社会责任是企业道德建设的另一个延伸维度。如果说注重产品质量和品牌建设体现了企业的商业动机，那么注重社会责任建设则反映了企业的某种普遍精神追求，展示了企业对社会发展肩负的实业担当精神。现代社会发展根本上需靠企业来推动，需要企业家的实业担当精神。反之，一个企业的长久发展终究离不开履行社会责任。只有深耕社会责任意识，更新发展理念，不断满足人民对美好生活的需要，一个企业才能持久发展，才能得到社会持久的信赖和支持。随着温州经济的发展和诚信建设水平的提高,温州民营企业在承担社会责任方面也有相应提升。2008年,浙江省政府发布了《关于推动企业积极履行社会责任的若干意见》[①](以下简称《意见》),对企业履行社会责任提出了明确要求。根据《意见》,2009年,温州市经信委牵头编制了国内首个民营企业履行社会责任评估体系——温州市民营企业履行社会责任评估体系[②]。该评估体系结合温州民营经济的特点,内容由"经营责任、权益责任、环境责任、诚信责任、和谐责任"等5大类100项标准组成,是一个较为完善的指标体系,并率先在低压电器、服装、汽摩配、鞋革等行业的5家龙头企业试点推行。例如,该评估体系将国际上最关心的保障企业员工安全、健康、劳动与休息等"权益责任",将保护环境、节能减排、资源综合利用等"环境责任"以及将企业自主诚信经营、树立商业信誉、维护社会经营秩序、反腐败反贿赂的良好社会风尚等诚信经营的"诚信责任"等列为考核内容指标。

2010年,温州市引进德国技术合作公司,根据评估体系标准,通过开展公私合作伙伴关系项目,帮助企业履行和推进社会责任建设,并选取奥康集团、德力西集团、法派集团、巨一集团、康奈集团、乔顿集团、庄吉集团、瑞立集团、爱好笔业和长江汽车电子等10家民营企业作为温州履行社会责任试点企业。10家试点企业将根据这一评估体系来履行社会责任,同时向社会公布《年度社会责任报告》,接受社会公众及利益方的监督。温州市民营企业履行社会责任评估体系推出后,社会反响很好。2011年,温州市又选择了开元集团、星际控股集团、泰马鞋业、森马服饰、三杉光学、天龙集团、人本集团、圣邦科技等24家企业作为温州履行社会责任试点企业。

例如,德力西电气有限公司是首批10家试点企业之一。公司员工1/3以上是青年女工,考虑到女工怀孕期间的实际困难,德力西为孕期女职工设置了特殊的流水线,相比常规流水线,孕妇流水线的流速慢一些,工作量轻一些,改计件为计时工资,管理颇为人性化。德力西相关负责人透露,"孕妇流水线"的投入,表面上给企业带来负担,但它产生的效益远远超出大家意料:一是员工稳

---

① 具体内容参见:《浙江省人民政府关于推动企业积极履行社会责任的若干意见》,http://www.zj.gov.cn/art/2012/7/14/art_1229019364_62637.html。

② 相关内容参见:《市经信委推进企业社会责任建设结硕果》,http://www.wenzhou.gov.cn/art/2016/12/7/art_1217833_4059921.html。

定,辞职的少,企业省了大量培训费用;二是年初招聘,公司都不用为"用工荒"发愁,"孕妇流水线"成了吸引外来员工的形象招牌。[①]目前,温州市多数民营企业都建立了职工结婚、生病、遇到困难和发生纠纷"四个必访"制度,设立了"谈心接待日"和劳动争议调解中心,成立了"职工互助基金"。例如,正泰集团与康宁医院共同制订了心理健康援助计划,培养了一支120人的正泰心理咨询师队伍,帮助员工解决职业压力、恋爱婚姻、子女教育、人际关系等问题。又如,金州集团成立"新居民幸福家园工作委员会",确定了22条"幸福细则",为员工谋幸福,被亲切地称为"我们的幸福工委"。在奥康鞋业,公司这几年通过生产车间的技术设备更新和提升,致力打造绿色、无尘、科技工厂,连续多年开展员工子女夏令营,把留守在家的员工子女集中起来开展为期40多天集体活动,等等。这些都反映了温州民营企业由产品质量到承担社会责任的道德拓展和提升过程。

二、温州"文明城市"建设

改革开放以来,随着市场经济的发展,中国城市化水平在不断提高,城市越来越成为人们主要的生活和生产所在地,人们对在城市生活的质量和文明程度要求也越来越高。在此背景下,我国政府开始探索城市发展和文明建设问题,"全国文明城市"创建活动是其中的重要内容之一,具备"全国文明城市"称号是反映一个城市居民生活质量和精神文明建设成效的重要标志之一,也是促进我国城市化发展水平的重要动力之一。1995年,中央文明委开始在全国范围内选择试点城市开展。当年张家港市开展创建文明城市的经验得到中央部门的充分肯定,中央新闻单位集中宣传推介了张家港的经验,在全国引起强烈反响,全国掀起向张家港学习的热潮。1996年10月,党的十四届六中全会通过《中共中央关于加强社会主义精神文明建设的决议》(以下简称"《决议》"),第一次把文明城市与文明村镇、文明行业并称为"三大群众性精神文明建设创建活动",写进党的《决议》,引起各级党委政府的高度重视,创建文明城

---

① 相关内容参见:《温州民企社会责任首批试点成果发布》,http://www.yjnet.cn/system/2012/11/22/011156298.shtml。

市活动成为全国各地推动精神文明建设的一个重要抓手。经过10多年的探索,全国文明城市测评方法逐渐成熟。2003年8月,中央文明委下发《关于评选表彰全国文明城市、文明村镇、文明单位的暂行办法》,明确了全国文明城市的标准、申报和评选范围、指导监督办法,决定2005年评选表彰首批全国文明城市和全国创建文明城市工作先进城市,并且规定"全国文明城市、文明村镇、文明单位每三年评选表彰一次"。2004年9月,中央文明委印发了《全国文明城市测评体系(试行)》,并计划于2005年9月命名、表彰首批全国文明城市。2005年10月26日,中央文明委在北京召开首批"文明城市、文明村镇、文明单位"表彰大会,厦门、青岛、大连、宁波等城市获得了"全国文明城市"称号。

温州是个居山拥水的城市,其城市生活具有优越的自然生态条件。当然,由于温州底子薄,改革开放之后温州城市化发展主要靠民营企业的资本积累和提升来推动,而温州民营经济的最初组织形式主要是家庭作坊或工场形式,随着生产规模的扩大,这些家庭作坊或工场慢慢发展为一些村镇产业集群,围绕着这些村镇产业集群,现代意义上的温州城市雏形开始形成。由于温州民营资本的野蛮快速生长,无暇顾及城乡整体发展规划,所以温州的城市与乡村之间也没有太多的实质性区别,温州的"城中村""村中城"现象非常严重,温州也谈不上什么有完全意义上的城市文明,所以20世纪80年代末至90年代初人们谑称温州是"美丽的姑娘,破烂的城市"。也正是因为这一点,在2004年中央文明委印发《全国文明城市测评体系(试行)》之后,温州市政府投入大量的人力物力、花费了很长时间来推动"全国文明城市"创建活动,直至2014年温州才获得了"全国文明城市"的荣誉称号。虽然这一荣誉的获得与同时期温州经济发展水平和质量品牌建设成效很不相匹配,但是这一称号的获得也实属不易。它一方面体现了温州城市发展的基础条件之历史性严重不足;另一方面,也反映出温州人民勇于战胜自我陋习、树立城市文明形象的决心和意志。

改革开放以后,由于温州民营经济的快速发展,温州城市改建工程也迫在眉睫,所以自20世纪90年代开始,温州市就掀起了旧城改造运动,重点是治理破旧危房和脏乱差的街道商摊。除了这些硬件改造之外,由于民营经济的粗放式生产方式,原材料的开采和工业垃圾的肆意排放,温州市原有的自然生态系统也遭到了严重破坏,城市绿地匮乏和河流沉臭污水,让美丽的温州被弄得"满目疮痍",温州城市整体文明面貌亟待改观。所以,创建全国文明城市活动为温州城市改建和文明提升提供了一次新的政策契机。2000年7月7日，温州市召开了创建全国文明城市万人动员大会，拉开了温州市创建全国文明城市的大幕。当时政府将大兴"显山露水""治山理水""还绿于民"的系统工程作为突破口；同时，运用社会成本原理，抓住创建的契机，不仅将山水绿化工程作为改善人居环境、生态环境来实施，而且把它与恢复和挖掘温州历史山水风貌、提升历史文化名城品位结合起来。

2002年，温州荣获"全国创建文明城市工作先进城市"称号。但是因为历史基础差、底子薄，温州市在创建全国文明城市的过程中，也暴露出市民公共文明意识淡薄、城市基础设施建设滞后、城市功能很不完善、城市管理水平不高、创建资源不能有效整合等问题。2005年，在创建全国文明城市动员大会上，温州市总结了创建全国文明城市的优势和存在的差距，号召全市上下统一思想，树立信心，以只争朝夕、分秒必争的精神，着力提升城市整体形象、加强配套设施建设、强化城市长效管理、提高市民素质，全力以赴打好创建全国文明城市攻坚战。2005年，温州荣获"全国创建文明城市工作先进城市"称号。不过，此时温州经济已进入转型发展阶段，政府的城市治理面临如何协调好保持温州经济持续发展与经济结构调整和保护环境之间关系的两难问题，故温州文明城市建设工程处于缓慢推进阶段。2010年10月9日，温州市政府召开千人动员大会，决定在全市开展以全国文明城市创建为龙头，联动推进"全国文明城市、国家园林城市、国家森林城市、国家卫生城市、国家环保模范城市、国家历史文化名城"的"六城联创"活动。"六城联创"千人动员会后，温州市围绕园林绿化战役、"城中村"改造战役、污染物排放整治战役和历史文化街区保护提升战役之"四大战役"和深化温瑞塘河综合整治、环境卫生整治、拆违治乱整治和交通秩序整治之"四大整治"，全面推进"六城联创"各项工作。2010年11月23日，温州市印发了《关于全面提升市民文明素质的实施意见》，涉及"扎实推进公民思想道德实践活动""努力推进未成年人思想道德建设""突出抓好农村精神文明创建活动"等10个方面的内容。

2011年12月20日，全国精神文明建设工作表彰大会在京举行，温州市与全国92个城市［副省级、地市级、县（市）级］一同摘得"全国文明城市提名资格"。并且，温州市平阳县昆阳镇、乐清市柳市镇、永嘉县桥下镇双进村、洞头县北岙街道双垵村等4个村镇被评为第三批全国文明村镇，中国建设银行温州分行、中国电信股份有限公司温州分公司、温州市体育彩票管理中心、中国农业银行温州分行、温州电力局等5家单位被评为第三批全国文明单位。截至2011年,温州市共创成全国文明村镇5个、省级文明村镇69个,创成全国文明单位9家、省级文明单位211家。2011年创建活动基本实现了温州市"六城联创"年度目标,为争创"全国文明城市"夯实基础。

2013年2月底,温州市在"六城联创"基础上又实施了同步推进"创新城市、信用城市、智慧城市、低碳城市、民政强市、质量强市、教育现代化市、卫生强市、体育强市"之"九市联创"工程,形成市县、部门、城乡、干群多方联动格局,着力打造温州大都市区建设框架。针对城市文明创建的薄弱环节和顽症软肋,温州市坚持每月对13个"六城联创"破难攻坚项目跟踪督查,在"联创百日攻坚大会战"中累计下发工作建议书564份,促进32个街道和市直部门进行。在城市文明进程中,市民监督团、社会监督员等社会力量广泛参与,成为创建主体,其中仅"寻找城市最美街区"活动,就吸引360.7万人次参与。长期以来,温州城市建设最大的缺点,就是没有形成一种现代意义上的城市发展理念,城乡功能区分不明,区块建设交错不齐,缺乏代表一个城市发展水平的集中性建设区块。随着温州"六城九市"大都市区建设框架的铺开,温州城市文明创建活动有了更明晰的蓝图。

功夫不负有心人,在温州市政府与广大市民长期的共同努力下,2014年温州市终于荣获"全国文明城市"称号。2016年,温州市在创成"全国文明城市""国家森林城市""国家卫生城市""国家环保模范城市"的基础上,再获住建部授予的"国家园林城市"称号和国务院颁发的"国家历史文化名城"称号。[①]2017年和2020年,温州市两次通过创建"全国文明城市"的复查,连续三届获得了"全国文明城市"称号。这份荣誉来之不易,它是温州市政府与温州人民长期同心合力的结果,既展示了温州城市生活质量的改善,也反映了温州市民素质的整体提升,同时也体现了温州市政府现代公共服务理念和治理水平的根本改观,还印证了21世纪以来我国城市化发展的快速进程。除了城市功能格局和市民素养的整体提升外,温州市各街道社区的居住环境也发生了

---

① 相关内容参见:《六城联创》,http://www.wenzhou.gov.cn/art/2018/4/25/art_1475551_17665924.html。

实质性变化，温州市通过文明社区、精品社区、文明示范社区、品牌社区、星级文明社区、学习型社区等系列文明创建活动，促进社区文明建设，丰富社区功能，为市民提供了宜居的生活环境。

随着温州城乡生产、生活、生态环境的根本改观，温州人民的生活幸福感也大大提升，这些都充分展示出10多年来温州市政府接续推进"改环境、提素养、促幸福"①科学发展理念的建设成效。2021年12月30日，由新华社《瞭望东方周刊》、瞭望智库共同主办的"2021中国最具幸福感城市"调查推选活动结果在北京揭晓，温州市被推举为"2021中国最具幸福感城市（地级市）"，并位列2021年的地级市榜单榜首。这是温州连续3年上榜"中国最具幸福感城市"。此外，温州市鹿城区上榜"2021中国最具幸福感城市（城区）"，瑞安市、乐清市荣获"2021中国最具幸福感城市（县级市）"，鹿城区、瓯海区和瑞安市获"企业家幸福感最强市（区）"。在此次论坛上，全国40多位城市管理者相聚云端，畅谈"百年红·幸福城"，共同探讨城市建设的"幸福密码"，浙江省委常委、温州市委书记刘小涛代表温州做主旨发言。温州连续获得"全国文明城市"到获得"最具幸福感城市"，充分证明了一个道理：社会道德的水准是建设出来的，是发展出来的，不是"等、靠、要"出来的，只要党和政府与人民群众抓住问题、咬定目标、同心协力、一届接着一届干，最穷、最脏、最落后的城市和乡村也会变为富裕、文明、美丽的城市和乡村。同时，这份荣誉也见证了温州（包括整个浙江地区）在落实以"抓生态，促转型"科学发展观方面的现实成效和领先一步的示范意义。

材料二：关于温州市"六城九市"联创活动相关内容②

"六城"是指全国文明城市、国家园林城市、国家森林城市、国家卫生城市、国家环保模范城市、国家历史文化名城。

"九市"是指国家创新型城市、全国社会信用体系建设示范城市、国家智慧城市、国家低碳城市、民政强市、全国质量强市示范城市、省基本实现教育现代

---

① 陈德荣：《全力推进"三生融合·幸福温州"建设》，《今日浙江》2012年第12期。
② 相关内容参见：《"六城九市"联创专题》，http://www.wenzhou.gov.cn/col/col1230735/index.html；《温州市委市政府联合发文 推进"六城九市"联创》，http://www.zjgrrb.com/zjzgol/system/2013/02/27/016132275.shtml。

化市、省卫生强市、省体育强市。

"创新城市"

建成时间:"十二五"期间。

建成面貌:研发经费占GDP比重达2.1%以上,新增科技(创新)型企业、高新技术企业分别为500家以上和250家以上,实现高新技术产业增加值700亿元以上,占工业增加值比重达35%以上。

建设举措:建设温州国家高新区、温州国家大学科技园,创建国家知识产权示范城市,组建中国(温州)激光与光电产业创新基金、市知识产权交易有限公司,谋划海洋研究院等。

"信用城市"

建成时间:2015年。

建成面貌:企业联合征信数据库覆盖率和个人联合征信数据库城镇居民覆盖率均达99%以上,信用服务业产值达3000万元以上。

建设举措:实施《温州市建设现代社会信用体系规划方案》;以政务、商务、社会、司法为主要领域,建设覆盖全社会的征信系统。

"智慧城市"

建成时间:2015年。

建成面貌:宽带提速,4G网络全覆盖,城市信息化综合水平跻身全国前列。

建设举措:3年投资45亿元,打造"光城市""无线城市",完成200万宽带用户光纤改造;推进4G商用试点;建成智慧环保、智慧交通、智慧医疗、一卡通、智慧城管、智能天网等系统。

"低碳城市"

建成时间:2015年。

建成面貌:战略性新兴产业产值达1500亿元,占全市工业总产值比重达15%以上,服务业增加值占GDP比重达50%;建成"公交都市",城市居民公交出行分担率达42%;单位GDP二氧化碳排放、单位GDP综合能耗都下降,可再生能源占能源消费比重达6%以上。

建设举措:发展世界温商总部经济,提高天然气利用比重,推广电动汽车、光伏能源,发展低碳产业投资基金,推进现有建筑节能改造,发展绿色交通。

"民政强市"

建成时间：2015年。

建成面貌：形成适度普惠的民生福利体系，基本实现民政事业发展城乡一体化，拥有1.5万名社工。

建设举措：推进城乡社区建设，落实"五个凡是"要求，提升社区规范化建设水平；在"三分三改"基础上推进社区选举；推广政府购买服务；建设专职化社工和志愿者队伍。

"质量强市"

建成时间：2014年9月。

建成面貌：产品质量合格率达94%以上，主要农产品、重点食品监督抽查合格率达95%以上，大中型工程和保障房一次验收合格率达100%，生产性和生活性服务业顾客满意率分别达85%和80%以上。

建设举措：落实国务院《质量发展纲要（2011—2020年）》，实施知识产权、标准化、品牌三大战略，突出抓好产品、工程、服务、环境等重点领域质量建设。

"教育现代化市"

建成时间：2015年。

建成面貌：优质民办学校在校生占比提升20%，成为全国民办教育示范，多数县（市、区）至少有1所高职学校，成为区域性高等教育基地和全国职业教育基地。

建设举措：落实民办教育综合改革"1+X"、中等职业教育发展"1+6"、高等教育发展"1+8"等文件，做大做强职业教育。

"卫生强市"

建成时间：2015年.

建成面貌：居民人均期望寿命达79岁，每千人床位数达5.4张，每千人医师数达3.2人，每千人注册护士数达2.8人，民办医疗机构床位占全市25%以上。

建设举措：建立覆盖城乡居民的基本医疗卫生制度，深化国家社会资本办医综合改革试点，完成签约项目投资10亿元，新增社会资本投入10亿元以上，设立医疗卫生服务产业园区，打响温州医疗健康养生城市品牌。

"体育强市"

建成时间：2014年。

建成面貌：形成城镇居民10分钟健身圈，学校、机关企事业单位体育设施向社会开放，新增体育场地360万平方米，人均体育用地1.7平方米，实现著名体育用品商标零突破。

建设举措：建设体育休闲公园、健身广场、健身步道等设施，加快奥体中心建设；创新竞技体育训练、竞赛、激励、保障等制度。

材料三：《温州市星级文明社区建设管理办法·星级文明社区标准》(节选)

第五条　根据上级有关文明社区建设的标准，结合我市实际，申报星级文明社区必须基本符合下列条件：

1. 组织健全

…………

3. 环境优美

社区道路硬化、整洁，无坑洼积水，无污水横溢。市容整洁，各种公共设施保持清洁，车辆停放有序，无乱搭建、乱张贴、乱设摊点、乱涂画、乱停车，车棚、楼道无杂物堆放，楼道亮灯率高。社区公共卫生设施完善，日常保洁落实，实行生活垃圾袋装化，无暴露垃圾，无卫生死角，二次供水水箱定期清洗消毒。绿化美化水平较高，布局合理，养护及管理制度落实。积极开展环保宣传，群众环保意识强，居住区内废气、废水、烟尘、噪声等各项指标符合环保要求，河道清洁。居民群众对社区卫生有较高的满意率。

4. 居住安宁

经常进行民主与法制教育，群众法制观念明显增强，自觉遵守国家的法律、法规和各项管理规定。落实"警务进社区"工作，设有社区警务室及治安报警点，安全防范设施健全，无"黄赌毒"等社会丑恶现象和邪教活动。重视民事调解工作，居事纠纷少，调解成功率高，无民转刑案件和群体性闹事事件。外来人员管理措施落实，教育、服务工作到位。闲散青少年和归正人员帮教工作落实，成效明显。治安秩序良好，居民安全感调查满意和基本满意率较高。

5. 服务便捷

强化社区服务职能，拓宽服务领域，努力提高社区服务水平。社区服务网络健全，网点布局合理，服务内容涉及面广，福利服务和便民利民服务项目在8个以上。积极做好社区居民再就业服务，开发公益性岗位，为弱势群体提供就业援助。建立社区志愿者队伍，广泛开展送温暖、献爱心活动，对孤老病疾人员和优抚对象、社会困难户开展经常性的服务。经常征求群众意见，了解群众的需求，努力为群众排忧解难，办好事、办实事。

7. 文体活跃

建立社区文化体育骨干队伍，经常开展活动。经常组织开展寓教于乐、丰富多彩的文体活动，节庆和青少年文体活动活跃。辖区单位和社区居民积极参与社区文体活动。建立社区文化信息服务站点，组织开展形式多样的各类文化信息服务活动。

7. 设施完善

重视社区硬件设施建设。健全"五室、三站、二栏、一校、一场所"等活动用房和场所，并无出租或挪作他用。社区内设有明显的社区标志、社区示意牌，建有花坛、绿化小品。实行社区内设施资源的共享共用制度，社区内单位的教育、文化、体育、娱乐、卫生等设施资源向社区居民开放。

第六条　否决条件。

凡有下列情况之一的，实行一票否决。

（一）领导班子成员严重违法违纪的。

（二）社会治安综合治理工作不符合主管部门规定要求的。

（三）计划生育工作不符合主管部门规定要求的。

（四）"五室三站二栏一校一场所"设施不齐全的[此条适合二星级以上文明社区（含二星级文明社区）]。

第七条　星级文明社区分级标准。

星级文明社区共设置四个星级，按《温州市星级文明社区考核及评分细则》100分制标准进行考核，起评为一星级，逐级申报。综合考评分80分以上可评为一星级；85分以上同时达到二星级附加条件15分以上的可评为二星级；90分以上同时达到三星级附加条件15分以上的可评为三星级；98分以上同时达到四星级附加条件15分以上的可评为四星级。

三、温州"美丽乡村"建设

(一)科学发展观与浙江省绿色转型发展

改革开放之后,在市场经济的驱动下,自中国近代以来就存在的中国城市与农村之间的不平衡发展差距被进一步拉大。广大农村地区作为城市生产、生活原材料的主要供应地,随着城市化、工业化、市场化的快速发展,其生态环境遭到严重破坏,在城务工的农村人口的生活质量、健康状况也相对受到不同程度的影响。为了根本改变这种不平衡的城乡二元经济结构,改善农村的发展水平和农民的生活水平,国家探索推进城乡综合平衡发展的新思路。

2003年7月28日,胡锦涛同志提出了"坚持以人为本,树立全面、协调、可持续的发展观,促进经济社会和人的全面发展"的科学发展观,强调全面、协调、可持续发展问题。2003年10月11日,胡锦涛在中共十六届三中全会报告中提出了"五个统筹"问题,即"统筹城乡发展、统筹区域发展、统筹经济社会发展、统筹人与自然和谐发展、统筹国内发展和对外开放",为中国特色社会主义市场经济持续、健康发展提供了明确的发展思路。2005年10月8日,中共十六届五中全会通过《十一五规划纲要建议》,提出要按照"生产发展、生活宽裕、乡风文明、村容整洁、管理民主"的要求,扎实推进社会主义新农村建设。2006年1月1日,中国政府正式废止了《农业税条例》,结束了中国历史上延续几千年的农业税,标志着中国改革开放事业和社会主义人权事业进入新时期。2007年6月7日,国家发展和改革委员会批准重庆市和成都市作为全国统筹城乡综合配套改革试验区,探索解决农村富余人口城市化问题,探索如何解决大量农村人口到城市落户、就业、安居、教育、医疗等问题。2007年10月15日,胡锦涛在党的十七大报告中进一步提出要统筹城乡发展,推进社会主义新农村建设,加强能源资源节约和生态环境保护,着力改善民生福祉和促进社会公平正义等一系列关于科学发展观的问题。2008年10月12日,党的十七届三中全会通过了《中共中央关于推进农村改革发展若干重大问题的决定》[①],详细阐述了新形势

[①] 《中共中央关于推进农村改革发展若干重大问题的决定》,《人民日报》2008年10月20日第1版。

下推进农村改革发展的重大意义、指导思想、目标任务、重大原则。

浙江是中国改革开放的先行地，也是忠实践行科学发展观和探索推进城乡综合平衡发展的先行地之一。2003年7月，时任浙江省委书记习近平在中共浙江省委第十一届四次全体（扩大）会议上提出了面向未来发展的八项举措，即"八八战略"，其中包括要充分发挥浙江省在生态、环境、城乡协调等八个方面的优势，努力推动浙江省转向"绿色浙江"、城乡平衡、新型工业化等八个方面的发展方向。由于浙江省市场经济发育较早，民营经济发达，民间资本的流动一定程度上消解了浙江省域内城市与农村之间的二元发展结构问题，城市发展并不完全构成对农村发展机会的"剥夺"。但是，由于高消耗、粗放式的生产方式，浙江民营经济对浙江生态环境也造成了不同程度的破坏。例如，电镀、造纸、印染、制革、化工、铅蓄电池，都是浙江乡镇的龙头产业，也是重污染高耗能产业。这些产业的快速发展的确增加了群众的收入，但对生态环境的破坏也是巨大的。随着科学发展观和"八八战略"等宏观战略方针的提出，发达的民营经济和先天的自然生态条件，为浙江推进"文明城市"与"美丽乡村"的综合平衡发展提供了某种先行优势。并且，由于浙江省的城市发展与村镇产业集群的发展紧密相关，所以浙江省"文明城市""美丽乡村"建设具有一种同步推进效应。

2002年，刚到浙江省任职不久，习近平在农村调研时就讲道："浙江农民富，创业的人多，房子造得好，但浙江农村的污水、蝇虫、垃圾也多。浙江农村经济社会发展不协调的问题依然存在。"[1]如何协调经济发展与生态环境保护，如何统筹城乡发展，是浙江省亟待破解的两大难题。2003年，浙江省实施"千村示范、万村整治"工程，揭开了美丽浙江建设的宏伟篇章。该工程发挥出"文明城市"与"美丽乡村"建设的双重功效。2003年6月5日，世界环境日当天，浙江启动了"千万工程"，以农村生产、生活、生态三大环境改善为重点，选择1万个左右的建制村进行全面整治，把其中1000个左右的中心村建成全面小康示范村。2005年8月，习近平在浙江湖州安吉考察时提出了"绿水青山就是金山银山"理念，进一步强化了科学发展观在浙江的践行，为生态浙江、美丽浙江的建设提供

---

① 武卫政、顾春、王浩：《不断增强农民的获得感幸福感——浙江15年持续推进"千村示范、万村整治"工程纪实》，《人民日报》2018年12月29日第6版。

了战略定向,也为浙江新农村建设和经济转型发展抓住了历史机遇。

(二)温州"美丽乡村"建设

温州"美丽乡村"建设与党中央提出的科学发展观和浙江省委提出的"八八战略"之间是一脉相承的推进关系。浙江省水系发达,温州尤为突出,因此,建设"美丽乡村",治理被破坏的水系就成了建设温州"美丽乡村"的首要任务。这一方面需要淘汰一些高污染、高能耗的低配加工制造产业链,对温州城乡交错的低端产业链进行结构化的改造;另一方面,需要加强水系污染综合治理。例如,从2000年起,温州市就树立起以创建"全国文明城市"为主要目标的生态保护意识,且力图通过联动推进"国家园林城市""国家森林城市""国家卫生城市""国家环保模范城市""国家历史文化名城"(即"六城联创")活动来促进温州生态环境的改善。其中,温瑞塘河是温州市的母亲河,治理温瑞塘河是温州市保护环境的重要工程。在温瑞塘河综合整治中,温州市通过黑臭河道治理工程、清淤疏浚工程、河道畅流工程等项目攻坚,也取得了一定的成效。

基于温州市的自然生态环境破坏严重和浙江省委的统一规划,2003年温州市就开始了生态市的创建工作。但是,由于温州市民营经济对自然生态资源的过度开发和对低廉劳动力的过分依赖,温州市在保护环境与维持经济增长之间存在着一定的矛盾,所以温州市在经济转型升级与文明城市创建以及美丽乡村建设等方面总体推进比较缓慢。虽然温瑞塘河综合整治工作取得了一定突破,但河道治理任务艰巨,清脏、拆违成果巩固难度很大,一些地方甚至不断出现反弹。农村环境保护压力日趋严峻,生活污水和畜禽养殖业污染严重,给温州市饮用水源保护区等重要生态环境功能区安全带来隐患。但是到了"十一五"期间,温州加快了新农村建设步伐。2006年4月,温州市发布了《温州市国民经济和社会发展第十一个五年(2006—2010年)规划纲要》①(以下简称《纲要》)。《纲要》提出了"全面建设社会主义新农村"计划。围绕《纲要》,温州市制定了《关于加快社会主义新农村建设的决定》,并通过具体实施"千村千

---

① 相关内容参见:《温州市国民经济和社会发展第十一个五年规划纲要》,http://www.wenzhou.gov.cn/art/2021/7/8/art_1229180680_3974175.html。

企结对共建"①、"环境卫生革命"②、"攻三通、破三难"③、"加快农村劳动力转移"④等行动计划来加快推进温州新农村建设。总之，温州"十一五"期间实施的新农村建设计划和取得的成效为温州"十二五"期间转向"美丽乡村"建设计划打下了坚实基础。

2010年底，在省"十二五"规划纲要出台之前，浙江省发布了《浙江省美丽乡村建设行动计划(2011—2015年)》⑤，全面开启浙江省"美丽乡村"建设计划。2011年1月，浙江省发布的《"十二五"规划纲要》，进一步指出了要统筹城乡区域协调发展，扎实推进社会主义新农村建设——"美丽乡村"建设。与此相对应，2011年1月，温州市也发布了《"十二五"规划纲要》⑥，提出要全面推进温州"美丽乡村"建设和"新一轮农村改革试验"。同年，温州市出台了《关于加快城乡统筹综合改革的若干意见》，为温州城乡平衡发展和美丽乡村建设提供了总体规划蓝图。2011年11月，温州市获批全国农村改革试验区与试验项目，成为全国18个试验区之一。2013年10月21日，温州市印发了《关于建设美丽浙南

---

① 开展"千村千企结对共建"新农村活动，就是坚持"政府引导、有效扶持、自助自愿、互惠互利、共建共荣"的原则，通过千个乡村与千家企业共谋发展思路、共兴农村经济、共办社会事业、共推村庄建设、共育文明乡风，实现"以企带村、以村促企、村企双赢、共同发展"的目标。

② 开展乡村"环境卫生革命"活动，就是以"清洁乡村行动"为主题，以垃圾固体废弃物整治、河沟疏浚整治、露天粪坑整治为重点，打一场清理垃圾歼灭战，使农村环境卫生状况取得明显成效。有条件的地方，开展"六整治一提高"，即垃圾固废整治、河沟疏浚整治、露天粪坑整治、畜禽粪便污染整治、生活污水整治、化肥农药污染整治，提高农村绿化水平，切实改善村容村貌和人居环境。

③ 开展"攻三通、破三难"活动，就是要从农民群众最急需、最盼望解决的实际问题入手，通过着力解决农村通水、通路、通电问题，进一步改善农村基础设施条件，提高农民生活水平和生活质量；通过着力解决农民"就学难、看病难、养老难"问题，全面提高农村社会事业发展水平，逐步缩小城乡公共服务的差距，使广大农民群众切切实实地感受到新农村建设的实惠。

④ 王纲、徐月萍：《可贵的探索，创新的实践——温州"三大行动"推进新农村建设》，《浙江日报》2006年10月12日第12版。

⑤ 浙江省农业和农村工作办公室：《浙江省美丽乡村建设行动计划(2011—2015年)》，《中国乡镇企业》2011年第6期。

⑥ 《温州市国民经济和社会发展第十二个五年规划纲要》，《温州日报》2011年1月30日第2版。

水乡的实施意见》①。《意见》详细阐述了温州市"治水"工程任务：实施污染源治理工程；实施防洪保安工程；实施河网综合整治工程；实施亿方引水工程；实施河口治理开发工程；实施水源地保护工程；实施水乡文化提升工程。《意见》还提出了要落实河道"河长"制度。实行全市范围"河长"全覆盖，由各级行政一把手任"河长"，对管辖区域内河道水环境质量负总责。2013年11月29日，浙江省委在十三届四次全会上提出了"五水共治"理念，即"治污水、防洪水、排涝水、保供水、抓节水"，以切实解决当时温州市等多地环保局局长被"邀请"下河游泳的呼吁以及遭遇台风"菲特"侵害等问题。"五水共治"理念的提出，为加快推动美丽浙江建设提供了根本的生态条件。

图9　温州三垟湿地公园②航拍图（图片来自网络）

2015年底，在省"十三五"规划纲要出台之前，浙江省又发布了《浙江省深化美丽乡村建设行动计划（2016—2020年）》，对浙江省今后5年美丽乡村建设提出了具体要求、基本原则及工作举措，以加快浙江美丽乡村升级版建设进

---

① 具体内容参见：《中共温州市委、温州市人民政府关于建设美丽浙南水乡的实施意见》，http://news.66wz.com/system/2013/10/23/103849469.shtml。

② 温州三垟湿地公园从2015年开始迁户整治，至2018年初步开园，是目前温州市内保持最完整的水网湿地，荣获"2019中国文旅融合示范景区"，被誉为"浙南威尼斯""百墩之乡"，有城市"绿肾"的美称。温州三垟湿地公园的建成，见证了温州实施"浙南水乡"和"美丽乡村"工程的历史成效。

程。2016年2月，浙江省发布了"十三五"规划纲要，提出要"推动城乡建设转型"，以实现"城乡区域更协调、生态环境更优美、人民生活更幸福、治理体系更完善"①的建设目标。根据浙江省委、省政府的统一规划和要求，2016年2月，温州市委、市政府也下发了一号文件：《关于全面深化农村改革加快推进美丽乡村建设和城乡一体化发展的若干意见》，指出温州市要紧紧"围绕美丽乡村建设"目标，发展美丽乡村产业，"提升城乡协调发展"，并计划在2016年"建成美丽乡村精品线10条、精品村100个、特色精品民宿30家、美丽乡村综合体5个。完成历史文化村落保护30个村、100处"②。2016年7月，温州市政府发布了《温州市深化美丽乡村建设行动计划(2016—2018)》，按照该行动计划，温州市力争在3年时间内，增加500个美丽村庄，打造温州美丽乡村升级版。现在来看，温州市这些任务和目标大多都实现了，在浙江省内也是名列前茅的。例如，2018年4月23日至25日，中央电视台《新闻联播》分别播出了温州市永嘉县黄南林坑、屿北古村和温州市文成县天鹅堡3个美丽乡村的画面，充分展示了温州美丽乡村的建设成效。又如，2020年，浙江省"千村示范、万村整治"工作协调小组办公室发布了全省2020年度推进"千万工程"建设新时代美丽乡村(农村人居环境提升)工作进展情况，在全省40个考核优秀县(市、区)中，温州市有洞头区、瑞安市、永嘉县、文成县、平阳县、泰顺县等6个县(市、区)上榜，数量居全省第一。总而言之，根据中央和省委的统一部署和要求，在"十一五"到"十二五"的10年时间里，温州市在探索和推进城乡综合平衡发展和美丽乡村建设工程中成效是显著的。

(三)从"美丽乡村"到"乡村振兴"再到"重要窗口"和"共同富裕"

美丽乡村建设只有进行时，没有完成时。浙江省(及温州市)城乡综合改革和美丽乡村建设成效，为浙江省(及温州市)打造美丽中国先行示范区、争创

---

① 相关内容参见：《浙江省国民经济和社会发展第十三个五年规划纲要》，《浙江日报》2016年2月1日第1版。
② 相关内容参见：《关于全面深化农村改革加快推进美丽乡村建设和城乡一体化发展的若干意见》，《温州市人民政府公报》2016年第2期。

社会主义现代化先行省奠定了基础,也为中国"乡村振兴战略"①提供了先行经验。

2018年1月,中共中央、国务院发布了《中共中央、国务院关于实施乡村振兴战略的意见》。同年2月,印发了《农村人居环境整治三年行动方案的通知》,要求各地区各部门结合实际认真贯彻落实。与此对应,2018年4月,浙江省制定了《全面实施乡村振兴战略高水平推进农业农村现代化行动计划(2018—2022年)》和《高水平推进农村人居环境提升三年行动方案(2018—2020年)》。②此时,美丽乡村已经成为包括温州在内的浙江省一张靓丽的金名片,浙江省城乡平衡发展水平已经进入新的层次,为全国乡村振兴战略提供了经验借鉴。为此,2018年8月20日,浙江省与国务院、农业农村部签署了《共同建设乡村振兴示范省合作框架协议》。据此,浙江省成为全国唯一的省部共建乡村振兴示范省,首批筛选6个设区市、31个县(市、区)成为先行创建市县。2018年9月27日,浙江省"千万工程"获得联合国环保最高荣誉——"地球卫士奖"。浙江省受奖团一行手捧奖杯,见证中国农村发展受到世界瞩目的光荣时刻。

2019年3月6日,中共中央办公厅、国务院办公厅转发《中央农办、农业农村部、国家发展改革委关于深入学习浙江"千村示范、万村整治"工程经验扎实推进农村人居环境整治工作的报告》,并发出通知,要求各地区各部门结合实际认真贯彻落实。通知指出,党中央、国务院高度重视农村人居环境整治工

---

① "乡村振兴战略"是习近平总书记2017年10月18日在党的十九大报告中提出的,为做好当前和今后一个时期"三农"工作指明了方向。2018年3月5日,李克强总理在《政府工作报告》中说,要大力实施乡村振兴战略;2018年5月31日,中共中央政治局召开会议,审议《国家乡村振兴战略规划(2018—2022年)》;2018年9月,中共中央、国务院印发了《乡村振兴战略规划(2018—2022年)》,并发出通知,要求各地区各部门结合实际认真贯彻落实;2021年2月21日,《中共中央、国务院关于全面推进乡村振兴加快农业农村现代化的意见》发布;2021年2月25日,国务院直属机构国家乡村振兴局正式挂牌;2021年3月,中共中央、国务院发布了《关于实现巩固拓展脱贫攻坚成果同乡村振兴有效衔接的意见》;2021年4月29日,十三届全国人大常委会第二十八次会议表决通过了《中华人民共和国乡村振兴促进法》;2021年5月18日,司法部印发了《"乡村振兴 法治同行"活动方案》。

② 2020年7月,温州市制定了《温州市农村人居环境提升三年行动方案(2018—2020年)》。2021年6月9日,温州市挂牌成立了温州市乡村振兴局,这将为温州市持续推动美丽乡村建设和实施乡村振兴战略提供制度保障。

作。对此，习近平总书记做出重要批示："浙江'千村示范、万村整治'工程起步早、方向准、成效好，不仅对全国有示范作用，在国际上也得到认可。要深入总结经验，指导督促各地朝着既定目标，持续发力，久久为功，不断谱写美丽中国建设的新篇章。"①

2020年3月29日至4月1日，习近平总书记在浙江考察时，对浙江提出要"努力成为新时代全面展示中国特色社会主义制度优越性的重要窗口"。2021年5月20日，中共中央、国务院印发了《关于支持浙江高质量发展建设共同富裕示范区的意见》。2021年7月19日，浙江省发布了《浙江高质量发展建设共同富裕示范区实施方案（2021—2025年）》。2021年11月24日，财政部研究制定了《支持浙江省探索创新打造财政推动共同富裕省域范例的实施方案》，一方面指出要支持浙江省探索有利于推动共同富裕的财政管理体制；另一方面也指出要支持浙江省探索践行"绿水青山就是金山银山"理念的财政政策，引导加大生态保护补偿资金投入力度，优化流域横向生态补偿机制，创新碳达峰、碳中和财政综合支持政策。可以看出，财政部这一方案为浙江省实现保护环境与促进经济协调发展目标、消除城乡贫富差距和实现共同富裕提供了重要的财政政策支撑。

总之，近20年来，浙江省实施"美丽乡村"行动计划所取得的成效，是浙江省忠实践行科学发展观和"八八战略"的结果，是浙江省"一张蓝图绘到底，一任接着一任干"久久为功的结果，也是浙江人民矢志不渝、勇于实践、追求实效的结果。在此过程中，温州市也严格按照中央和省委的统一部署和要求，深入实施"千村示范、万村整治"工程，通过"六城联创""五水共治""四边三化""大拆大整""大建大美"等细分工程，取得了"美丽乡村"和"乡村振兴"建设计划的巨大成效。

（四）温州农村文化礼堂建设

在推进"美丽乡村"建设过程中，2013年以来浙江省还启动了农村"文化礼

---

① 转引自《中共中央办公厅、国务院办公厅转发〈中央农办、农业农村部、国家发展改革委关于深入学习浙江"千村示范、万村整治"工程经验扎实推进农村人居环境整治工作的报告〉》，http://www.gov.cn/zhengce/2019-03/06/content_5371291.htm。

堂"工程,以促进农村精神文明建设。随着浙江省农村居民人均纯收入的增加,农民在物质生活需求不断得到满足的同时,精神需求日益旺盛,精神荒漠化也苗头渐显,同时农村的发展也需要文化展示平台和公共活动场所。为此,浙江省决定,从2013年起,从建设乡村精神文化地标——文化礼堂入手,为农民打造精神家园,进一步丰富美丽乡村建设的内容。根据2013年5月下发的《中共浙江省委办公厅、浙江省人民政府办公厅关于推进农村文化礼堂建设的意见》,温州市制定了《关于推进全市农村社区文化礼堂建设的实施意见》,计划通过新建、改建、扩建等多种形式,分步分类推进农村社区文化礼堂建设。

　　根据温州市农村文化礼堂的建设原则,农村文化礼堂的建设要与温州市"六城九市"联创、美丽乡村建设、"幸福社区"打造等工作相结合,充分体现生活化、本土化、内在化,挖掘当地的自然资源和历史文化资源,注重地域特色文化、传统民俗文化与现代文明的融合创新,或者立足企业文化特色,做到破立结合、继承发展,形成独具特色的文化礼堂品牌。农村文化礼堂要秉承"一堂多能、一室多用、灵活多样"的原则,尽可能合理利用好每个活动场所、每一条文化长廊、每一件文化设施,提高村级文化场馆和设施的使用效率,方便农民群众参加活动,所以文化礼堂是一个集学教型、礼仪型、娱乐型、长效型于一体的现代农村文化综合体。在温州农村,有许多宗族祠堂。如苍南县,776个行政村就有706处宗族祠堂。许多祠堂建得十分漂亮,但一年只有春秋两祭开启,平时多空置,利用率不高。据统计,这706个祠堂中,自发开展文体活动的仅占6%。对此,温州市政府因势利导推出创新,"借壳"闲置祠堂、现有文化设施等资源改建文化礼堂,即在尊重原有宗祠建筑风格和祠堂功能的基础上,对祠堂进行改建,增设图书馆、电子信息室、书画室、棋牌室等文体场所,增购书籍、电脑、电视机等。

　　例如,苍南县钱库镇金处村文化礼堂就是从金氏宗祠改建而来的。自改建后,学雷锋活动、清明祭祖大典、端午民俗活动、观看党建影片、青少年暑期运动培训班等一场场文化活动接连开展。"文化礼堂建设只有量体裁衣,才能真正成为村民想唱就唱的梦想舞台。"钱库镇综合文化服务中心主任章定华说。"祠堂变礼堂"不仅把现有资源充分利用起来,还避免了重复建设,减轻基层负担。苍南县委常委、宣传部部长林森森介绍,该县通过政府适当补贴、群众自主改建等方式,大力推进宗祠改造,提升为文化礼堂。2013年,该县完成

18家文化礼堂建设，其中14处由有条件的宗祠改建而来。以永嘉县桥头镇的梨村文化礼堂为例，这里既是文化礼堂，也是道德讲堂和市民学堂，布置了村史村情廊、乡风民俗廊、崇德尚贤廊、成就展示廊、特色文化廊、温商风采廊。平时，除举办村民大会、文艺汇演、社区文化节等综合性活动外，还展示启蒙礼、成人礼等7种传统礼仪。这就是以"三堂、六廊、七礼"为主要内容、独具"温州特色"的文化礼堂内容建设模式。无独有偶，瓯海区杨宅的"侨乡文化"、龙湾区河滨的"善文化"、瑞安市溪坦的"梅源文化"、永嘉县屿北的"红色文化"、文成县下垟的"知青文化"等特色文化，"催生了"一批独具个性、富有特色的文化礼堂。作为民营经济发达之地，温州还着力推进民营企业思想文化建设"凝心聚力"工程，积极推广"村企共建"模式，指导正泰、康奈等34家知名民企建设文化礼堂。①

在文化礼堂建设过程中，温州市积极探索宗祠改礼堂的新路子，完成宗祠改文化礼堂89家，推动农村宗族从比气派、比奢华，转变为比人气、比文化、比风气。同时，坚持农村为主，兼顾城市，拓展民企学校；坚持整合资源，以改为主，以建为辅，引导民间力量参与；坚持内容为重，形神兼具，实现文化惠民与精神引领相统一；坚持规定动作，创新自选动作，确保文化礼堂常态有效运行。据统计，截至2013年底，温州市共建成文化礼堂309家，其中农村253家、城市社区22家、民营企业34家，完成浙江省重点农村文化礼堂任务的127.8%。2014年2月18日，时任温州市市长陈金彪在温州市十二届人大四次会议的报告中指出，2014年，温州市将完善公共文化服务体系，加快构建县、镇、社区三级文化中心网络，建设社区文化中心240个，新增农村文化礼堂150个。2014年3月20日至21日，浙江省农村文化礼堂建设工作现场会在台州召开。温州市委常委、宣传部部长胡剑谨出席会议，并就温州市"农村文化礼堂"建设经验在会上做典型发言，会议授予永嘉县2013年度"浙江省农村文化礼堂建设先进县(市、区)""浙江省文明县城"称号，授予瑞安市、乐清市2013年"农村文化礼堂建设工作积极县(市、区)"称号。

为进一步发挥农村文化礼堂在提升农民素质、打造精神家园、繁荣农村文

---

① 相关内容参见：《文化礼堂建设巡礼报道之一：309个文化礼堂"垒砌"精神家园》，2014年1月9日，http://www.wzxc.gov.cn/system/2014/01/09/011547134.shtml。

化、促进农村和谐中的重要作用,2017年5月10日,浙江省印发了《关于推进农村文化礼堂建设的意见》。据此,2017年7月22日,温州市印发了《关于推进全市农村文化礼堂长效机制建设的实施意见》(以下简称《意见》)的通知,按照《意见》要求,温州市要将农村文化礼堂建设"纳入社会主义新农村和美丽乡村建设规划体系",即要把文化礼堂作为社会主义新农村、美丽乡村建设规划的重要内容,作为美丽乡村特色精品村、特色文化村的必备条件,认真实施推进。按照选址科学、功能完善、形态美观、安全实用的原则,合理布局文化礼堂建设项目。将文化礼堂纳入农村社区建设体系,在新一轮城镇总体规划、村庄建设规划编制中明确文化礼堂功能布局。结合乡村旅游发展和特色旅游村建设,挖掘和保护村落优秀历史文化资源,提升村庄文化品位和美丽乡村建设内涵,打造高品质村庄公共文化空间,推动农村文化礼堂与美丽乡村建设、新时代文明实践、传统文化保护利用有机融合。

第四节　温州社会慈善与志愿服务建设

温州商人群体的道德理性反思意识,促进了温州民营企业家积极参与社会道德建设,从中也使道德建设发挥出一种资本增值的效应。同时,随着温州产品质量和品牌的提升,温州社会财富获得整体提升,温州政府也用不同方式积极倡导和推动温州慈善事业建设。所以,温州慈善事业建设主要是由民间与政府共同推动的,它以各种慈善基金会为载体来资助和帮扶温州地区或全国其他地区人们更好地生活和发展。另一方面,由于温州"文明城市"与"美丽乡村"的综合改革和平衡发展,温州城乡人居和谐氛围日趋浓厚,人们越来越关注周边生活和人居环境的改善,越来越多的人也参加到志愿者行列。志愿服务不同于慈善事业的地方,主要在于志愿服务是指人们在不求回报的情况下,为改善眼前人们不利的生活处境而自愿付出个人的时间及精力,故志愿服务工作具有公益性质和奉献精神。

一、温州慈善事业的发展

（一）温州慈善组织的发展

改革开放以来，随着物质财富的积累和收入差距的扩大，我国社会慈善事业进入新的发展阶段。温州作为先发地区，随着民间财富的积累，社会慈善事业也较早地发展起来。例如，中华慈善总会于1994年正式成立，其后各省、地、县相继逐级设立慈善总会，浙江省慈善总会于1994年8月成立。1998年，温州首家慈善总会——鹿城区慈善总会成立；2002年4月，温州市慈善总会正式成立，标志着温州慈善事业开始进入温州市政府的社会治理事务之列。除了这种官方形式的慈善总会组织，温州民间也涌现了各种慈善基金会，这些基金会大多是由温州民营企业家出资成立的非公募基金会。例如，2004年7月7日，旅美温州籍企业家叶康松创办了全国第一个非公募基金会——温州市叶康松慈善基金会，开启了温州民间慈善的新时代。目前温州各类慈善组织共计130多个，其中非公募基金会有：温州市叶康松慈善基金会、王振滔慈善基金会、浙江一开慈善基金会、南都公益基金会、正泰公益基金会、百润教育基金会、温州大学教育发展基金会等。①

温州慈善基金会主要涉及扶贫、助学、救助、环保等方面的资助内容。第一，扶贫救困。例如，叶康松基金会以救贫济困为宗旨，开展百名特困孤儿健康成长跟踪救助活动、见义勇为救助，提供救助贫困大学生的康松助学金等。第二，人才教育。例如，南都公益基金会，为农民工子女提供就学的"新公民学校"、为培养公益领袖人才的"银杏伙伴计划"，以及为社会提供灾害救助的专业救援人员培训等。例如，王振滔慈善基金会，实行资助贫困大学生的"种子基金"模式，该模式以"接力赛"方式要求受资助大学生就业后资助其他贫困学生。第三，环境保护。例如，正泰公益基金会响应全国工商联倡议，与27家民营企业联合发起创办中国红丝带基金会，企业捐赠3000万元。基金会以推进生态文明建设、资助优秀低碳环保公益项目为特色。第四,社会救助。例如,浙江一开慈善基金会,由温州乐清一开集团联合乐清兴盛电器有限公司、乐清金枫电器有限公司等8家民营企业发起,以助学、助困、助医、助孤、助老为慈善宗旨。

温州慈善组织有效推动了温州慈善事业的发展。据统计,温州慈善总会成立不久,"从2005年至2008年,中国慈善榜和胡润中国内地慈善排行榜上,温州老板共上榜55次,累计捐款近15亿元;从1998年温州首家慈善总会成立至今,由慈善系统募集的各界善款超过9亿元,受助人数超过百万人次。"[①]20多年来,温州市慈善总会通过"慈善一日捐"等募捐形式和"慈善启明工程""明眸工程""幸福微笑列车"等慈善项目,塑造了"爱心温州,善行天下""善亭文化"的慈善品牌。2016年至2019年,温州市慈善系统募集善款7.03亿元,支出救济款项达6.39亿元,受益群众约45万人次。温州市慈善总会因优良的公益慈善业绩,2007年荣获中华慈善总会颁发的"中华慈善事业突出贡献奖",2009年荣获中华慈善总会颁发的"中华慈善先进机构奖",2020年陈正拜、孙兰香荣获中华慈善奖"慈善楷模",温州医科大学的"川藏青健康光明工程"获得慈善项目奖,王振滔获得慈善个人奖。

(二)温州慈善事业发展的特点及原因

温州慈善事业发展的特点主要表现为民间与政府的良性互动。其中,温州市慈善总会是一种政府主导、企业和社会参与的官民合作型慈善模式,它主要是由政府首脑挂帅、官员劝募、政策引导等元素构成的政府强力主导的慈善模式,显示了政府超强的公益动员能力和募款绩效。相比而言,由温州民间组织或民营企业家成立的慈善基金会,则更带有社会和民间自愿性质,它们在参与社会慈善事务中比较灵活和广泛。总体来看,温州慈善事业发展的动力主要来自温州民间和民营企业家推动,发展的方向主要是政府的有效引导。

温州慈善事业发达的原因,既与温州传统道德文化相关,也与温州民营经济的现实发展相关。第一,永嘉学派所主张的"以利和义"思想,反映了温州地区自古以来就非常强调对中下层人民的生产生活状况的关心和改善,劳动人

---

① 祖欣、夏晶莹:《温州人的慷慨慈善路》,《温州日报》2008年12月6日第1版。

民深谙互帮互助的重要性。例如,叶适等人倡导的"农商并举、义利并重"的观点,长期影响着温州人民的思想和行为。经过两宋开门办学的文风洗礼,温州人民一心向善的风气深入人心。到了明清两代,工商业日益发达,由于政府官员的提倡,特别是地方开明绅士及有钱人的参与,官民合办慈善之习气蔚然成风。所以,温州民间有着深厚的慈善土壤和道德共情心理。

第二,温州民营企业要获得更好的生存和发展环境,从事社会慈善事业也是有效的路径之一,并且从事实业发展和慈善行为使民营企业获得社会认可,也使民营经济发展更符合"达则兼济天下"的中国文化心理国情。改革开放之后,温州民营企业家在构筑中国特色社会主义市场经济道路中做了很多先行探索,他们在实业上的成功和社会慈善行为也进一步证明了非公有制经济是中国特色社会主义市场经济的重要组成部分。温州民营企业家积极从事社会慈善活动,实际上也进一步证明了永嘉学派所主张的"以利和义""义利并举"思想的时代活力。

第三,温州市政府的有效引导和推动。政府引导是实现社会慈善事业长效发展的根本保证,是践行党的宗旨和社会主义集体主义道德观的重要保证。民营企业固然有助于个人奋斗和社会财富的增加,但是在市场经济环境下,温州民营企业同样具有市场盲目性、逐利性的特点。没有政府的价值引导,由民营企业承担的社会慈善事业发展不免会有盲目性、分散性、偏斜性的弊端。例如,温州市慈善总会历来由市委、市政府退休领导任会长,民政部门等领导任专职副职。这种以政府中重要位置退休或具慈善经验的领导挂帅慈善总会的办法有利于慈善政策制定、顶层设计、工作落实,其超常效率与政府行政主导模式密不可分。

第四,民间与政府的有效互动,保证了温州慈善事务的灵活运营。例如,它能有效促进政府劝募。慈善总会选定一批骨干民营企业为重点劝募对象,由地方政府举办企业家座谈会,分批进行慈善劝募活动,不同职能部门亦按分工对重点企业进行劝募。座谈会确定企业家认捐意向后,再举行由市主要领导参加和新闻媒体报道的正式签约仪式。又如,它有灵活的认捐模式。捐赠者可选择采用股权捐赠、知识捐赠、技术捐赠、固定资产租赁金捐赠、利息捐赠等多种方式,并成立慈善基金、慈善信托基金等方式使得资金捐赠保值增值,促进慈善资金长续、精准帮扶受益人。这些灵活的捐赠方法提供了企业与慈善双赢的募捐方式。

当然,温州慈善事业发展也面临一些新的挑战。例如,存在慈善制度配给不完善,常态化供给不充分等问题。这主要涉及思考如何进一步促进民间力量长期参与社会慈善事业的积极性和有序性等问题,需要对温州民营经济发展与中国特色社会主义现代化发展道路之间的辩证发展关系做深入的理论研究,涉及对中国式现代化发展道路之背后的民族精神和历史规律的理论阐明。

二、温州社会志愿服务事业的发展

(一)志愿服务与慈善活动的区别

志愿服务和慈善活动都是人的公益实践,在道德性质上具有同源性,都是源于人的利他性的道德行为为动因,反映了人们济贫扶弱、互助奉献的人道主义精神。当然,随着经济和社会的发展,志愿服务与慈善活动之间也有一定的区别。在市场经济发达的国家或地区,慈善活动越来越走向职业化、组织化、法理化甚至商业化。例如,很多企业家和富人成立了慈善基金会,通过合法化的渠道帮助社会弱势群体,但是企业家或富人自身并非都需要亲力亲为,而可以转由专门人员或组织来打理基金会的慈善活动。

志愿活动一般表示志愿者实地参加的公益活动,通常是指有闲余劳动时间和劳动能力的人们自愿地、无偿地去帮助他人或组织,它源于一个团体内部人们之间的互助帮扶行为,其基本价值特征是不求回报,只求对他人或群体的劳动投入和个人精神上的慰藉,或者说"志愿服务是志愿者的一种生活方式,是志愿者感恩社会、回报社会、实现自我、完善自我、超越自我的外在体现,是志愿者人性的使然"[①]。

当然,随着市场经济的发展、人口流动性的增大、社会事务(社工事业)的增多,志愿活动也走向专业化、组织化的发展轨道。人们也开始反思参加志愿活动对于一个人精神提升、能力拓展的重要性,故志愿活动也成为青少年素质教育和能力拓展的重要环节,而一些社区离退休老人也会参加各类志愿活动,

① 李国荣:《试论志愿者、志愿服务、志愿精神的内在底蕴》,《社科纵横》2009年第4期。

以实现更高的生命价值。另外，当一个国家或地区举行大型社会活动时，往往需要大量的各类志愿者实地参加。这些都意味着志愿活动也越来越需要组织化、规范化。例如，温州"红日亭"的老人们长期从事茯茶、施粥等志愿活动，既需要老人们的实地参加，也需要企业、社会组织或政府的精神支持和物质帮助，需要一定的组织规范管理，否则很难产生规模化、持续性的公益效应。

从上述二者的区别上看，慈善活动越来越走向专业化、商业化，志愿服务则更具有自愿性、灵活性、群众性等特点。据此而言，志愿服务的发展恰恰可以在常态化和群众参与等实践层面弥补慈善工作的不足。中华民族是一个讲究互助互爱的民族，也是一个践行慈善活动和志愿服务的民族，但是广泛又有规模的慈善活动和志愿服务主要是改革开放以来市场经济和市民社会发展的产物。改革开放以来，随着中国市场经济的发展和人口流动方式的变化，中国"社会"事务和"社会"功能开始凸显，由此激起"社会"组织的诞生及其"社会"道德行为——慈善活动和志愿服务的展开。由社会组织发起的慈善活动和志愿活动与由政府组织发起的慈善活动和志愿活动之间有很大不同，前者多是由"公民社会"人们自愿发起的公益活动，因为社会组织运转比较有效，政府组织起到一定的辅助作用，后者多是由"政治国家"（政府组织）强制发起的公益活动，它反映出一个国家或地区"社会"组织发育不足，很多社会事务要由政府组织来实施。

2019年7月，习近平总书记致信全国志愿服务联合会第二届会员代表大会，提出志愿服务是社会文明进步的重要标志，指示中国志愿服务联合会要认真履行引领、联合、服务、促进的职责，为广大志愿者、志愿服务组织服务他人、奉献社会创造条件。这是党和国家高度重视志愿服务事业发展、促进志愿服务体系建设的重要表现，是对《关于推进志愿服务制度化的意见》《关于支持和发展志愿服务组织的意见》《关于公共文化设施开展学雷锋志愿服务的实施意见》和《中国国民经济和社会发展第十三个五年规划纲要》等文件精神的新要求、新实践。这对于在新时代国家发展历程中推动中国特色志愿服务持续健康发展，具有划时代的重大意义。

（二）温州志愿服务的发展历程

近几年，温州志愿服务快速发展，并在越来越多的领域发挥着不可替代的作用。目前来看,温州志愿服务事业主要经历了以下几个发展阶段。

1. 国家动员型志愿服务(1949—1978)。中华人民共和国成立后,社会主义制度要求国家和社会拥护人民群众的根本利益,由青年学生首先行动起来组成"土改工作队""青年突击队",为城市工人、乡村农民争取经济权益和政治权利,这个过程蕴含了志愿服务的精神。①1955年,温州的青年人援助边远地区,志愿报名到穷困山区垦荒种田,四川、贵州、新疆等地都有温州青年志愿者奋斗的身影。1963年,毛泽东同志号召全国人民向雷锋同志学习,温州涌现了大量由群众自发开展的助人为乐行动,越来越多的群众自觉参与到志愿活动中去。中华人民共和国成立初期志愿服务主要由国家动员或领袖号召,并在此推动下,温州广大人民群众怀抱巨大的热情自发、自觉、全民参与到经济建设和社会生活中来,为国家发展现代化志愿奉献自己的青春和爱心,他们成了推动国家发展的重要社会力量。

2. 本土发展式志愿服务(1978—1990)。改革开放初期,西方文化和生活方式引起人民群众的兴趣和关注,欧美国家的人道主义精神和博爱互助思想开始促使我们更加深入、多样化地开展学雷锋等助人活动。1981年,温州青年人参与联合国组织的海外志愿服务活动,此后多次参与国际人道救援和义工服务。在国际志愿服务活动参与下,温州本土志愿服务也得到了进一步的发展。20世纪80年代中期,温州地区充分发扬"义利并举"精神,催生"红日亭"、幸福志愿站等品牌志愿服务活动,为温州本土志愿服务的实践与发展探索行动模式。

3. 组织系统型志愿服务(1990—2000)。20世纪90年代,国内志愿服务的发展主要表现为系统化和组织化发展的特征。组织化,是指志愿服务既有志愿者个人自发、自觉地开展爱心服务的特征,又有明确的目标导向和组织引领,也就是组织机构结合某个领域的工作来开展志愿服务活动。系统化,则是指全国和地方性志愿服务以及相继成立的志愿者队伍、机构等在各个单位、组织系统建立,并在国家和社会发展的各个层面发挥作用。例如,1994年6月,温州市正式启动青年志愿者行动,1996年底温州市青年志愿者协会成立,2000年

① 谭建光:《中国青年志愿服务的发展方向——新中国70年青年志愿服务回顾与展望》,《中国青年社会科学》2019年第2期。

8月温州市志愿服务中心挂牌成立。①伴随着温州市启动青年志愿者行动，从20世纪90年代初期开始，温州市的铁路系统、教育部门、医疗单位、团委、妇联等先后推出青年志愿者文明岗，结合岗位工作开展志愿服务活动。志愿服务为人们的精神生活注入新的活力，重塑了社会的精神风貌。

4. 国际扩展式志愿服务（2000—2012）。进入21世纪，我国志愿服务向国际化、全球化方向发展，在国际舞台上中国志愿者发挥了重要作用，提升了我国的国家形象和文化影响。在国际上，温州青年积极参与经由团中央、全国妇联等部门组织开展的一系列志愿服务活动，向全世界展现了温州志愿服务精神。在国内，2010年上海世界博览会和广州的亚运会，温州均有志愿者为盛会有序开展、圆满成功做出了重要贡献。不论是走出去参加各类国际志愿服务活动，还是在国内为参加中国盛会的世界各国人民服务，温州志愿者的奉献精神和良好素质都为中华民族增添光彩。

5. 制度深化型志愿服务（2012—）。党的十八大之后，党和政府高度重视志愿服务事业与"两个一百年"奋斗目标、建设社会主义现代化国家同行。习近平同志更是在多个场合、多次强调志愿服务的重大意义，提出志愿服务应全民参与的要求，在实践中把握我国志愿服务的广泛化特色。2014年颁布《关于推进志愿服务制度化的意见》，2017年推动实施第一部志愿服务的行政法规《志愿服务条例》。这些全国性法律法规为志愿服务制度化发展奠定了重要基础，为新时代志愿服务工作发展和进一步推进指明了方向。2015年温州打造"志愿云"系统，助推志愿服务制度化，促进志愿服务迈向4.0。2019年新冠肺炎疫情暴发，温州推出"战疫好人""道德典型"等激励制度。

---

① 2003年3月5日，温州市志愿者协会成立。温州市志愿者协会是由志愿从事社会公益与社会保障事业、以青年为主的各界市民组成的全市性社会团体，是由依法成立的县（市）区志愿者组织及全市性的各专业、行业志愿者组织和个人志愿结成的全市性非营利性社会组织。协会通过组织和指导，协调全市志愿者活动，为社会提供志愿服务，推动社会精神文明建设，促进社会主义市场经济体制的建立和完善，提高市民的素质，为经济社会的协调发展和全面进步做出贡献。协会以团结、友爱、奉献、进步为自己的行动准则。遵守宪法、法律、法规和国家政策，遵守社会道德风尚。协会接受共青团温州市委指导和民政局监督管理。

三、慈善事业和志愿服务助力温州道德文化健康发展

慈善事业和志愿服务的发展,推动了温州道德文化与精神文明建设事业的健康发展,有利于消除新时代温州道德文化建设中存在的问题。

(一)慈善事业和志愿服务的榜样人物和典型事件,对全社会具有道德模范引领作用

慈善的榜样是新时代道德观践行的典型和标杆,对群众具有较大的示范性和说服力。通过评选活动、新闻媒体和文艺作品等宣传方式强化、推广榜样的影响力,在全社会发挥引领、示范和先锋带头作用。近年来,温州涌现出以"十大慈善家""十大慈善人物""温州最美志愿者""温州好人"为代表的众多企业家、社会爱心人士,例如,2015年"十大慈善家"捐资额度达到亿元以上。温州"学雷锋、做好事""乐于助人"等好人好事层出不穷,特别是"温州好人"由"盆景"逐渐向"风景""风尚"转变,参与慈善活动、志愿活动日益融入人们的生活方式。例如,荣获2017年感动中国人物的乡村医生"兰小草"、坚守讲台的"最美'90后'女教师"陈莹丽、40余年公益不辍的"红日亭"、资助全国共6000多名眼疾患者治疗获得光明的"明眸工程"等慈善事例。截至2019年11月,温州全市共培育各级各类道德典型1800余人,其中9人获"全国道德模范"及提名奖、13人获"浙江省道德模范"、143人获"温州市道德模范"、41人入选"中国好人"、173人入选"浙江好人榜"、631人被评为"温州好人",入选数居全省前列。这些榜样和慈善实践的先进性、示范性对提升社会道德风尚发挥了先锋模范带头作用,彰显出全社会的素质、能力和实际行动。温州人"抱团行善"的道德氛围带动了更多人加入爱心阵营。2016年,中国城市公益慈善指数多个指标中温州名列前茅。例如,中国城市公益慈善组织指数排名第5位、接收直接捐赠总额排名第10位、公益慈善社会捐助指数排名第13位等。温州的慈善风尚在全社会掀起向善向上之风,起到了示范引领的作用。

（二）慈善事业和志愿服务的德育平台建设，对全社会起到道德实践促进作用

2019年，中共中央、国务院印发了《新时代公民道德建设实施纲要》，对全党和全国人民的公共道德素养和文明水平建设提出了新的指导要求。2020年，浙江省印发了《浙江省新时代公民道德建设实施纲要》，提出要大力实施《新时代公民道德建设实施纲要》，努力建设与浙江"三个地"相适应的思想高地、舆论高地、文化高地、文明高地。据此，温州市进一步构建慈善平台和文明实践阵地，引导全社会积极参与慈善活动和志愿服务，促进全社会积极培育与践行社会主义核心价值观，使宣扬"最美"人物、弘扬"最美"精神成为温州社会新风尚。

值得一提的是，多年来温州市基层共产党员和领导干部积极参与慈善，在道德建设和示范中起到表率作用。1999年，鹿城区首先开展"慈善一日捐"活动，并在温州市委宣传部推动之下每年在全市积极全面开展，领导干部带头捐款、以身作则，其他党员积极响应，把一日的收入自愿捐助作为善款。汇聚个人力量、合力支持慈善事业，关注弱势群体，弘扬乐善好施的温州传统美德，营造"人人行善"的温州社会道德风尚。2016年，温州的道德地标"红日亭"成为高校、中小学的爱心实践基地，2017年被纳为全国学雷锋活动示范点，同时成为鹿城区"互联网＋学生社会实践"平台、中小学德育基地（学生社会大课堂），为青少年社会实践提供机会和场所。温州市多个县（区）依托微信平台，为学生、家长提供德育基地的移动客户端、慈善活动和志愿服务的实践方式以及提供参与预约等一系列工作，并通过申报志愿者（服务）工作获得相应的学分。目前全区有7万余名学生获得相应激励。

另外，近年来，温州建设了温州道德馆、杨府山道德主题公园和道德广场等道德阵地，深入开展道德主题教育，弘扬温州人"善行天下"的传统美德。慈善风尚、志愿服务风气必将吸纳更多爱心人士参与其中，对公民道德的养成将起到积极示范和引导作用。

图10　位于温州市杨府山公园的温州道德馆（图片来自网络）

（三）慈善事业和志愿服务的制度政策建构，对全社会起到道德行为驱动作用

制度具有引导的作用，政策具有配置资源的功能，制度政策可以起到制约行为的效果，对行为主体具有促进和推动作用。例如，构建温州慈善行为和志愿服务的激励机制、分配机制和培训机制等制度政策，有利于宣扬善行善举，推进全社会形成良好的道德生态。其一，以典型榜样作为示范，促使由个人向集体再向全社会的慈善实践辐射效应，塑造"利他主义"的道德链、公益圈。例如，温州历届党委政府鼓励和宣扬温州好人好事，"温州好人"激发民众发现身边的美，点赞身边的美，认可、奖励和褒奖"最美温州人""温州好人"，重塑美德和道德环境、提升全社会的道德自觉。目前，温州出台多项相关办法引导全社会积极参与慈善活动和志愿服务。2015年，温州市颁布《民间道德奖指导管理办法》，鼓励各级政府设置道德奖项，各县区产生了"助人奖""诚信奖""五好家庭奖"等关涉传统美德的道德奖项，这些道德评选符合社会主义核心价值观，弘扬富有永嘉文化内涵的道德倡导，温州社会的道德内涵在实践中演化、丰富。2017年，温州市委宣传部出台《关于进一步完善"最美温州人"选树宣传工作的通知》，旨在通过挖掘好人好事弘扬真善美、传递正能量。其二，完善慈善认定和激励机制，关注和保障志愿者、行善者的权益，促进慈善实践持续长效。地方政府通过第三方评定行善者的服务时长和成效，以提高行善者的政治、教育、金融和医疗等方面的礼遇和优惠，让好人得善报，让"礼遇好人"成为社会常态。例如，龙湾区制定《"龙湾好人"关怀帮扶工作实施意见》，设立帮扶基金，为"龙湾好人"提供12个方面的关怀帮扶，包括5年内给予3次免费体检，优先安排子女就学。乐清市制定《道德模范优惠待遇实施办法》，出台教育、医疗、就业等10余项优惠政策，有免费体检、免费乘车、减免水电费等。

第四章

新时代温州道德文化的创新与发展

　　进入新时代以来，温州市一方面继续巩固和发展改革开放以来所取得的道德文化发展和精神文明建设成果，继续以道德榜样、文明城市、美丽乡村等道德建设模块为主抓手，不断拓展城乡公民道德建设内容；另一方面，结合新时代党和国家关于社会主义精神文明建设的新任务和新要求，深化对中国共产党革命道德文化的传播，通过开展"不忘初心、牢记使命"主题教育，发挥党史教育在多方面的教育辐射功能，增强温州人民对中国特色社会主义的道路自信、理论自信、制度自信、文化自信的体认。

　　在此过程中，温州市一方面弘扬马克思主义指导下中国共产党革命道德文化对温州道德文化发展的根本铸魂意义；另一方面，发掘以永嘉学派为代表的温州传统道德文化的当代价值。两者有力地推动了"两个结合"问题在温州的探索和实践，促进了永嘉学派"以利和义"事功思想与马克思主义实践真理观之间的义理融合，增强了社会主义道德文化对温州民营经济和民间资本主体的行为引导力，推动了温州"两个健康"先行区建设，提升了新时代温州人民对"温州模式"的理论解释力和文化自信力。

　　不忘来路，方能砥砺前行，达成所愿。进入新时代以来，以习近平同志为核心的党中央强调学习历史的重要性，主张通过学习中共党史、新中国史、改革开放史和社会主义发展史，增强对中国党情、国情、民情的了解。中华人民共和国成立以来，中华民族实现了由"站起来"到"富强来"和"强起来"的发展目的，是中国共产党团结和带领中国人民长期奋斗的结果。温州地区能有今天这样的社会发展成效，也是在党的领导下温州人民长期奋斗的结果，体现了温州人民伟大的劳动精神和工匠精神。温州人民的工匠精神，是市场经济条件下中国工业文明和工业制造业发展的一种精神缩影，也是中国式现代化道路的一种精神缩影。

　　当代温州人精神是温州传统道德文化现代转型发展的一种人格体现，也是中华优秀传统道德文化现代转型发展的一种精神人格缩影。当代温州人精神是"浙江精神"的重要组成部分和表现形式，浙江作为习近平新时代中国特色社会主义思想的重要萌发地，温州人精神——作为"浙江精神"的组成部分——也深刻地影响了新时代中国共产党人的道德文化心理。因此，新时代温州人精神承载了多方面的价值和意义，承载了温州人走向道德自觉和文化自信的使命，承载了习近平新时代中国特色社会主义道德文化创新发展的使命。

新征程下，温州市政府与温州人民需要共同树立温州道德文化自信，坚持马克思主义实践真理观的指导，积极弘扬永嘉学派"以利和义"的道德事功思想，胸怀大局，担当使命，锐意进取，开拓创新，推动温州道德文化与精神文明建设再上新台阶。

第一节　传承中国革命文化与社会主义道德文化

进入新时代以来，在党和国家革命道德主题教育引领下，温州市委、市政府开展了各类形式的革命道德主题教育，其中包括通过开展"不忘初心、牢记使命"主题教育来提炼和传播中国共产党革命道德文化理念，以筑牢新时代温州人民的革命道德文化信念，通过开展"不忘初心、牢记使命"主题教育，共产党人的"初心和使命"的道德价值被充分显现出来，在党的"初心和使命"照耀下，温州市委、市政府与温州人民勠力同心，为新时代温州的"重要窗口"和共同富裕"示范区"建设注足了道德精神动力。

一、开展"初心和使命"教育，重振全党道德信念

中国共产党的"初心和使命"是中国共产党人的道德基因和密码，它决定了中国共产党诞生的道德目的和任务。只有不忘初心，不忘来路，才知道自己为何而来，要去何方。忘了初心，就是忘了来路和使命，就会迷失方向。但是，改革开放以来，受市场经济和外来不良文化的冲击，部分党员干部的道德心灵被极端个人主义、享乐主义等个人私欲所蒙蔽和污蚀，置党和人民以及国家的整体利益、长远利益于不顾，拉帮结派、假公济私、损公肥私，大搞权钱交易、权色交易，严重弱化了党的执政能力和集体凝聚力，损害了党在国内外的执政形象，助长了社会不正之风的流行，令党与人民群众之间的"血肉联系"日渐疏远，民族前途堪忧。为此，党的十八大以来，以习近平同志为核心的党中央提出"四个全面"的战略布局，狠抓"党风廉政"建设，厉行"全面从严治党"施政理念。其中，廓清和阐明党的"初心和使命"构成了新时代开展党风廉政建设的定盘针和方向标。

中国共产党诞生于中华民族生死存亡的历史关头，诞生于中国人民深受命运疾苦的历史情境，因此"为中国人民谋幸福，为中华民族谋复兴"就是中国共产党与生俱来的"初心和使命"。党中央在全党开展"不忘初心、牢记使命"主题教育，就是要以党的"初心和使命"激励和照耀全党，以使部分党员干部能够洗革私心污浊，重振共产党人的集体道德信念，彰显为人民服务和为人民谋

幸福的道德宗旨。所以，"不忘初心、牢记使命"主题教育的主要目的在于通过马克思主义理论和党史学习，党员干部能够坚定共产主义理想信念，能够始终坚持为人民服务的工作宗旨，能够始终坚持为人民谋幸福的道德初心。2017年10月18日，习近平总书记在党的十九大报告中明确指出，要在全党开展"不忘初心、牢记使命"主题教育，用党的创新理论武装头脑，推动全党更加自觉地为实现新时代党的历史使命不懈奋斗。2019年5月13日，中共中央政治局召开会议，决定从2019年6月开始，在全党自上而下分两批开展"不忘初心、牢记使命"主题教育。事实证明，这种主题教育是必要的、及时的、全面的，也是取得成效的。

2019年9月11日，温州市召开了"不忘初心、牢记使命"主题教育工作会议。9月12日，温州全市11个县市区100多个市直属各单位全部完成主题教育动员部署。根据统一部署，此次主题教育要用足用好温州独特优势，打造一批主题教育的"温州样板"，彰显改革开放元素、民营经济特色、温州红色文化、"瓯江红"品牌，推动主题教育各项任务落到实处、取得实效。11月15日，温州市"不忘初心、牢记使命"主题教育首场报告会举行。①报告团由15名成员组成，时任市委书记陈伟俊接见了报告团全体成员，其中7位报告团成员讲述了各自的先进事迹，深刻展示了他们对党、对人民、对岗位的忠诚担当、忠于职守。

图11　2019年11月15日，温州市"不忘初心、牢记使命"主题教育首场报告会
在温州市人民大会堂举行（图片来自网络）

① 相关内容参见：《温州主题教育首场报告会今天举行，把榜样力量转化为实干力量》，
http://www.wzdj.gov.cn/system/2019/11/18/105210211.shtml。

　　"不忘初心、牢记使命"主题教育重在学以致用,重在回归现实,切实解决人民现实生活难题。为此,温州市以主题教育促行动为契机,全市185个乡镇(街道)全面召开问需问计问效会,对3000余名群众代表提出的8563件民生小事,分类梳理出"已经办""马上办""三个月办"项目清单,并全部顺利解决。在主题教育过程中,温州全市深入开展"9+4"专项整治,联动开展"三服务""万名干部进万企、千名干部联千村"。至2019年12月底,温州市"三服务"活动收集各类问题2.1万个,化解率达98.8%,2019年初温州新时代"两个健康"先行区暨国家自主创新示范区建设大会集中交办的313个企业难题实现100%化解。又如,2021年5月,温州市发布推出了"沿着红色足迹学党史"主题系列报道,展示温州各单位和部门通过集中组织人们学习党史,走访红色"印记",来感悟温州革命先辈的崇高精神和家国情怀,进一步促进主题教育入心入脑。

　　总之,通过"不忘初心、牢记使命"主题教育,通过重温温州革命史、改革开放史,温州全市党员领导干部和机关公职人员得以"照镜子,正衣冠,焕新貌",得以"显初心,明意志,振精神",进一步加强了党与人民群众之间的"血肉联系",进一步明确了中国共产党人为人民谋幸福和为民族谋复兴的价值指向。

二、施行从严治党理念,树立"立党为公"宗旨意识

　　"初心和使命"主题教育侧重学习先进理论和榜样事件,重在确认党的为善之根本,彰显"初心"的方向指引和前进动力,"全面从严治党"施政理念则侧重于抑制一些人的私欲贪念,防止其意志薄弱和信念动摇而造成对党的执政信念和能力的破坏影响。党的十八大以来,以习近平同志为核心的党中央身体力行、率先垂范,坚持思想建党、组织建党和制度治党紧密结合,集中整饬党风,严惩腐败,净化党内政治生态。2012年12月4日,中共中央政治局召开会议,审议通过了中央政治局关于改进工作作风、密切联系群众的八项规定。2016年10月24日至27日,党的十八届六中全会在北京展开,围绕"全面从严治党"主要议题,审议通过《关于新形势下党内政治生活的若干准则》和《中国共产党党内监督条例》。2017年10月18日,习近平同志在党的十九大报告中强调,坚定不移全面从严治党,不断提高党的执政能力和领导水平。

　　从开展"初心和使命"主题教育到落实"全面从严治党"施政理念,这体现

了新时代党中央推进党风廉政建设的"知行合一"精神。如果没有"惩恶"的措施和决心，"扬善"的环境就会遭到破坏，践行"初心和使命"就会落空。"惩恶"的主要对象是丧失政治定力和走向道德败坏的党员领导干部，防治的主要机制是通过完善党规条律和严格依法治党，以使党员领导干部能够逐渐树立官德意识和行为责任意识，恢复为官一任造福一方的为民宗旨，根除懒政、庸政、恶政的道德心理。

2011年5月，温州市委、市政府决定在市直单位开展"五型"机关创建活动。该活动通过"互看互学互比"、"即办制"（绩效考评）、"纠风在线"（针对损害温州经济发展环境的）、"问责清单"等一系列激励创新机制，逐渐改善了政府机关的行政效能。党的十八大以来，温州市委、市政府认真贯穿和执行党中央推出的"全面从严治党"施政理念，力行中央八项规定精神。2013年8月，温州市推出了推动温州转型发展的"十大举措"，通过开展"万名干部进万企解万难"等活动形式，进一步提高政府服务效能；2013年9月，温州市下发了《关于进一步改善和优化发展软环境的若干意见》，进一步整顿机关工作作风，改善投资环境，激发民间创业活力。

2016年12月22日，温州市委召开"两学一做"专题学习会，时任温州市委书记徐立毅强调，要强化核心意识，坚定理想信念，发挥领导示范带头作用，坚决落实全面从严治党的政治责任，在解决突出问题中提升管党治党水平，真正把全面从严治党落实到各项具体工作中去。例如，在落实中央八项规定精神的过程中，温州市在全国率先推进公务用车制度改革、因公出国（境）制度改革；出台公务接待"三严四禁"规定，严格规范领导干部操办婚丧喜庆事宜，切实解决作风建设突出问题；严肃整治"会所歪风"，组织开展会员卡清退工作，全市8万多名党员干部做出会员卡"零持有"承诺；开展违规发放津补贴问题专项整治，建立津补贴发放"正面清单"。

截至2017年2月28日中共温州市第十二次代表大会召开，5年来，温州全市检监察机关共受理信访举报件44479件，处置问题线索13515件，立案12063件，处分11543人，涉嫌违法移送司法机关579人，立案查处县（处）级干部68人、乡（科）级干部450人。其中，温州市本级重点查处了建设集团案、人防系统案、菜篮子集团案等窝案串案，以及胡方勇、申卫国、梁峰、麻晓敏等一批有影响力的严重违纪案件，在全市形成有力震慑；在农村，温州市在全省首创农村基层作风巡察制度,建立"市级主导、县级主抓、乡镇主责"机制,共巡察乡镇(街道)59个、基层站所128个、村1513个,发现各类违规违纪问题5825个,处理946人,巡察工作得到省委充分肯定并在全省各地推广实施。[①]2018年4月,温州市出台了《关于加快推进新时代"清廉温州"建设的实施意见》,针对净化政治环境、经济环境、社会环境、文化环境提出20条举措,要求各地各有关部门强化不敢腐的震慑,扎牢不能腐的笼子,增强不想腐的自觉,将全面从严治党要求贯穿到温州改革发展的全过程。

三、脱贫困建小康,推进共同富裕道德成效

温州是中国改革开放的先行地和民营经济的发祥地,改革开放以来温州人民凭借政策供惠和敢为人先的奋斗精神,大多数人摆脱了贫困,过上了比较富裕的生活。但是由于历史、地理等环境原因,温州地区内部也存在着经济发展不平衡和贫富差异的问题,特别是一些居于偏远山区的温州人民还存在着生存和发展上的难题。为了解决绝对贫困问题,响应党的十八大以来党中央提出"全面建成小康社会"的号召,温州市委、市政府通过实施各种"精准脱贫"举措来促进温州区域内部的经济平衡发展,提高温州人民总体的发展获得感和幸福感。对此,温州市总结改革开放以来的脱贫经验,走出了一条以党委政府主导,从区域性脱贫到聚焦低收入农户精准扶贫的特色反贫困之路,为温州地区实现全面建成小康社会目标和践行高质量发展建设共同富裕示范区奠定了坚实基础,具体表现为以下三个发展步骤和成效。

第一步是实现了"下山搬迁一小步,区域性脱贫一大步"的发展目标。改革开放之初,作为民营经济先行区的温州,城市和平原地区快速崛起。而位于边远山区的村落,发展却百般受限,基础设施建设严重滞后,群众生产生活举步维艰。1985年,瑞安市横山乡村民陆续从大山深处向市郊平原迁移,开启了温州30多年波澜壮阔的下山搬迁:对一些居住在高山、深山的农民采取组织和鼓励搬迁到条件较好的地方的办法,实行下山脱贫。2003年,时任浙江省委书

---

① 以上内容参见:《全面从严治党温州在行动,市纪委工作报告解读》,http://news.66wz.com/system/2017/03/01/104969059.shtml。

记习近平到泰顺调研时，对下山脱贫做出重要指示，要求"下得来、稳得住、扶得起"，促成了泰顺司前"一镇带三乡"移民模式。

村民下山，为产业发展腾挪出了"绿色空间"。例如，嗅到商机的严立超于2009年起组建百花蜂蜜合作社。此后不断扩大养蜂规模，至今会员超过百人。从困在高山，到下山搬迁，再到带动村民致富，严立超一家的脱贫致富，是温州市在扶贫起步阶段聚焦区域性脱贫、加快农民增收的缩影。又如，永嘉县乌牛镇北部十八垄村，所产茶叶"乌牛早"颇有知名度，但它是个典型不通公路的村。2003年，该村被列入浙江省康庄工程试点项目，半年后的出茶季节，全省第一个乡村康庄工程在这里建成了。新昌客户纷纷驾车前来购买茶叶，茶叶价格提高了，村民也实现了增收。

2005年6月17日，温州市召开在全市实施"139富民攻坚计划"动员大会[①]，以全市139个欠发达乡镇为突破口，全力破解欠发达地区发展这个难题。时任温州市委书记王建满在讲话中指出，实施"139富民攻坚计划"，是贯彻"走在前列"要求的实际行动，是落实科学发展观的具体实践，是构建和谐社会的重要举措，是坚持执政为民的具体体现，一定要从全局和战略高度充分认识实施这个计划的重大意义。据悉，在2005—2007年"139富民攻坚计划"实施的3年期间，全市投入农业开发资金4亿元，巩固和开发种植业基地17.8万亩，培育了一批"国"字号农业生产基地和市级以上扶贫龙头企业。建立专业合作组织279个，带动农户11.4万户；建立来料加工基地618个，从业人员5万多人；形成"农家乐"休闲旅游村、旅游点193个，经营户946户、从业人员6417人，年营业收入1.3亿元。在此期间，从泰顺"蜂蜜合作社"到永嘉"乌牛早"、泰顺"三杯香"、文成杨梅、乐清铁皮石斛……将贫困地区和老区的资源优势变为商品优势和经济优势，温州走出了以市场为导向、以科技为支撑的产业扶贫特色路子，有效推动了温州贫困问题的解决。

第二步是实现"欠发达县全部'摘帽'，低收入农户奔小康"的发展目标。2008年7月14日，温州市委、市政府在市人民大会堂召开全市实施"共同跨越

---

① 《温州实施"139富民攻坚计划"，让老百姓过上好日子》，http://news.66wz.com/system/2005/06/17/001047609.shtml。

六大行动"促进低收入农户奔小康动员大会。①会议指出,近年来,温州市以实施"139富民攻坚计划"为抓手,相继采取了一系列措施,取得了比较明显的成效。会议强调,温州市力争到2011年,139个欠发达乡镇农村人均纯收入超过6800元;70%以上低收入农户家庭人均收入超过4000元;低收入农户集中村全面消除,其农村居民人均纯收入增幅高于全国平均水平;欠发达地区基础设施和公共服务体系建设不断推进,生产、生活、生态环境进一步改善,形成文明健康、创业进取的良好局面。

例如,在浙江最南端,距离苍南县城百余里有个富源村。2015年,村里低收入农户人均年收入为8550元。作为岱岭畲族乡的省级扶贫重点村之一,富源村的脱贫之路蕴含着温州乃至浙江的扶贫经验:千方百计增强低收入农户的自我发展能力。此前,从2007年开始,省农科院亚热带作物研究所的专家李发勇,以科技特派员的身份下派到岱岭畲族乡,开启了富源村"造血"扶贫之路。在他的带动下,村民们种起了特早熟蜜柑林。这得益于温州市出台的《关于实施"共同跨越六大行动"加快低收入农户奔小康步伐的若干意见》。总体来看,10多年来,通过"龙头企业+合作社+基地"的经营方式,富源村发展了一批扶贫龙头企业和农业合作社,引导低收入农户和扶贫产业组织共同发展。在当地的柑橘精品园,2014年全村156户低收入农户中,有112户入股橘园,仅全年土地分红各户就可得3000—4000元,直接解决了当地农户就业问题,增加了收入。在富源村两委的大院里,一幢2层小楼还办起了富源来料加工厂。村里免费提供场地,工厂里的工人都是闲在家里的村民,通过手工艺挣钱。在工厂的账本上清楚地记录着,一年支付的劳务工资有70多万元,工人人均年收入达到1.8万元。

第三步是实施"开发与兜底双保障",通过精准扶贫和深挖本地优势,实现致富目标。脱贫致富是一个长期的过程,是一届接着一届干出的成果。2015年2月27日,浙江省委、省政府召开春节后第一个会议,做出摘掉26个县"欠发达"帽子的重要决定,其中包括温州永嘉、平阳、苍南、文成、泰顺等5个县。对此,温州市脱贫致富工作已经进入新阶段。因地因时制宜,分类分户施策,开发扶贫与保障扶贫两轮驱动,区域发展与精准扶贫统筹推进,构建"专项扶贫、行业扶贫、社会扶贫""三位一体"模式，唱响"精准扶贫"主旋律。例如，2016年，文成、泰顺高速公路全线开工，撬动了一批交通基础设施和城乡联通公路建设。2017年，发放低保金8亿元，实现城乡低保一体化。从1998年建立农村低保制度起算，城乡低保一体化历时20个春秋。此外，在社保、教育、医疗等民生保障方面，形成全社会合力扶贫攻坚。全面建立困难残疾人生活补贴、重度残疾人护理补贴等制度；推进低收入农户子女教育帮扶从学前教育向大学教育全覆盖；加大对涉农企业和低收入农户的信贷支持力度；开展"百会（企）扶百村"精准扶贫行动；建设温州扶贫互联网平台。

又如，针对温州中西部欠发展地区，近年来温州市政府继续转化该地区在生产、生活条件上的劣势为生态条件上的优势，通过招商引资、温州东西部扶贫协作和对口支援等办法，发展宜居、宜游的生态休闲产业，改变了这些地区的贫穷落后面貌。2018年2月7日，温州市委、市政府吹响西部生态休闲产业带建设的"集结号"①，谋划建设西部生态休闲产业带、乡村振兴示范带和美丽田园（简称"两带一园"），提出"环境美、产业优、交通畅、百姓富"的发展目标，将"两带一园"建设作为实现"两山"转换、推进乡村振兴、带动低收入农户增收的主平台、主抓手。3年来，温州西部生态休闲产业带谋划落地的项目涉及低收入农户增收的有172个，带动低收入群体就业12.5万人，累计招引118家知名工商企业投资乡村产业项目，引导社会资本下乡249亿元，有效带动农业休闲、乡村旅游、农家餐饮等产业发展，为低收入农户就业、增收创造更好的条件，帮助低收入农户就业6240人。

改革开放以来，温州市一手抓支持先富，一手抓帮扶致富，为温州地区实现共同富裕奠定了基础，为国家推行高质量发展共同富裕示范区建设提供了条件。2021年7月15日，中共温州市委召开了十二届十二次全体（扩大）会议，时任温州市委副书记、市长姚高员吹响了温州打造共同富裕示范区市域样板的"冲锋号"，全会审议通过了《温州打造高质量发展建设共同富裕示范区市域样板的行动方案（2021—2025年）》和《中共温州市委关于激扬新时代温州人精神高水平推进文化温州建设的决定》。全会上提出，温州要大力实施共同富裕

① 相关内容参见：《促进群众增收致富、发展服务类社会救助、稳定就业：温州这些举措亮了！》，《温州发布》2020年12月15日，https://www.thepaper.cn/newsDetail_forward_10394410。

"十大行动"——聚焦民营经济共兴,筑牢共同富裕的根基底盘;聚焦创新驱动共强,积蓄共同富裕的强劲动能;聚焦数字赋能共富,激发共同富裕的改革活力;聚焦区域协同共荣,形成共同富裕的协调格局;聚焦基本单元共创,塑造共同富裕的全新场景;聚焦居民收入共增,构建共同富裕的社会结构;聚焦文化文明共促,建设共同富裕的精神家园;聚焦公共服务共享,提升共同富裕的幸福内涵;聚焦宜居环境共建,擦亮共同富裕的生态底色;聚焦社会和谐共治,夯实共同富裕的治理基石。

第二节　推进国有企业守正创新与非公企业党建

进入新时代以来,国有企业与非公企业的政治道德建设也是我国企业文化发展和社会道德建设的重要组成部分,温州市围绕国有企业的守正创新与非公企业的党建品牌建设活动,将党的思想政治建设和道德理念深深嵌入国有企业和非公企业的日常行动之中,使企业产品的研发、生产、销售和服务等过程都更体现出"为人民服务"的道德理念,促使温州经济发展始终展示中国共产党领导下的"以利和义"的价值取向,有效推动了温州"两个健康"先行区建设。

一、温州国有企业的守正创新

国有企业是中国特色社会主义的重要物质基础和政治基础,是党执政兴国的重要支柱和依靠力量。坚持党的领导、加强党的建设,既是国有企业的根本政治问题,也是国有企业的根本道德问题,即它涉及国有企业最终为谁"谋利"和担当哪种"道义"的问题。中国共产党始终代表中国先进生产力的发展要求、始终代表中国先进文化的前进方向、始终代表中国最广大人民的根本利益,所以坚持、加强和完善党的领导,就是国有企业最根本的道德问题。

中华人民共和国成立以来,特别是改革开放以来,国有企业发展取得了巨大成就,为我国政治建设、经济发展、社会进步、民生改善都做出了历史性贡献。中国特色社会主义制度能不能搞好,关键在于经济建设是否有成效,前提在于国有企业能不能搞好。这也是发生于20世纪80—90年代的东欧剧变和苏联解体给我们党带来的经验和教训。东欧剧变和苏联解体的根本原因在于，没有适时推进国有经济体制改革与党的建设的同步发展。

在20世纪末，受经济全球化浪潮的影响，我国国有企业也面临深层转型发展问题，中央政府也适时推出了为适应经济全球化和市场一体化浪潮的一系列国有经济体制改革举措，大大激发了国有企业发展活力和市场竞争意识。但在此过程中，也有一些国有企业领导淡化了党对企业发展的领导意识，忽视了国有企业的思想政治工作和道德理想信念的树立，遗忘了国有企业的"姓党姓社"问题，致使国有企业党建工作被虚化、边缘化，从而遮蔽了国有企业的"为人民性"，模糊了国有企业发展的政治方向，涣散了国有企业发展合力和政治担当意识。

进入新时代以来，以习近平同志为核心的党中央高度重视新形势下党的思想政治工作，强调要"坚持把思想政治建设摆在首位"。2016年10月，习近平总书记在全国国有企业党的建设工作会议上强调，要"坚持党对国有企业的领导不动摇"，强调通过国有企业的党建引领来促进国有企业的新发展。2017年4月，中央印发了《中央企业党建工作责任制实施办法》，这是第一部关于中央企业党建工作的党内法规，是中央企业管党治党的重要制度安排。实施办法对中央企业坚持党的领导、加强党的建设，落实党中央全面从严治党决策部署具有十分重要的意义。2019年1月，中共中央印发的《关于加强党的政治建设的意见》指出，党的政治建设是党的根本性建设，决定党的建设方向和效果，事关统揽推进伟大斗争、伟大工程、伟大事业、伟大梦想。

新时代新形势下，国有企业必须始终坚持党的领导、加强党的建设，严格做到在企业发展过程中始终不忘政治上的"守正"意识；同时，国有企业也要始终紧跟时代发展步伐，结合行业发展特点和自身条件，积极探索国有企业思想政治工作的实践"创新"形式，以便真正有效地落实国有企业"以利和义"的道德精神。温州市针对这一问题做了积极探索，也取得了显著成效。例如，国有温州市供电公司在国家电网的统一部署下，开展了多方面的活动，既讲理论学习，也讲实践行动，通过学习党史党建知识，用党的思想理论和道德理想信念武装头脑，进一步提升了为民服务的意识。这里我们就以温州市供电公司为例，来看看温州国有企业在守正创新方面采取了哪些改革和应对措施。根据实地调研,温州市供电公司主要展开了以下几个方面的工作举措。

第一,强化理论学习,凸显守正意识。党的十八大以来,以习近平同志为核心的党中央凝心聚力、高瞻远瞩、运筹帷幄,有效促进了国内外两个局势的向好发展,把中国特色社会主义事业和社会主义理论带进了新时代。习近平新时代中国特色社会主义思想为21世纪中国特色社会主义各项事业的发展指明了方向,也为党的思想政治工作指明了方向。如何充分利用国内和国际两个大局的变化之机,来促进中华民族的伟大复兴和中国特色社会主义事业的健康发展,已成为新时代党和国家各族人民的共同心声。

为了紧跟时代步伐,明确政治意识,认真贯彻党中央的战略部署,国有企业党委班子一般都成立了新时代理论学习中心小组,通过学习领会习近平新时代中国特色社会主义思想、开展各类主题教育、研讨《习近平论国有企业改革发展和党建论述摘编》等形式,为公司上下营造出浓厚的主题教育学习氛围。例如,温州供电公司党委理论学习中心组根据《国家电网公司党组(党委)理论学习中心组学习实施细则》和《中共国网浙江省电力有限公司委员会关于印发理论学习中心组2019年度学习计划的通知》的要求,积极组织和开展现场党性教育、现场警示教育、读书班、专题调研等学习形式,公司各单位党委(总支)理论学习中心组全年开展集中学习研讨达350余次,中心组成员年累计发言1500余次。

为了具有针对性,温州供电公司党委理论学习中心组还设置了"党史新中国史""坚定理想信念""改进工作作风""勇于担当作为""汲取榜样力量""保持清正廉洁"等专题。2020年,针对疫情的发生,公司推出了云端学习模式,通过微信、钉钉、腾讯、Zoom等交互平台,及时推送疫情发展动态和最新文件精神等等。通过这种专题理论学习和主题教育,国有企业广大干部职工对新时代党的思想政治工作及其战略意义有了深刻的认识,树立了政治意识、大局意识、核心意识、看齐意识。

第二,党建绩效与业务绩效两手抓,注重思想政治工作的实践成效。党的思想政治工作主要是通过一定的理论和现实载体形式来产生实践工作成效,从而改造世界、提高人们的生活水平。2016年,习近平总书记在全国国有企业党的建设工作会议上强调,地方各级党委要把国有企业党的建设纳入整体工作部署和党的建设总体规划。新时代国有企业思想政治工作,一方面积极引入现代绩效管理机制，以促进国企的现代转型发展和市场竞争力的提升；另一方面，也将国企的党建绩效纳入企业年度的总体绩效考核，以提升党对企业发展的领导意识和领导能力。企业一般通过发挥基层党支部的积极组织能力和战斗堡垒作用，通过发挥先进党员在本行业领域的带头模范作用，来增加企业党建绩效和业务绩效的双丰收。例如，国网浙江省电力公司党委将宣扬"红船精神"与浙江省"最多跑一次"政务改革机制有效结合在一起，着眼于"实处"和"干劲"来践行和推动新时代国有企业思想政治工作的守正与创新，通过派遣电力党员红船特派员和实施"第一书记"项目工程，把国企的党建绩效和业务绩效有效地融为一体，充分展现了国企思想政治工作的实践成效导向，避免了对待思政工作的"形式主义"做法。又如，2018年，温州供电公司成立了党员红船服务队，该服务队与"最多跑一次"改革融为一体，大力优化、简化客户用电办事流程，得到客户的一致好评。2019年，为抗击"利奇马"台风，党员干部冲锋在前，红船党员服务队出动4831人次，仅用72小时就恢复全市供电，展现了电力铁军风采。2020年，在新型冠状病毒肺炎疫情暴发期间，为全力做好抗疫保电，公司206个党支部、2000余名党员冲锋在前，红船党员服务队累计出动8087人次，全面保障市域定点医院、隔离点等可靠供电等等。

第三，强化基层党建工作，落实思想政治工作的基本抓手。正所谓"上面千条线，下面一根针"，思想政治工作要在国有企业落实落地，必须从基层组织、基本队伍、基本制度抓起。党的基层思想政治工作如果做得不扎实，党的整个思想大厦就会飘摇。为了有效推进思想政治工作落实于基层，一些国有企业也积极探索基层党建工作。例如，近年来国网温州供电公司党组根据构建"党委坚强、支部管用、党员合格"的党建生态要求，推行了"三不出"支部的工作机制，为提升国企党建绩效提供了重要抓手。所谓"三不出"支部，是指思想问题不出支部、工作问题不出支部、作风问题不出支部。该机制通过充分发挥基层党委的坚强领导作用、基层党组织（支部）的战斗堡垒作用以及先进党员的先锋模范作用，进一步细化了新时代国有企业思想政治工作的实践步骤。"三不出"机制加强了国企基层党组织建设，完善了基层监督机制，密切了党与群众的血肉关系。例如，国网温州瑞安公司针对"工作问题不出支部"，实施了"小微权力专项整治年"，开展小微权力警示教育巡回展；针对"思想问题不出支部"，实施了常态化开展员工思想动态调研，开展谈心谈话月度监控；针对

"作风问题不出支部",实施了不定期开展领导班子带队正风肃纪检查,强化纪检委员队伍建设;等等。国企党组织的支部工作不可小看,它是做好整个党建系统工程的"第一粒扣子"。

道德不是纸上谈兵、空谈道义,道德是实践行动,是要产生社会实际效果的,这是马克思主义道德观与永嘉学派"以利和义"道德思想的共性义理特征。通过开展这种守正创新活动,温州国有企业进一步凝聚了思想共识,激发了企业活力,同时也增强了服务意识,提高了办事效率。例如,国网浙江电力公司通过宣扬"红船精神",成立电力企业党员红船服务队,通过发挥先进党员的先锋模范作用与"最多跑一次"的政务绩效改革机制,大大提升了电力企业的公共服务意识和办事效率,为适应现代企业制度发展和市场竞争力提供了重要的思想保障,等等。

二、温州非公企业的党建品牌

温州是中国民营经济重要发祥地,温州民营经济既是改革开放的产物,也是中国特色社会主义市场经济的重要组成部分。加强温州非公企业的党建工作,其中一个重要任务就是要加强党对温州民营企业等非公有制企业的政治政策导向和思想道德的引领功能,防止一些非公企业因为"谋利"而违背或破坏中国特色社会主义的总体"道义"原则。"全心全意为人民服务"是中国共产党的立党宗旨,党的初心和使命是"为中国人民谋幸福"和"为中华民族谋复兴",所以中国共产党领导下的中国企业道德文化建设的总体原则是集体主义,不是个体主义。因此,即使是具有个私性质的温州民营经济,其分配原则仍然要体现社会主义集体主义的道德原则,企业发展的最终目标还是实现最广大中国人民的共同富裕。在这个意义上讲,加强温州非公企业的党建,也就是借助不同的活动形式使党的方针政策、政治方向和道义原则嵌入非公企业的经济活动中去,从而使非公企业的经济行为最终产生出"为人民谋幸福""为民族谋复兴"那种整体性的道义效果。所以,加强非公企业的党建,实质是为了促进温州"两个健康"先行区建设,从而实现更大的社会"道义"。

改革开放以来,在党的领导下,温州各非公企业单位都根据自身企业规模、服务范围等特性,积极探索党的组织建设,发挥党的领导功能,很多民营企业长期围绕自己的某一生产任务或服务目标来展开党建活动，逐渐形成了自己的党建品牌或做法，而在这些党建品牌所蕴含的却是社会主义道义原则。下面我们先来介绍一下温州非公企业党建的总体发展情况，再结合几个案例来具体展现温州非公企业的党建品牌或做法。

（一）温州非公企业党建的创新发展

关于温州非公企业党建的总体发展情况，我们可以从以下四个方面来理解。

第一，非公企业党组织建设的数量持续上升。1987年9月，瑞安振中工程机械厂率先设立党支部，成为浙江省第一个成立党支部的私营企业。1993年1月，温州市委组织部选择乐清柳市镇、永嘉瓯北镇等14个重点乡镇扩大股份合作企业党建工作试点，全面探索和实践非公企业党建工作。当年，在462个股份合作企业中建立了党支部。1998年12月，正泰集团成立温州市第一个、浙江省第二个非公企业党委，时任浙江省委书记张德江对此做出重要批示。1999年6月底，温州市服装商会成立党支部，这是温州在社团建立的第一个党支部。

2004年1月，温州市委指出，非公企业党建工作要达到的四个目标：一是非公企业党的工作覆盖面达50%以上；二是非公企业发展党员数比2003年递增50%以上；三是非公企业"五好"党组织比例达50%以上；四是非公企业业主的教育面达50%以上。2004年9月，温州市扶贫经济开发区所属企业中国泰昌集团有限公司举行企业党校授牌仪式。从此，温州市在非公企业中普遍组建基层党校。2011年，温州在全国地级市率先成立非公有制经济组织和社会组织党务工作者协会，正泰集团党委书记林可夫担任会长，共有会员449人，其中非公有制经济组织会员333人。

2000年、2001年、2003年，温州全市在非公企业中建立党组织前后达到1000个、2000个和3000个。据统计，目前温州已建立非公企业党组织6000多个，规模以上非公企业党建覆盖率在90%以上，党的工作覆盖率为100%，非公企业党组织成为推动温州企业发展的强力引擎。

第二，非公企业党建形式不断创新。1991年10月29日至31日，温州市委在瑞安召开工业企业党建工作座谈会，会议就如何加强和发挥企业党组织的政治核心作用进行了座谈。2001年5月，瑞安市政府出台实行建立企业党组织与企业评星活动"一票否决制",无党组织的企业,不能被评为星级企业。2003年12月,德力西集团探索建立"党委与董事会成员理论中心联合学习会议制度",坚持每季度开展学习一次。该制度2004年被中宣部确定为全国基层思想政治工作典型做法。2004年9月,瑞安市委组织部召开非公企业"快餐党课"现场推进会,在非公企业中全面推广"快餐党课"这一做法。

2010年7月,温州举行公开招选的非公企业党组织书记人选劳动合同签订仪式暨培训班开学典礼,经过10天的培训,26家企业签约27人(其中1家企业为分公司招录1名书记人选)。2016年,开展"红色动力工程"建设,进一步发挥非公企业党组织实质作用。2017年,通过创新实施"帮扶八法",引导广大非公企业发挥优势,助力薄弱村发展壮大集体经济。2019年,部署开展"大宣讲大化解大评议"活动,助推"两个健康"先行区创建。2021年,部署开展践行习近平总书记"发挥实质作用"重要批示10周年系列活动。

第三,非公企业党建走向科学化、制度化的发展。2000年6月7日,温州市委组织部制定下发《关于印发〈温州市股份合作企业党组织工作实施细则〉(试行)的通知》,对股份合作企业党组织设置、党组织地位作用和任务、党员队伍建设、党的制度建设等方面做出规定。

2003年12月,永嘉县瓯北镇党委印发《关于非公有制企业党组织书记工作津贴的决定》,每年度根据非公企业党组织书记工作业绩,分档给予补贴。2005年10月,温州市机构编制委员会下发《关于同意设立中共温州社会工作委员会的批复》同意:设立中共温州市社会工作委员会,作为市委派出机构,挂靠在市委组织部;核定内核机构2个——新经济组织党建处、新社会组织党建处;核定机关编制10名,其中书记1名(兼),专职副书记1名,中层领导职数3名,人员参照公务员制度管理。这成为全省第一个成立社工委的地级市。2007年6月,温州市委组织部制定下发《关于选派部分市直机关中层干部担任非公有制企业党建工作指导员的通知》,选派市直机关50名优秀中层干部到非公企业担任党建工作指导员,主要当好创建"活力和谐企业"的督导员、规范企业党组织活动的指导员、帮助企业破解发展难题的协调员。

2012年,制定出台《关于做好非公有制经济组织和社会组织党组织标准化建设的意见》,进一步提升非公企业党组织规范运行水平。2013年,制定出台《关于"拓展型"党组织建设的指导意见(试行)》,进一步扩大非公企业党的组织和工作覆盖。2015年，制定出台《关于加强非公有制经济组织和社会组织党组织书记队伍建设的实施意见》，建立多元化选配、专业化培养、规范化管理、有效化激励、制度化保障的"五化"机制。

2018年，实施百园万企党建示范引领工程，开展小微企业园"六个一"建设，全力推动小微企业园党建工作；印发《关于加强互联网业党建工作的实施意见》，全面推进互联网企业党建工作。2020年，开展"筑强防控堡垒、争当复工先锋"活动，助力企业夺取疫情防控、复工复产"双胜利"；开展产业链（供应链）党建联盟建设，把战斗堡垒建在"链"上、服务保障抓在"线"上，助推企业复工复产全链联动、产销协同；制定出台《关于深入贯彻落实习近平总书记重要批示精神 建立"双强红领"认证体系 进一步加强两新党组织书记队伍建设的实施意见（试行）》，实行"五级评定、四项保障、十条金举措"。

第四，树立了温州非公企业党建品牌意识。2000年5月10日，时任中共中央总书记、国家主席、中央军委主席江泽民到浙江调研非公企业党建工作，先后考察了温州大虎打火机厂、温州长城鞋业公司、德力西集团、正泰集团等企业，并主持召开非公企业党建工作座谈会，对浙江省党的建设和两个文明建设做出重要指示。

2001年4月30日，时任中共中央政治局常委、国家副主席胡锦涛在温州专门召开了非公企业党建工作座谈会，听取温州市委和温州神力、乐清华仪等企业的汇报，并发表了重要讲话。2003年5月6日至8日，时任中央组织部部长贺国强来温州考察非公企业党建，先后在正泰集团和浙江长江电子有限公司召开座谈会，并发表重要讲话。2011年2月18日，时任国家副主席习近平就温州非公企业党建工作做出重要批示："要进一步深化非公有制企业党建工作，扎实推进，务求实效。非公企业党组织要能够发挥实质作用，防止成为'花架子'。温州在这方面探索时间较长，积累了一定经验，对其成功做法可加以总结和借鉴推广。"[1]

2016年3月4日下午，习近平总书记在参加全国政协十二届四次会议民建、工商联界委员联组会的讲话中指出："我国非公有制经济，是改革开放以来

---

[1] 转引自中共温州市委组织部：《温州非公企业党建30年红色足印》，http://www.wzdj.gov.cn/system/2017/09/05/105023914.shtml。

在中国共产党的方针政策指引下发展起来的,是在中国共产党领导下开辟出来的一条道路。……我在这里重申,非公有制经济在我国经济社会发展中的地位和作用没有变,我们毫不动摇鼓励、支持、引导非公有制经济发展的方针政策没有变,我们致力于为非公有制经济发展营造良好环境和提供更多机会的方针政策没有变。"但是,"非公有制经济要健康发展,前提是非公有制经济人士要健康成长。广大非公有制经济人士也要认识到这一点,……要深入开展以'守法诚信、坚定信心'为重点的理想信念教育实践活动,始终热爱祖国、热爱人民、热爱中国共产党,积极践行社会主义核心价值观,做爱国敬业、守法经营、创业创新、回报社会的典范,在推动实现中华民族伟大复兴中国梦的实践中谱写人生事业的华彩篇章"。①在"非公有制经济要健康发展,前提是非公有制经济人士要健康成长"讲话精神指引下,2018年8月9日,温州获批创建全国首个新时代"两个健康"先行区。2021年10月22日,温州市第十三届人大常委会第四十二次会议通过了《温州市"两个健康"先行区建设促进条例》。

(二)温州非公企业党建的具体做法和"品牌"

案例一:奔腾激光(温州)有限公司创立"红色师徒"党建品牌

奔腾激光(温州)有限公司是一家中意合资企业,是温州市激光与光电产业集群建设重点龙头骨干企业,先后荣获国家高新技术企业、国家绿色工厂、浙江省模范集体、浙江省"隐形冠军"企业等荣誉称号。公司现有员工500多人,企业研发人员和大专以上员工占到总员工人数的80%以上,员工知识型和年轻化,来自全国各地。因为企业的生产性质是属于重型机械设备制造业,在制造过程中需要掌握一定的技能和消耗一定的体力,对于现在的年轻员工来说普遍比较难以适应,在工作中产生了效率低、不愿学、不愿干等各种消极态度。如何帮助年轻员工转变就业观念,塑造工匠精神,如何积极发挥党员在一线基层中的模范带头作用,这些是摆在公司决策层面前的重要难题。

中共奔腾激光(温州)有限公司支部委员会于2021年3月成立"红色师徒"党建品牌,以激励引导全体员工发扬企业主人翁精神,为公司的快速发展贡献

---

① 习近平:《毫不动摇坚持我国基本经济制度,推动各种所有制经济健康发展》,《人民日报》2016年3月9日第2版。

力量。"红色师徒"党建品牌，即通过奔腾激光党员网格化管理机制，划定一线党员所能带动和辐射的区域范围，通过党员师傅的"师带徒"和"传、帮、带"机制，建立学习任务清单和考核、考试机制，带动普通员工尽快熟悉掌握操作技能，成长为公司核心骨干力量，并通过这样的党建机制从基层一线吸收发展入党积极分子。

"红色师徒"党建品牌的具体做法是：

第一，明确"红色师徒"以点带面管理模式。整合企业中的党员资源，按照各生产制造单元进行网格化划分，并建立各网格"红色师徒小组"，由1名党员师傅带领5—8名员工徒弟，形成以点带面的生产模式、管理模式，最后辐射到整个生产线和全公司的销售、售后、服务等部门，进而确保全公司每个部门都能实现由优秀的党员来引导生产的有序进行和工艺的创新改革。

第二，发挥"红色师徒"克难攻坚积极作用。企业在研发新产、技术创新、克难攻坚方面，始终发挥企业党员先锋模范作用，通过"红色师徒"的"师带徒"和"传、帮、带"这种优良传统，切实让每位党员自觉树立一切工作以公司发展和大局为出发点，兢兢业业工作，时时刻刻付出，勇于攻克各种"卡脖子"技术，最终实现企业的技术升级、产品升级，实现企业的高质量发展。

第三，强化"红色师徒"党建品牌队伍建设。在生产一线关键岗位设立"党员师傅岗"，对一些紧急事项和困难进行重点解决和突破。同时公司为党员骨干打造职业晋升渠道和能力发展通道，实现党员骨干的可持续性发展，同时积极培育新型积极分子，使其加入党的组织，不断扩大"红色师徒"队伍的数量，增强其凝聚力和战斗力。

第四，巩固"红色师徒"全面深入理论学习。企业党支部每月召开支部会议，传达中央政策精神和上级党组织工作部署，开展党史学习教育、党的理论和政策学习，不断提高自身的政治理论素养。还经常性地开展"红色师徒"岗位技术大比武，在实践中检验落实"红色师徒"党建品牌创建的实际成果，进一步增强企业员工的凝聚力、向心力和集体荣誉感。

奔腾激光(温州)有限公司创立的"红色师徒"党建品牌，是对传统"师带徒"模式的一种创新性发展，以党员为师，这样不仅能充分发挥党员的先锋模范作用和榜样示范作用，更能进一步让更多的企业员工成长为企业的中坚力量、骨干力量，不仅实现企业的快速发展，更实现员工的可持续发展，进一步解决企业的发展难题。

案例二:浙江伊利康生物技术有限公司"四共"党建策略

浙江伊利康生物技术有限公司是一家专业从事生物体外诊断试剂研发、生产、服务的国家级高新技术企业。公司先后荣获国家级火炬高新技术企业、全国五一劳动奖状、省创新型示范企业、省百强科技民营企业等荣誉称号。伴随着公司的发展历程,公司党建也勇于实践,成了助推企业发展的红色引擎,并且继续在公司的发展道路上保驾护航。企业通过实施"四共"党建策略,形成企业发展的"驱动"合力,进一步推动企业的技术创新、产品更新。

"四共"党建品牌的具体做法是:

第一,"共谋发展"——企业党政领导班子成员实行"双向进入、交叉任职"的任职模式,成立"党员专家工作室",在公司党支部的带领下,建立自己的科研小组,与国内科研院校、研发组织共同形成伊利康创新体系,形成齐抓共管的工作机制。

第二,"共育人才"——坚持党的领导、加强党支部的建设是伊利康科技创新健康发展、科研小组有序运行的坚强保障。开展学术大讨论,引进高学历人才,建立科研创新小组,在党建方面注重引导伊利康科研小组,服务伊利康科技发展,提升公司核心竞争力。

第三,"共创业绩"——党建活动紧扣生产经营任务,搭建党员攻坚平台,开展党员科研先锋、红色科研团队、党员后勤标兵、引进长松系统组织建设,成功申报受理了10项科技创新专利,共同提高了公司经营业绩。

第四,"共享成果"——企业出资建立红色关爱公寓及占地1100平方米的党群服务中心,组织开展各种文娱活动,进行红色观影展及参观红色教育基地等主题活动,中高级管理层及科技工作者享受住房分配等企业发展的"红利",为企业员工营造充满活力的工作和生活环境,进一步增强企业凝聚力和员工幸福感。

此外,伊利康在实现经济效益的目标后,也不忘回报社会,积极投入社会帮扶上。企业成立伊利康心基金用于帮助公司和社会上需要帮助的群体,积极参与各类村企共建、救灾济贫、疫情捐助、捐资助学等社会公益活动,历年来公司累计捐款捐物达500多万元。伊利康党支部还进行了爱心助学活动,慰问星海建文学校并与学校党支部结对帮扶贫困儿童。伊利康党支部以高度的文化自觉和文化自信，充分发挥党员在职工群众中的政治核心优势，把党组织建设融合到企业发展目标和企业文化建设上，以"四共"强化党组织"堡垒体系"，以"五个红色"深化党员"先锋指数"，通过"支部建在生产线上、建在科研线上、建在价值链上"，大力发扬"诚信、创新、发展、双赢"的企业精神和"严谨、高效、热情、文明"的企业作风，并且把孝道文化、社会主义核心价值观、职业道德的宣贯教育融合起来，助推伊利康"礼天下家文化"的落地，围绕发展抓党建，抓好党建促发展。满足广大职工日益增长的健康的多样性精神文化需求，努力构建伊利康人的共同家园。

案例三：温州德源电气有限公司"三融工作法"的党建方法

温州德源电气有限公司是一家专业生产高低压配电柜零部件、抽屉单元、壳体整机的高新制造企业。公司成立于1994年，现有员工约450人，党员14人。1996年成立党支部。公司一直对党建工作高度重视，把党建工作与企业管理活动相融合，与企业文化、精神文明建设相融合。借鉴人民解放军"支部建在连队上"这一红色法宝，德源公司创造性地提出"将党员（含预备党员）分成小组派驻到基层车间"，协助车间主管抓好员工精神文化、意识形态建设。党小组成员不仅在分管车间可以考察和发展党员，而且公司授予其人事权、车间活动经费审批权、员工家庭遭遇意外申请困难补助审批权等重要权力，形成车间主任抓生产，党小组管生活，党建与企业管理深度融合、务实合作、相辅相成的管理模式，取得了实质性的效果。

"三融工作法"的具体做法是：

第一，把党建与企业管理深度融合。整合现有党员资源并分成若干党小组，让他们分管基层车间各条生产线，将权力下放到车间，给予党小组充分的对基层生产线员工的人事考察、优秀员工提名、班组长候选人提名、车间副主任提名、发展和考察入党积极分子提名等权力；同时也给予车间经费审批权，省去中间烦琐的经费报销程序，及时对员工进行物质奖励和精神奖励。

第二，把党建与企业文化和精神文明建设相融合。公司成立"德源电气红色基金"，用于帮助在职党员、基层员工本人及其直系亲属因突发疾病、灾害等事故急需经济帮扶情况，以及奖励员工子女教育升学基金（本科以上），助力"德源二代"的发展。截至2020年12月30日，红色基金支出各项帮扶补助累计12万余元。同时根据企业的发展需求，企业成立一只"戒烟基金"，通过物质奖励激励企业员工主动戒烟,满足企业发展需求,实现企业员工为企业健康工作,截至2020年12月30日,累计7名员工成功戒烟,拿到戒烟奖励。

第三,支部把对党小组的考核与企业绩效相融合。支部每月定期召开主题党日活动。各基层车间党小组向支部大会进行述职,总结上月党小组的工作成绩和不足,计划下月工作内容和目标。小组成员在完成各自本职工作的同时,还要兼顾好党支部和公司管理层交给的政治工作。在不领取兼职报酬的前提下,个人能力与管理水平得到充分的锻炼,为企业中高层次人才选拔提供了充分的参考借鉴。"传承红色基因,将党小组派驻到基层车间"这一党建工作的创新形式,从实践至今,确实受到广大基层员工的热烈欢迎,为公司中高层次人才的培养提供锻炼和检阅的平台。公司员工留岗率从过去的60%多,提高到目前连续3年90%以上。公司连续3年未发生过员工打架、斗殴事件,员工向心力、干部队伍凝聚力、企业认同感得到显著提升。

温州德源电气有限公司的"三融工作法",是在探索企业发展中形成的,它以企业发展的实际需求为基础,以党的领导为引领,通过加强党支部的建设,来强化党员的先锋模范作用和支部的战斗堡垒作用,切实实现支部建设与企业发展的同向同行。

案例四:人本集团"1+1阳光行"红色公益服务活动

人本集团创立于1991年7月,是中国轴承领军企业、世界十大轴承企业,在国内建有八大生产基地,现有员工近2万人,在温州地区有6家党支部181名党员。人本集团党委坚持弘扬"奉献、友爱、互助、进步"的志愿者精神,深入开展党员志愿者"1+1阳光行"红色公益服务活动,努力营造"有困难找志愿者,有时间做志愿者"的良好氛围。"1+1阳光行"红色公益服务活动将企业的社会责任和公民的社会责任相结合,探索党组织助推企业履行社会责任、参与社会公益、开展扶贫救弱的新思路。其核心主题是:一名党员一年至少用一天的时间进行社会志愿服务,一名党员一年至少捐一天的工资进行社会公益援助。

"1+1阳光行"具体做法是:

第一,搭建"微平台",架起"爱心桥"。以集团党委成立的浙江滴水慈善基金会(由人本集团创始人出资,已在浙江省民政厅注册)为平台,组织企业党员参与公益活动。集团党委鼓励每名党员每年至少用一天时间进行社会志愿服务活动,每年至少捐一天的工资进行社会公益援助。在坚持自愿的原则上,鼓励党员、入党积极分子、职工群众等在企员工，积极捐款，根据个人经济实力，不限数额。所得捐款由基金会统一支配，主要用于全社会开展救助项目，如助困、助残、助孤、助学、助医、救灾等。捐献活动以党支部为单位组织，由各党支部统一办理。人本集团党员与浙江滴水慈善基金等公益组织牵手，架起爱心桥梁，广泛开展以党员为骨干的公益志愿活动，逐渐培育了党员的公益服务理念，鼓励支部党员参与公益、奉献爱心、服务社会。

第二，投身"微公益"，谱写"爱心曲"。集团总部党员与家庭困难学生开展为期1—3年的"1＋1结对帮扶献爱心"活动，每名党员每年资助一名学生1000元。集团党员除了在物质上进行帮助外，还做到关心学生的心理健康，不定期通过书信、电话对帮扶学生进行思想教育、心理疏导、精神慰藉，帮助帮扶对象扣好"人生的第一粒扣子"。定期与学生监护人和班主任老师联系，及时化解学生在学习生活中遇到的一些问题，引导学生健康成长。学生毕业后，党员们还利用自己的社会资源为学生提供更多继续学业和创业就业的机会，不仅给帮扶对象"输血"，更多给帮扶对象"造血"。

第三，激发"微力量"，行走"爱心路"。集团党委不仅鼓励党员热心公益事业，同时注重弘扬党员精气神，发挥党员"微力量"，接好爱心接力棒，使身边更多的群众受感染、受启发，共同关怀身边更多需要帮助的人，拉近党群关系，凝聚社会正能量，为他们提供各种有趣有益的志愿服务活动机会，努力探索符合新一代人的"微公益"理念。如，2020年疫情期间，集团党委号召全体党员携手互助，以捐款捐物的形式为疫区的疫情防控奉献"微力量"，集团党委累计收到捐款32031元，且全部用于购买相关防疫物资捐给疫区。企业也十分注重对职工的人文关怀建设，在2021年提倡就地过年的号召下，集团党委统筹安排留企员工春节过年事项，为留企员工送上1000元爱心大礼包并组织开展多项活动来让员工感受"家的温暖"，也为返乡人员安排爱心车队进行护送；同时开设爱心托管班减少春节加班员工的后顾之忧，为人本的下一代提供更好的学习环境。截至2021年3月，人本集团的党员和员工参与"1＋1阳光行"红色公益服务活动达2400多次。其中，党员个人捐款累计达300多万元。另有60多名党员常年与贫困学子结对助学，有的已经持续资助了5—6年，成功探索出了党组织助推企业履行社会责任、参与社会公益、开展扶贫救弱的新思路，进一步推动了人本集团得益社会、还益社会的公益实践，树立了企业良好形象，赢得了社会各界的一致好评。

综上来看,在温州非公企业内加强党的组织建设,用党的组织经验和政治信念为非公企业提供组织经验和政治保障,对于促进温州非公企业的持续、健康发展是非常必要的,它不仅增强了温州非公企业的社会责任意识和市场规则意识,也使非公企业始终能够紧贴党的大政方针来开发产品和组织生产,规避了非公企业因为市场盲目性而可能产生大的经济波动性和经营模式的滞后。其实,温州有些民营企业之所以发展顺利,不断壮大,其中一个重要原因就在于它们能始终按照国家政策导向来不断更新经营理念和产品质量。例如,温州正泰集团是由生产低压电器出身,但是随着建设美丽中国和使用绿色能源大政方针的提出,正泰集团紧跟政策导向和经济趋势,大力投研太阳能光伏产业。近年来,随着石化能源的有限使用和碳达标的要求,正泰集团生产的光伏组件产生了极大的市场效应,促进了企业的升级发展。正泰集团产品从低压电器发展到光伏发电组件,性质上有内在的联系性,但是产品质量和使用理念有了根本的转变。应该说,正泰集团的升级发展与它的党建引领有着重要关联,因此它也成为温州民营企业的道德典范,在提供产品创新与承担社会责任之间实现了良性互动,深刻体现了温州传统道德文化"以利和义"的思想精髓。

第三节 彰显温州工匠精神,促进文明水平整体提升

进入新时代以来,习近平总书记在不同讲话场合提到和强调"劳动精神、劳模精神、工匠精神"等概念[1],充分展现了新时代党和国家对劳动人民的"劳动""工匠"精神的敬畏和重视,也标志着我国的劳动生产方式已由过去高消耗密集型"劳动"作业向现代低消耗高专特精型"工匠"技艺转变,同时也标志着我国人口素养结构由过去自发式的道德素质向现代规范化、统一性的"公民"道德素质转变。温州工匠精神为温州地区社会文明的整体提升奠定了坚实基

① 习近平:《在全国劳动模范和先进工作者表彰大会上的讲话》,《人民日报》2020年11月25日第2版。

础,也为新时代温州道德文明的升级发展提供了根本保障。

一、温州工匠精神的文化渊源及其当代成效

工匠精神一般是指"一种对工作精益求精、追求完美与极致的精神理念与工作伦理品质,它包含了严谨细致的工作态度,坚守专注的意志品质,自我否定的创新精神以及精益求精的工作品质"①。温州素有"百工之乡"的美誉,这是温州工匠精神的体现。

温州工匠精神的形成有着深厚的历史文化渊源,它实际是温州传统事功精神在市场经济下的具体表现形式。所谓事功精神,主要是讲做事的功效性,即讲究以最少的时间、材料、劳动投入换取最大的收益产出,这实际上体现了一种数学思维经济原则。数学就是人类力图用抽象的"数""量"关系把复杂的现象世界归纳为几条数学原理或公式,以便人类更好地把握事物的运行(运算)规律,从而更好地生活于世,故数学家也是一种抽象意义上的经济学家。没有数学和数学思维的发展,我们很难想象人类的进步和发展,也很难想象当今人工智能的存在和发展。所以,工匠精神不能简简单单地归结为追求一种工艺技巧上的娴熟,它不是在一种相对单一的职业技术教育中就能培训出来的,它根源于一种数学思维文化的熏陶,需要一种"卓越""精细"的文化心理滋养和铺垫。也就是说,数学思维是产生工匠精神的前端或上游,职业技术教育则是生成工匠精神的终端或下游。没有数学思维作为支撑,单一的职业技术教育很难使工匠精神有质的提高和发展。其实,温州就产生了许多著名的数学家,温州也被誉为"数学家的摇篮"。这一点也许正是温州工匠精神持续发展的根本动因。这与古代温州的生存环境是有着某种内在联系的。

基于数学思维的事功精神涉及充分利用脑力的算计,在市场应用方面,它涉及对产品的精心设计和服务的入微考虑,以便带来更好的市场交易效果。我们在第一章已经说明,温州地区由于自然条件恶劣,过早地开发了温州人民的脑力,所以说温州人民的脑子比较"好使",做事讲究效率,具有一种事功精神。因为只有借助这种"事功""算计",古代温州人民才能在恶劣的自然环境

---

① 肖群忠、刘永春:《工匠精神及其当代价值》,《湖南社会科学》2015年第6期。

中更好地生存下来。长此以往,这种生活习惯就培养了温州人民"精细"的思维习惯。

改革开放以来,温州传统事功精神通过工匠精神得以进一步展示。温州人民创造了许多知名品牌,立起了"温州制造"的金字招牌。例如,目前温州已有诸如正泰、德力西、奥康、康奈、天正、森马、华峰、报喜鸟、美特斯·邦威、庄吉、红蜻蜓等知名品牌,并且在每一个行业或领域都有多个细分品牌。例如,在服装行业,有法派、报喜鸟、夏蒙、庄吉、乔顿、美特斯·邦威、森马、高邦等品牌;在鞋业领域,有康奈、奥康、东艺、吉尔达、红蜻蜓、佰纳、蜘蛛王、康龙、飞驼等;在电器行业,有正泰、德力西、人民、天正、长城、华通、飞雕等。一个产品能被称为品牌,它一定是那种经过时间和空间的考验、经过国内外市场很长时间的检验才被保留下来的品种。温州这些品牌不是一朝一夕就形成的,它是温州人民长期"精细"经营和"精细"制作的结果,也是温州人民基于数学思维追求卓越效果的体现。改革开放之后,温州诞生了全国第一张个体户营业执照、第一家股份合作制企业、第一座中国农民城等,这些都是温州人基于数学思维追求卓越效果的体现。

近年来,温州工匠精神也逐渐成为温州人民走向文化自觉、自信的一种重要表现形式。例如,2016年12月29日,世界温州人工匠精神对话会在温州市人民大会堂举行,康奈集团董事长郑秀康结合自己几十年的制鞋经验,在对话会上分享道:"我认为做事情,一是用脑袋,一是用心做。工匠精神在我看来,就是要在制造过程中发现需求、寻找突破,突破后还要精益求精。消费者认可康奈的鞋子,成为我努力的干劲,只有把鞋子做精做好,才能让温州人乃至全世界的人知道我们鞋子的品质。"[①]与此同时,与会嘉宾中,叶萌春、吕帆、张汉平、张积贵、张童生、周锦云、郑秀康、胡献旁、高公博、黄建平等10位工匠精神代表人物倡议发表世界温州人工匠精神共同宣言。

---

① 转引自《"工匠精神"是什么,世界温州人怎么去践行?》,http://news.66wz.com/system/2016/12/30/104950866.shtml。

图12　2016年12月29日下午,世界温州人"工匠精神"对话会
在温州市人民大会堂举行(图片来自网络)

　　围绕温州工匠精神助推温州转型发展问题,温州市政府近年来也加大了对工匠精神的培育力度。例如,温州市先后出台了温州市"名师名家"、市首席技师、瓯江技能大奖等突出高技能人才评选办法,并于2016年推出"瓯越工匠"3年行动计划。目前,温州市共有1人获"中华技能大奖"、3人获国务院政府特殊津贴、1人获"钱江技能大奖"、20人获"瓯江技能大奖"、126人获市级及以上首席技师。截至2017年11月,已建国家级技能大师工作室2个、省级技能大师工作室27个、市级技能大师工作室140个。温州市人社局职建处负责人说道:"一个城市的核心竞争力离不开工匠精神的锻造,文化驱动力离不开工匠精神的传承。在'温州制造'向'温州创造'转变的关键时期,工匠精神是发展的推

动力。人社局希望通过培育更多的'瓯越名匠'，助推温州发展。"①

二、温州工匠精神革新了温州人民的道德文化心理

温州工匠精神是在温州民营经济的土壤中孕育出来的。民营经济的高质量发展，对产品质量和人的品质都提出了新的要求，所以温州工匠精神是人的品质与产品的品质合二为一的体现。改革开放以来，温州民营经济经历了家庭作坊、规模工厂和产业集群等发展阶段，这个过程也是温州人道德文化心理发生重要转变的时期。在家庭作坊阶段或小规模工厂阶段，一个企业的产品质量、经营管理模式、人员素质等要求可能都不需要太高，人的产业行为具有一定的随意性，例如，家庭员工可能没有固定的作息时间和工作制服等。企业发展的好坏全靠企业主个人品质的好坏支撑，也没有系统的企业文化观念。

但是，伴随着市场需要的扩大和企业信用的提高，民营企业主开始重视产品质量建设，围绕着产品质量问题就相应地形成了现代生产或经营理念。在严格的作息时间、节假日、生产工序、生产空间、工作制服等因素规约下，企业员工逐渐形成了相应的职业道德。这种职业道德与农耕时期农民的职业道德不同，前者具有很强的组织性、团体性、绩效性，即企业员工不能像农民那样单干、自由地劳作（当然，农奴的劳作方式除外）。例如，此时人们的卫生意识、时间意识、公共意识、竞争意识等都有了明显提升。随着经营方式由家庭作坊向规模工厂和产业集群的发展，这些意识逐渐演变为人们的城市生活意识，也即成为现代市民社会的道德文化心理。

之前我们常说温州老板多，民间资本雄厚，但是温州城市文明比较落后，乡村自然生态优势也没有得到彰显。这有历史的原因，例如温州民营经济最初主要是靠低素质人口的密集劳动形成的，现代文明程度本身难以拔高，加上一些地方政府的现代管理水平和服务效能的滞后，温州工匠精神很难转化为其道德建设的优势所在。但是，进入新时代以来，特别是自温州参与创建全国文明城市和美丽乡村活动以来，我们看到温州人的道德素养和城市文明水平

---

① 转引自《"工匠精神"如何助力温州创新发展》，http://news.66wz.com/system/2017/12/04/105047446.shtml。

都有了一个根本的改善,温州社会道德文明程度有了整体提升,人们的生活幸福感有了明显的提高。这是为什么呢？这一方面在于温州市城市管理水平和服务效能的提高;另一方面,更重要的在于温州有大量的民营企业作为支撑,它们帮助来自全国各地的文化素养各异的员工快速地适应了工厂制的生活和管理模式,适用了各自的企业文化和道德行为准则。所以,温州工匠精神为温州人民的道德素养提升提供了重要保障。

温州工匠精神也是浙江工匠精神和现代中国工匠精神的一个缩影,温州人民道德素养的整体提升也是现代中国公民道德素养整体提升的一个缩影。它们都反映了中国由传统农业社会向现代工业社会转型发展中人们道德文化心理的变革和发展。在现代工厂制生活环境和工匠精神的熏陶下,人们早已抛弃了农耕时代的野蛮心理和道德习俗,越来越意识到对人的尊重和尊重环境的重要性,这是工业文明和工匠精神的产物。对人的尊重和对环境的尊重,归根到底是因为借助高质量产品的生产和交换,来实现对人们交往人格的尊重。产品的质量只是人的道德质量的一种外在体现。进入新时代以来,习近平总书记之所以多次强调要发扬劳动精神、工匠精神,这是对中国人民道德人格的尊重的表现,也是中国人民整体道德素养提升的表现,还是中国作为制造业大国、强国形象树立的表现。

第四节　新时代温州人精神与温州道德文化自信

在前面第二章第四节内容中,我们阐述了从永嘉学派"道德事功精神",到中国共产党领导下的"温州革命道德精神",再到改革开放至党的十八大之前所涌现的当代"温州人创业精神"的历史发展,这一节我们将接续上面的精神发展逻辑,力图阐明新时代温州人精神之内涵特征和变化取向。为了能够比较全面地把握这个问题,我们先对改革开放以来以创业创新为主要特征的当代"温州人精神"之内涵理解做了简要的学术梳理,再构建出它的义理逻辑特征,最后对"新时代温州人精神"之内涵特征做一解析。

改革开放以来,随着"温州模式"的确立,人们开始反思和研究温州人精神,并且因为温州人在改革开放和发展商品经济方面的先行成功,温州人精神也被赋予了某种时代精神和民族精神的象征意义。随着市场经济的发展,温州人精神的内涵也在不断丰富,人们也从不同层面来表述和揭示温州人精神,例如"温州意识""温州精神""温州人文精神""温州人精神"等都是对温州人精神的某种表述。进入新时代以来,随着党情、国情、世情的变化,温州社会经济发展也面临新的机遇和挑战。对此温州人也需要在道德心理和精神层面有更大的突破和发展,从而呈现出新时代温州人的行动成效和社会形象。

一、对温州人精神内涵的理解

精神力量是人的一切行动的根本动力,"温州模式"的形成也是温州人精神动能的体现。当代温州人精神的形成离不开改革开放这个大环境,是改革开放的实践条件铸造了温州人精神,或者说是"勤劳勇敢并富有智慧的温州人在改革开放和市场经济的大潮中,形成了自己独特的精神"[①]。改革开放以来,人们对当代温州人精神的内涵认识虽然有不同表述,但其核心思想基本是一致的,总体可以概括为"团结自强、务实创新"。关于人们对温州人精神内涵的表述,大致经历了以下几个时间段。

1986年,时任温州市委书记董朝才在《温州日报》上发表《努力建设与温州改革实践相结合的精神文明》一文,提出"温州意识"。[②]

1986年12月14—16日,由浙江省社科联与温州市委宣传部联合举办的温州试验区精神文明建设理论讨论会首次对"温州精神"进行了理论探讨,并将其内涵概括为"自立自主、崇实务实、竞争开拓、奋勇创新"。

1987年10月,温州市社科联副主席洪振宁在《温州探索》(试刊号)上发表了《"温州精神"的主要特征及其他》一文,将温州人精神内涵概括为"自立、务实、开拓、创新"。

1993年10月,在温州市召开的温州精神与温州形象研讨会上,时任温州市委书记张友余将温州精神概括为"自主改革、自担风险、自强不息、自求发展"。

---

① 杨华:《人的和谐发展——温州模式的诠释》,人民出版社2006年版,第162页。
② 蔡克骄、陈鳎:《温州模式与温州人精神——兼谈温州人精神面向未来的变革与重构》,《温州师范学院学报》(哲学社会科学版)2000年第1期。

1995年12月，经济学家钟朋荣把温州人精神概括为"白手起家、艰苦奋斗的创业精神，不等不靠、依靠自己的自立精神，闯荡天下、四海为家的开拓精神，敢于创新、善于创新的创新精神"。

1986—1998年间，社会学家费通孝三次到温州考察，并在《瞭望》周刊上先后三次撰文（《小商品、大市场》《家底实、创新业》《筑码头、闯天下》），阐述"温州模式"及其对探索和发展中国特色社会主义市场经济发展的积极意义。1998年，他在《筑码头、闯天下》一文中把温州人精神描述为"就是不甘落后敢为天下先，冲破旧框框，闯出新路子，并且不断创新"。

1998年，时任温州市委书记蒋巨峰在《温州市纪念党的十一届三中全会召开20周年大会上的讲话》中，把温州人精神解释为"敢为天下先，特别能创业"。

2003年10月11日，首届世界温州人大会上，人们描述温州人精神的字眼主要集中在"敢闯""进取""创新""敏锐""坚韧""耐苦""团结"上。

2006年，方立明等人在《温州精神：内涵、特征及其价值》一文中总结道："温州人精神具有丰富的内涵：它体现了温州人为争创宏伟大业，勇于探索、敢于超前的精神；体现了温州人为发展市场经济，勇于竞争、敢于冒险的精神；体现了温州人为求生存和发展，勇于拼搏、敢于吃苦的精神；体现了温州人为适应时代发展需要，勇于追求、敢于开拓的精神；体现了温州人为融入全国走向世界，勇于联合、敢于抱团的精神。其基本内涵可以概括为十六个字：勇于自主，敢为人先，善于亲和，精于创业。"①可以看出，方立明等人在论文中不仅指出了温州人具有独立自主自强的精神特质，还指出了温州人具有亲和、抱团、互助的精神特质，而后者更是我们最新关注的地方，它反映了温州人的群体意识和理性合作精神。

根据以上表述，温州人的精神内涵既有"自主""自立""自强"等表示个人独立奋斗、吃苦耐劳层面的精神特质，也有"开拓""求新""出奇"等表示个人善于冒险、勇于创新层面的精神特质，还有"团结""互助""亲和"等表示个人之间相互协作、共同进取层面的精神特质。这些精神特质总体展现了温州人在处理自我与他人、自我与群体之间的关系时，具有一种实践合理性的精神特质。

---

① 方立明、薛恒新、奚从清：《温州精神：内涵、特征及其价值》，《浙江社会科学》2006年第1期。

这种实践合理性的精神特质使温州人在个人与他人、个人与整体之间产生了一种和谐的互动关系,规避了个体的心理固执和价值清高。为此,有学者说道:"温州家族内部和温州人群体之间和谐的人际关系造就了'温州模式',引领了温州经济的崛起和发展。"①

概言之,温州人精神的内涵,一方面展示了温州人具有独立自主、自强不息的精神特质,另一方面也展示了温州人具有亲和、团结、互助的精神特质。前者反映出温州人强大的自爱、自利心理动因,这是温州人从恶劣的自然和历史环境中孕育而来的心理动因。后者反映出温州人在与恶劣的自然和历史环境的长期斗争实践中形成的心理动因,这是一种爱他、利他的心理动因。但是,无论是自爱、自利的心理动因,还是爱他、利他的心理动因,它们都反映出温州人在长期的生活和行商实践中形成了一种实践合理性的品质。这种实践合理性的品质使温州人在实现自我价值与增进群体价值之间达到了一种合理和谐状态,而不至于走上极端,造成个人的极端富足或贫穷。为此,随着温州经济的深入发展,人们也指出温州人精神的内涵中还具有"富而好德、富而好礼、富而好仁"②的特质。③

二、温州人精神的义理运行逻辑

当代温州人精神是中华民族和中国人之精神气质在温州区域的一种历史浓缩和时代精神显现,它具有中国人之精神气质的共性特征,这种共性特征体现在中国各区域人们的精神气质具有一种共性的义理运行逻辑特征上。由于温州人较早地发展起了现代商品经济,所以他们较早地将中华民族和中国人的这种精神气质的义理运行逻辑率先充分展示出来,笔者将这种共性的义理

---

① 杨华:《人的和谐发展——温州模式的诠释》,人民出版社 2006 年版,第 185—198 页。
② 参见:《人民日报点赞温州"礼遇好人"机制》,http://www.wenzhou.gov.cn/art/2017/12/24/art_1217832_14551431.html。
③ 方立明:《自强不息 富而好礼 富而好学——浙江省温州市公民道德建设的经验》,《精神文明导刊》2011 年第 8 期。

运行逻辑特征也解析为一种"情"与"实"统一的义理逻辑。①

　　这里的"情"就是指中国人精神气质中具有浓郁的"情感"成分，它表现为非常注重对他者和群体生命的恻隐关怀或情感投射；这里的"实"就是中国人精神气质中也具有一种强烈的"实用""实践""务实"的倾向，表现为中国人不太喜欢追求精准单一的、形而上的抽象认知理念。"情"与"实"的内在统一就是指中国人精神气质的生成过程，它展现的是人之"情感"的实践合理性实现过程。也就是说，在中国人的精神世界形成过程中，人们首先是将自己的"情感"付诸实践，然后随着实践开拓，这种"情感"会慢慢积淀为一种实践合理性的品质或心理倾向，所以中国人面对这个世界首先是以"情感"的心态或方式介入的，只是随着个体"情感"实践的广度和深度的不断开拓，个体就生成了实践合理性的品质。这种实践合理性的品质的形成，代表了中国人的一种"实践智慧"，代表了中国人的"处世之道"或在经验世俗世界中形成的世俗智慧，它与西方人所追求的认知合理性或科学认知智慧有所不同，后者主要是以人的认知合理性心态或方式来首先介入这个世界的，他们更侧重科学认知智慧，追求一种科学的认知合理性。所以，相比西方人热衷追求的认知合理性和认知性的科学智慧，中国人更热衷追求实践合理性和生活实践性的智慧。②

　　实践合理性也是人的理性能力之表现，虽然它最初是由人的"情感"在人的实践活动中慢慢积淀和派生出来的，但它主要是以生活经验为基础、以现世生活的成功为导向来运用人的理性能力，即注重在与他人相处或相关联的生活环境中来运用理性，以便使自己的行为习惯服从于整体的生活环境和照顾

---

① 包括温州人在内的当代中国人民具有这种"情""实"统一的道德精神，实质也是马克思主义道德文化与中华优秀传统道德文化之间思想义理融合的结果，这主要反映了中国共产党领导下中华道德文化的义理发新。正因为如此，笔者在其他著作中也将"情""实"统一精神称为中国共产党人的执政伦理精神，它集中展示了中国共产党领导下中华民族的精神义理逻辑和价值取向特征。具体内容请参看方德志：《共情、关爱与正义：当代西方关爱情感主义伦理思想研究》，中国社会科学出版社2021年版，第279页。

② 当然，这种实践合理性一旦与人们追求物质生活的动机结合起来，也会很容易形成一种强大的世俗功利取向，它会使人们将基于情感的实践性品用作谋求个人利益的最大化，形成一种比较固化的合理性的利益圈层和结构。如果我们不注重对这种固化的合理性结构的反思解构或自我批评，就会使人们固化于这种利益圈层和结构之中，从而使人们失去了对他者或群体的道德关怀意识，有时甚至会使人们的浓郁情感异化为一种止于个人自保的"冷漠"理性。这是需要我们对中国人精神气质加以注意和改造的地方。

到他人的心理感受。所以,在中国人的精神形成层面,随着这种实践合理性品质和心理倾向的生成,成熟的中国人总体上乐于追求人际和谐的相处之道,注重对他人的谦让和对整体的遵从。在这个过程中,个人的道德"激情"或"情怀"已经实化为一种稳定的实践合理性品质,人们之间虽然有温情的浮动,但是都要服从这种实践合理性的心理倾向。这种实践合理性倾向使中国人在世俗生活中总体上表现出一种个体谦让①与整体和谐的存在状态。

当代温州人精神的内涵中就具有这种"情""实"统一的义理逻辑运行特征。它一方面反映了温州人非常注重家族或群体内部基于血缘亲情的人际情感的重要性,看重人际互助情感;另一方面,也反映了温州人非常注重"实践"合理性的品质,看重在生活实践中合理性地理解和处理这种人际情感,而绝非只是"感情用事"。所以,温州人的精神世界既有浓郁的"情感"气息,也有冷静的(实践)"理性"气质,并总体呈现出一种"情""理"和谐的状态。

为什么会这样呢? 这主要在于温州人天生就具有一种敢于冒险、富于创新的卓越的事功精神,这种精神会促使温州人的实践合理性品质或心理倾向不断被突破和更新(以至于不被既得利益所固封和僵化)。换言之,卓越的事功和实践创新精神会使温州人精神世界中那种"情感"和"理性"成分总是处于不断交替和更新之中,而不止于一端。所以,温州人在富裕起来之后,乐于行善,而不是固守已有的财富和冷漠地对待他人和群体。相比之下,那些止于既得利益而又竭力用一种实践合理性的品质来固化或稳定既得利益的人,往往对他人和群体的利益需求是冷漠的。这根本上是他们缺乏卓越的事功和实践创新精神的表现,因为当人们不能或不敢和不愿面向新的实践,而只是满足于既得的利益结构和圈层,必然会成为一种保守的、排他的、寄生的群体。敢想、敢干、敢闯、敢试的温州人,通过实践创新不断冲破和拓展既定的利益格局,体现了温州人自立自强的优秀道德品性。

其实,永嘉学派所讲的"以利和义",就具有"情感"与实践"合理性"相统一的义理逻辑运行特征。这里的"义"是讲人们肩负的社会"道义"或人道主义精神,展示了人们具有的关爱道德情感;这里的"利"体现了人们实践行为的功利

---

① 无论这种谦让是形式上的还是实质上的,但它总体上反映了人们在交往中使各自的"情感"心理得到了一种"合理性"的释放,以避免过激和无礼的表现。

成效，它也是人们运用实践合理性品质的效果表现，即通过实践合理性的运思，人们取得了某种实践功利成效；"以利和义"体现的是要通过一种社会功利成效来承载和实现社会"道义"，即将人们的人道主义情感转化为一种基于人的实践奋斗的社会功利成效，从而以社会功利成效来"填实"或实现人们的人道主义情感。所以，"以利和义"实质上也是"情""理"统一精神运作逻辑的具体表现。

三、新时代温州人精神[①]与温州道德文化自信

进入新时代以来，随着世情、国情、党情、民情的变化，中国特色社会主义事业进入新的发展阶段，我国社会主要矛盾已经变为"人民日益增长的美好生活需要和不平衡不充分的发展之间的矛盾"，包括温州在内的浙江地区也被赋予"努力成为新时代全面展示中国特色社会主义制度优越性的重要窗口"和"高质量发展建设共同富裕示范区"国家战略发展目标。[②]在此背景下，如何继续发挥温州人精神的先行示范意义也是温州道德文化建设中面临的一个重要理论问题。

关于在新时代继续弘扬温州人精神的重要作用和代表意义，温州市委、市政府和浙江学界结合"重要窗口"建设做了专题研讨。2020年7月11日，温州市委、市政府在温州市人民大会堂举行了"建设'重要窗口'与新时代温州人精神研讨会"。时任温州市委书记陈伟俊在会上指出，"追本溯源，'温州模式'的诞生、温州改革开放的创举，是基于温州文化的滋养、温州人精神的传承"，他认为"'敢为人先、特别能创业创新'的温州人精神是温州发展的宝贵财富"，主张对新时代温州人精神注入"追求卓越、守正出新、富于创造、大气包容、美美与共、奋斗奋进"的时代内涵。[③]

---

① 《中共温州市委关于激扬新时代温州人精神，高水平推进文化温州建设的决定》，《温州日报》2021年8月2日第1版。

② 《中共浙江省委关于忠实践行"八八战略"奋力打造"重要窗口"扎实推动高质量发展建设共同富裕示范区的决议》，《浙江日报》2021年7月22日第1版。

③ 《建设"重要窗口"与新时代温州人精神研讨会召开——持续激扬新时代温州人精神 努力在"重要窗口"建设中走前列当标杆》，《温州日报》2020年7月12日第1版。

图13　建设"重要窗口"与新时代温州人精神研讨会现场(图片来自网络)

可以看出,新时代温州人精神内涵不仅有以往温州人精神的共性特质,也有新时代的重要特征,它不仅继承了以往温州人"吃苦耐劳、敢于实践"的拼搏进取精神,还展示了新时代温州人共享发展成果、共享美好生活的和谐相居、共进发展的高品质、高层次的精神气质。也就是说,它要包括"追求卓越、守正出新、富于创造、大气包容、美美与共、奋斗奋进"这一新的时代精神内涵,即通过汇聚和彰显"包容、美共、奋进、创新"精神内涵,使海内外温州人进一步增强对温州的"文化认同、情感认同、价值认同、发展认同"①,进而增强对我们国家的"文化认同、情感认同、价值认同、发展认同",增强对中国共产党领导下的中国"文化认同、道路认同、制度认同、理论认同"。所以,新时代温州人精神内涵一个显著特点是"同"与"共"的价值取向,这种价值取向实质是社会主义集体主义道德原则在温州人身上的一种时代精神体现。

此外,人们对新时代温州人精神也赋予了面向未来中国发展的诸多象征意义。例如,时任浙江省委宣传部副部长、省社科联主席盛世豪在研讨会上指

---

① 《中共温州市委关于激扬新时代温州人精神,高水平推进文化温州建设的决定》,《温州日报》2021年8月2日第1版。

出，在新时代继续发扬温州人精神的重要意义，认为"温州坚定当好'重要窗口'的建设者维护者展示者，大力弘扬新时代温州人精神，不断激活融入温州人血脉当中的精神基因，干成一批标志性、开创性、引领性的大事要事，让温州之窗展示中国之智、'中国之治'，以温州之答回应时代之问、历史之问"①。这说明彰显新时代温州人精神对于中国之治、中国之制、中国之智、中国之路等重大战略性问题都具有重要的示范价值和探索意义。

在笔者看来，新时代温州人精神及其象征意义，既会展示出新时代中国人民在新征程中应该具有的昂扬斗志和精神气概，也会展示出新时代中国人民对落实"两个结合"问题的行动自觉和文化体认。其实，新时代温州人精神只有在落实"两个结合"问题中才能真正被激发出来。在本书绪论部分，我们已经提到，解决"马克思主义基本原理同中国具体实际相结合"的问题，其根本机制在于中国共产党带领中国人民面向新的实践情境进行新的实践创新，从而产生新的、反映时代发展需要的中国化马克思主义理论。而关于解决"马克思主义基本原理同中华优秀传统文化相结合"的问题，人们大多同意其根本机制在于推动马克思主义与中华优秀传统文化之间的价值融合或思想会通，但具体路径很少论及。在笔者看来，实现马克思主义与中华优秀传统文化之间的价值融合，从伦理学或道德文化层面来讲，就是要实现马克思主义与中华优秀传统文化之间的道德义理逻辑会通；并且，在新时代我们要走向这种义理逻辑融合的深度文化自觉（体认）。只有这样我们才能真正走向文化自信、实践自信。笔者在上面述及温州人精神义理运行逻辑之问题则是对这一义理会通问题的具体解决路径之尝试。这种基于"情""实"统一逻辑的精神动能，是中国共产党人与中国人民在中国革命、建设和改革这100多年来的实践斗争中孕育而成的，它体现了马克思主义基本原理与中华优秀传统文化基因之间的一种深层的义理融合。从这个意义上讲，阐发新时代温州人精神的义理逻辑特征，也就是在阐发马克思主义基本原理与中华优秀传统文化相结合的具体生成理论，它代表了温州人民（以及浙江人民）和中华民族走向文化自信的一种心理表现。

温州（以及浙江大部分地区）自古以来因为恶劣的自然环境，人们养成了

① 《建设"重要窗口"与新时代温州人精神研讨会召开——持续激扬新时代温州人精神 努力在"重要窗口"建设中走前列当标杆》，《温州日报》2020年7月12日第1版。

一种求真务实、注重实践功效的思维习惯和文化传统,这与马克思主义注重人的"实践"功效的价值取向有义理相通性。例如,我们前面所述的南宋时期永嘉学派主张的"以利和义"思想,它与马克思主义注重人的道德行为功效在义理上就很相通。马克思并不是拒斥从人的实践成效和利益层面来讨论道德问题,他恰恰是从道德与利益之间的统一关系来讨论道德问题,因为他深知"人们奋斗所争取的一切,都同他们的利益有关"①,只有反映某一阶级利益需要的道德,并没有抽象的道德。又如,毛泽东也曾说:"世界上没有什么超功利主义,在阶级社会里,不是这一阶级的功利主义,就是那一阶级的功利主义。我们是无产阶级的革命的功利主义者。我们是以占全国人口百分之九十以上的最广大群众的目前利益和将来利益的统一为出发点的,所以我们是以最广和最远为目标的革命功利主义者,而不是只看到局部和目前的狭隘的功利主义者。"②所以,马克思主义者也是注重从人民的利益立场和实践功效层面来讨论"道义"问题的。

除了温州永嘉学派"以利和义"道德事功思想与马克思主义道德思想的义理融合,明朝时期浙学代表人物王阳明提出的"知行合一"思想也反映了他非常注重人的行为实践成效,体现了一种道德事功精神,也与马克思主义道德思想有义理融合之处。王阳明所讲的"知行合一"思想即关于人的"良知"的运行机理,这里的"知""行"合一关系虽然在我们的认知逻辑上有先后关系,但在实际的发生学上是同时发生的,所以"知""行"实质上是"同一"运动关系。他之所以强调"知""行"合一,主要在于他侧重从"行"之成效层面来理解良知之"知"。因为不从良知之"行"来谈良知之"知",就是空"知"和假"知",不是真"知";而从良知之"行"来理解良知之"知"的意义,就要从良知的实际"功效"来理解良知。所以,王阳明的"知行合一"思想实质上是要凸显人之"良知"的实际活动意义或发生功效,而不是要人们去纠缠和思辨"知"与"行"的逻辑先后问题。就此而言,王阳明的"知行合一"思想体现了一种关于良知运行效果的事功精神。这一点与永嘉学派"以利和义"所体现的事功精神在义理上是相通的。同时,我们也能看出,王阳明的"知""行"合一思想与我们上面提到的"情"

① [德]马克思、恩格斯:《马克思恩格斯全集》(第一卷),人民出版社1995年版,第187页。
② 毛泽东:《毛泽东选集》(第三卷),人民出版社1991年版,第864页。

"实"统一观点之间也是义理相通、学理一致的。他所讲的"知"主要是基于人际道德心理共情或万物生命感通之上的情感感受之"知"，也即人的道德侧隐之"知"，而这里的"行"也就是由这个情感感受之"知"所派生出来的实际"行动"。正如当我们的手指被火烧到了，我们在感觉（感知）到疼痛的同时，也会立马缩回（行动）手指，这个过程体现了由感知之疼派生出收手行动，而当我们看到（感知）他人受伤落难时，我们也会立马产生一种要去帮助他人摆脱受伤落难的实际"行动"，这一过程也体现了我们的良知在感受到他人的痛苦之际会激发出或转化出一种实际的行动。因此，王阳明的"知""行"合一思想，也体现了一种"情""实"统一的运思逻辑特性。反过来说，我们上述所讲的"情""实"统一的观点，也是一种"知""行"合一的思想，同时还是一种"义""利"统一的观点。它们在义理逻辑上都是同一发生的，在学理上则是立足于人的情感感知，都是由人的情感派生出来的实际行为和成效。

当然，王阳明由于时代的局限和阶级的身份，他所讲的"知""行"合一思想还主要停留于道德心理层面，主要反映了有产者或统治阶级的道德心性修养过程，它无法走向现实，无法真正成为人民大众的精神武器。但是，王阳明的"知行合一"思想无疑有他那个时代的解放意义和超越精神，它进一步推动了儒家道德义理之化繁为简的目的，使道德哲学更贴近人民大众的日常生活。其实，一种思想或理论越是通俗易懂、化繁为简，就越是反映了人民大众的心理需求。反之，一种思想或理论越是艰涩难懂、繁杂不堪，就越是远离或无视人民大众的心理需要，越是缺乏对人民大众的人道关爱。所以，站在今天的立场，以马克思主义的群众史观和"情""实"统一的运思逻辑来扩充和发新王阳明的"知行合一"思想，对于在新时代显发中国共产党人"心学"思想将有重要的义理启示意义，①它将进一步促显共产党人与人民群众之间的"血肉联系"。例如，2015 年 12 月，习近平总书记《在全国党校工作会议上的讲话》中引用了王阳明《传习录》中的讲学语录"种树者必培其根，种德者必养其心"，认为"党性教育是共产党人修身养性的必修课，也是共产党人的'心学'"。②2017 年 10 月

---

① 吴光、张宏敏：《论共产党人的"心学"：一个阳明学的视角》，《贵阳学院学报》（社会科学版）2021 年第 3 期。
② 习近平：《在全国党校工作会议上的讲话》，《求是》2016 年第 9 期。

18日,习近平总书记在党的十九大报告中提出"中国共产党人的初心和使命,就是为中国人民谋幸福,为中华民族谋复兴",认为"这个初心和使命是激励中国共产党人不断前进的根本动力。全党同志一定要永远与人民同呼吸、共命运、心连心,永远把人民对美好生活的向往作为奋斗目标,以永不懈怠的精神状态和一往无前的奋斗姿态,继续朝着实现中华民族伟大复兴的宏伟目标奋勇前进"。①至此,中国共产党人的"心学"思想成为共产党人明晰的认知信念和行动力量。可以看出,中国共产党人的"心学"②思想与王阳明的"心学"思想都蕴含了中华优秀传统道德文化的"情感"基因,都强调革除个人私欲和展现原初的道德情感动机,都强调以"行"见"知",特别是共产党人更从"干在实处""为人民谋幸福""为民族谋复兴"的实践成效层面来评判共产党人对自身的"初心"之"知",使中华传统道德文化的思想义理得到新的扩充和发展。

　　浙江是习近平新时代中国特色社会主义思想的重要萌发地③,包括温州人精神在内的浙江精神也是构成新时代中国共产党人精神内涵的重要成分之一。这种成分就含有浙江人"注重实干、讲究成效"的道德精神气质。习近平在浙江工作期间就曾讲道:"浙江在没有特殊政策、没有特殊资源的情况下,之所以能取得今天这样的成就,一个重要的原因就在于,浙江有着深厚的历史文化底蕴,而且浙江的文化传统非常适应市场经济的要求。"④这种历史文化底蕴,从根本上讲就是浙江精神具有一种"情""实"统一的义理特征,它既讲人们

① 习近平:《决胜全面建成小康社会,夺取新时代中国特色社会主义伟大胜利:在中国共产党第十九次全国代表大会上的报告》,https://news.12371.cn/2018/10/31/ARTI154095031010 02294.shtml。

② 这里所讲的共产党人的"心学",作为一种思想方法,不要让我们陷入一种唯心主义方法的联系之中。这里的"心",一方面是指共产党人的道德心理动机,反映了共产党人的主观能动性;另一方面,更是指共产党人与人民群众之间是一种事实性的关系存在("血肉联系")。共产党人的"心学",作为一种思想方法,其中一点就是指要通过涤除个人私欲,使共产党人与人民群众之间的"血肉联系"和"为人民谋幸福"的道德初心显现出来,它凸显了共产党人对人民群众和中华民族那种纯粹的道德情感动机。这种纯粹的道德情感动机,就像明镜一样。但是,有些党员干部因为强烈的个人私欲和腐败经验,慢慢就弱化了这种心理动机,污浊了为民谋利的道德"初心",所以要加强对这个"初心"的清扫。

③ 何显明:《"八八战略"与习近平新时代中国特色社会主义思想在浙江的萌发》,《浙江学刊》2018年第5期。

④ 习近平:《干在实处　走在前列——推进浙江新发展的思考与实践》,中共中央党校出版社2006年版,第317页。

群体内部的道德共情和关爱，又讲个体在实践中要将这种群体依恋情感化作为一种实践合理性的品质，从而使个体能够产生一种理性自主和独立自强的实践精神品质。这种实践精神品质在国家独立与国际和平的环境下，非常容易产生实践成效，改革开放以来，浙江品牌的形成和世界温州人的行动足迹也是明证。同时，这种注重实践成效的精神品质，也使浙江人民更注重对实践成果的保护和珍惜，注重维护和谐的人际环境，这也使他们具有热爱和平和追求幸福生活的品质倾向。进入新时代以来，浙江地区通过率先践行乡村振兴战略来力促城乡发展平衡和共同富裕示范区建设，可以说也是这种品质倾向的体现。就这个意义上讲，包括温州人在内的新时代浙江人对浙江区域文化的道德精神特质应该有更加自信、自觉的认知意识。

当然，我们这里说（包括温州人精神在内的）浙江精神具有一种强烈的"情""实"统一的义理逻辑特征和浙江区域人们的文化自信，并非要把浙江区域文化与中华民族各区域文化特点及其精神气质割裂开来看待，浙江文化和浙江精神只是中华文化和中华精神的一个部分、一个缩影。改革开放以来所凸显出的浙江精神，也是中华优秀传统文化在浙江区域的时代显发，是中华大地各区域文化长期交汇和不断创新的结果，因此我们可以说"浙江精神是中华民族精神和时代精神在浙江的生动体现"①。改革开放以来，浙江建设经验和浙江文化精神也随着全国市场经济体制的建成和国家政策被传播到全国各地，深刻影响着其他区域人们的心理习惯，同时其他区域的建设经验和文化精神也深刻影响着浙江人民的心理习惯，它们相互交融、取长补短，共同促成了新时代中华文化在整体地走向文化自信、自觉的发展轨道。并且，在马克思主义实践真理观的指导下，在新时代共产党人"初心和使命"的指引下，中华民族各区域文化所共同具有的那种"情""实"统一的道德精神义理逻辑会进一步显发出来。

综上而言，道路自信、理论自信、制度自信、文化自信从根本上说是来自人民群众的实践自信。没有实践中的自信，人们就不可能产生文化上的自信。改革开放以来，温州人民在政策支持下，大胆实践、拼搏进取，创立了"温州模式"，为中国特色社会主义市场经济体制的探索和建立做出了重要历史贡献，

---

① 陈立旭：《从浙江精神到中国精神》，《观察与思考》2019年第10期。

为社会主义精神文明建设提供了宝贵的成长经验,为"四个自信"建设提供了地方实践支撑。与此同时,党和国家对"温州模式"和温州人精神的充分肯定和转化应用,也极大地增强了温州人民的实践自信。面对新时代下温州道德文化自信建设的任务,温州人民需要一如既往地发扬"以利和义"的思想义理传统,发挥"崇实事功"的功效精神,大胆实践,优化经验,不断创新,力争为新时代中国特色社会主义精神文明建设和先进道德文化建设提供先行经验。

第五章

温州道德文化建设的经验和发展任务

　　改革开放以来,温州道德文化发展和精神文明建设的经验,既具有人类道德文化发展的一般规律和特征,也有反映温州区域道德文化发展的个性特征,结合最近十多年温州文化发展和精神文明建设成效来看,主要包括四个方面的经验特征:一是以发展经济促进道德建设,通过提升温州产品质量和品牌意识,保障人民的道德生活条件;二是注重培护民间微善土壤,发挥民间微善力量"厚德载物"的长期功效;三是加强党和政府的政策引领,坚持马克思主义科学发展观为指导,尊重人民群众道德实践首创精神,提炼和推广群众性道德文化建设的规律和经验;四是促进政府公益与民间慈善力量之间的良性互动,探索和完善政府公益与民间道德活动之间的合作机制。

　　改革开放以来,温州道德文化发展和精神文明建设的显著成效,也给了我们多方面的深刻启发和认识:一是我们的道德文化发展和精神文明建设水平必须反映或体现我国各历史阶段的物质发展水平,而不能超越或脱离这个实际水平,否则,就会妨碍物质文明的发展;二是进行社会主义精神文明建设,必须以人为本,必须围绕广大人民群众的生产生活需要开展各项建设活动,不能徒于形式,流于表面。精神文明建设只有为人民群众增添了真正的获得感、幸福感、安全感、存在感,才能得到人民群众的支持,才能促进人们走向道德共识和文明认同;三是改革开放以来,我国开展社会主义精神文明建设,是没有先前经验的,完全靠党领导中国人民在物质生产实践中,不断发现道德问题、适时提出道德建设方针、不断总结完善经验和积累建设成效的结果;四是改革开放以来,党中央在不同时期开展精神文明建设和经验提炼的过程,也是中国政府逐渐构筑中国价值话语、彰显中国道德精神、反映中国道德人性的过程,同时也是生动反映中国工业化、城市化、现代化的建设进程;五是改革开放以来,温州道德文化发展的内在动力充分展示了温州传统"文化"与现代工业社会"资本"要素力量和社会主义集体主义"道德"原则之间的内在互动关系,这为中国式现代化发展道路提供了某种经验和启示,新时代我们需要继续探索和推进温州民营企业和民间资本的健康发展。

　　新征程下,面对温州建设"重要窗口""共同富裕示范区""文化高地"等重要历史任务,温州道德文化需要积极发挥文化和精神动能的支撑作用,承担多方面的发展任务。具体来说,一要充分衔接省政府提出的"宋韵文化传世工程",深入阐扬永嘉学派道德事功之"韵"的时代价值,推进"两个结合""四个自信"和传统文化"两创"问题在温州的实践和探索；二要提升温州人民生活文化和思想理论文化等各类文化的供给能力，促成新时代温州"文化强市""文化温州""文化高地"目标建设；三要充分激扬新时代温州人精神所蕴含的"同"与"共"的道德文化内涵特征，不断抒发新时代温州人"自信""安全""自由""创造"的精神气象，助力温州"重要窗口"和共同富裕示范区建设，展示新时代中国特色社会主义先进道德文化的前进方向，有效引导温州非公有制经济文化的健康发展。

为了有效落实新征程下温州道德文化发展和精神文明建设的目标和任务，我们也需要展开多方面的推动路径。总体来看，包括：一是坚持以温州人民为中心，深入实施《浙江省新时代公民道德建设实施纲要》，全面培育和提升温州人民的公共道德素养；二是以促进温州人民的精神富有和精神共富为发展导向，通过"文化温州"工程建设，实现温州道德文化全面发展和温州文化全面繁荣；三是以"法治温州"建设为道德发展底线，保障温州道德文化长期、稳定、有序发展。

第一节 温州道德文化建设的经验特征

温州道德文化建设的经验特征,总体可以概括为温州人民与温州政府之间良性互动和共同协作的结果。一是随着改革开放和市场的打开,道德问题成为社会发展的突出问题之一。为此,从中央到地方,政府第一时间制定了有关社会主义精神文明建设的指导性文件,这对温州民营经济的野蛮生长和人们的道德观念转型有一定的价值规约和指导作用。但是,温州始终没有偏离经济建设这个中心搞精神文明建设,而是通过发挥民营经济的逐利性特点、依靠温州"质量""信用""品牌"建设来间接地推动温州精神文明建设。二是温州人民独立自主、自强不息的实践创新精神,为"厚德载物"的温州民间微善力量提供了人格条件,而温州政府又充分利用了温州人民的这一性格特质,通过各种方式适时地深耕培植这一"厚德载物"的民间慈善土壤。三是温州政府公益与温州民间慈善之间的良性互动。改革开放以来,温州道德文化和精神文明发展成效是政府公益与民间慈善力量相互合作的结果,其中民间力量是基础,政府引导是关键。四是党中央和浙江省委的战略布局和有效引导。改革开放以来,党中央根据中国社会发展现实,适时地提出"五讲四美三热爱""文明城市""公民道德""美丽乡村"等精神文明建设工程计划,是推动温州道德文化持续健康发展的重要原因之一。

一、以发展经济促进道德建设

中国古话说:"仓廪实而知礼节,衣食足而知荣辱。"人的道德素养的提升离不开物质条件的保障。马克思主义也认为,社会存在决定社会意识,经济基础决定上层建筑。人类的道德文明水准是建立在生产发展基础上的。反言之,一个国家和社会任何时候都不能断了生产和发展的链条,物质条件一旦跟不上,人的道德文明素养就会明显降下来。所以,人的道德素养是浮在物质条件之上的,只有不断保持或提升物质条件的供给,人们才有持续稳定的道德素养。一个国家和社会长期贫穷,我们很难说其中的人们有多高的道德素养。

同时，改善一个国家和地区的道德状况，是靠一群人的行为努力，不是靠一个人或少部分人就能够实现的。

最近10多年来，温州精神文明建设水平之所以有一种厚积薄发的发展态势，主要在于温州社会经济条件有了整体的提升，国家统筹发展战略成效开显，人们的道德素养有了整体的改善，温州在推进"文明城市""美丽乡村""公民道德"等建设方面因此才有了质的变化。而在改革开放之后，20世纪80—90年代这段时间里，温州精神文明建设水平之所以不高，主要在于温州大部分地区在改革开放之前长期处于贫困状态，并没有孕育出与商品经济相适应的公共道德意识；改革开放之后，虽然有一部分人先富裕起来，但是温州人整体上没有富裕起来，温州城乡发展也极不平衡；此外由于温州民营资本外流现象逐渐加重，也无力全部反哺当地的精神文明建设，所以在改革开放之后的10多年里，温州精神文明建设成效并不是特别显著。但是，自20世纪90年代初开始，温州市实施"质量立市""质量兴市"的政策之后，温州民营企业的数量和质量都获得了巨大提升，温州人创业、就业环境和生活条件也有了巨大改善。进入21世纪，在党中央提出的科学发展观和浙江省委提出的"八八战略"决策指引下，温州市加大了促进城乡平衡发展的改革举措，并以"三生融合·幸福温州"为发展理念支撑，大力改善城乡公共基础设施和生态环境条件，温州城乡人民生活水平有了整体提升，据此，温州城乡人民的公共道德意识和文明素养也有了整体提升。所以，要提升一个地区的人们的道德水平，必须首先提升该地区的经济发展水平，改善人们的公共道德成长环境。如果没有"质量立市""质量兴市""品牌强市"作为经济支撑，没有温州城乡综合改革，没有温州城乡人民的共同富裕，我们很难想象当前温州社会道德水平会是怎样的。

习近平在福建宁德工作期间，下到地方调研时发现，有些地方墙上贴的宣传标语并没有凸显以经济建设为中心，所以他就指出要以抓好"经济大合唱"这个中心任务来统领其他一切脱贫工作任务。"一个合唱团，要做到异口同声，就得讲究一个主旋律、一种节奏。经济工作也是同样的道理。"①温州社会道德建设事业是改革开放以来中国社会道德建设事业的一个缩影，它能取得如今的显著成效，根本在于温州市始终没有偏离经济建设这个中心任务，始终坚持

---

① 习近平：《摆脱贫困》，福建人民出版社1992年版，第10页。

以经济发展促道德提升这个发展思路,始终坚持扎根温州实际的马克思主义实践真理观的指导,始终展现了"以利和义"的价值取向。这是我们特别需要注意的。

二、注重培护民间微善土壤

《易经》中写道"君子以厚德载物",主要是说一个人要有一种厚实的、包容他人或承受挫折的品德,才能承载大的事业。反言之,薄德则不能载物。最近10多年来,温州道德文化之所以有一种厚积薄发的发展态势,其中一个重要原因就在于温州民间拥有厚德载物的土壤,温州民间微善力量持久发力。所谓温州民间微善力量,主要是相对于政府大规模的慈善活动而言的,但这种民间的微善并非指其力量的"微弱",而是指其虽然"小"而"多"的特点显著,但其道德合力则是异常强大的。其实,只要政府有意去培护这种民间微善土壤,其力量是取之不尽、用之不竭的,并且可以减少政府的社会治理成本。

例如,作为温州道德地标的"红日亭"现象,就展示了温州民间微善力量的有效作用。1972年的入伏天,五六位爱心老人在鹿城区华盖山下的小亭子里支起了锅,摆出煤球炉和茶壶,开始烧制伏茶,供过往路人解渴祛暑,由此开启了后来影响深远的温州民间微善义举活动。近半个世纪以来,"红日亭"的老人们为外来务工者、生活清贫者、孤寡老人、城市清洁工等人员义务提供伏茶和粥饭,在温州社会产生强烈的道德共鸣,引起社会各种力量参与支持"红日亭"的慈善义举。在此期间,温州的企业家、普通市民和公职人员等也不定期参与到"红日亭"的捐赠活动之中,有效深耕培护了温州民间微善土壤。

温州"红日亭"精神不仅孕育出了一大批普普通通的土生土长的"温州好人",也孵化出一大批外来务工的"温州好人",在瓯越大地上涌现出像河南青年李学生、安徽青年卢丙会等一大批见义勇为的民间英雄,被媒体竞相传颂的温州"抢车男""扫帚侠""纸箱侠"等温州"道德好声音"不绝于耳。

图14　2009年冬季，"红日亭"老人为人们提供热粥现场（图片来自网络）

又如，2011年7月23日，甬温线上发生了动车追尾事故后，在事故地点附近居住的村民很快就自发地参加了救援活动，之后在相关政府部门的安全引导下，全市出租车和私家车等车主也积极参与到事故的救援之中。面对由于伤者失血过多引起温州血库血浆库存不足的问题，很多市民当夜就去参加了献血活动，而献血人群中不乏刚参加完高考的温州市中学生。再如，2019年底2020年初，新型冠状病毒肺炎突袭华夏大地，温州市当时也是继武汉市之后确诊新冠病例人数最多、增长速度最快的地级市。面对突如其来的疫情，温州市委、市政府积极动员广大市民全力配合疫情防控举措，温州市民也积极响应政府号召，齐心协力抗疫。在疫情期间，温州民间微善力量再一次发挥作用，很多志愿者都参与到疫情防控之中，连海外温州人也被带动参与到抗疫活动之中。例如，2020年2月14日，一架满载防疫物资的空客全货机，从比利时布鲁塞尔机场直达温州龙湾机场，包机里满载了200多万件抗疫紧缺医用物资。这批抗疫物资全部是由欧洲90多个温籍侨团、企业和个人捐赠的，充分展现了温州民间微善力量的强大和积极影响。

温州民间之所以拥有厚实的微善土壤，根源于温州人民长期以来形成的独立自主、自立自强、勤劳致富的德行品质。道德产生于人的劳动过程，只有勤奋劳作的人才会真正尊重道德，因为他们相信通过自身的勤奋劳作能够改善自己的生活，故而不会怨天尤人和滋生奸诈之心。不讲道德的人往往是懒惰之人，是奸诈之人，是薄德之人，因为懒惰使人贫穷，也会使人滋生奸诈或埋怨之心。温州自古以来地理、历史条件都非常恶劣，这使温州人民养成了热爱劳动、矢志进取的奋斗品质和卓越事功精神。这种奋斗品质和事功精神是导致温州民间微善力量持续发酵的根本原因。没有民间雄厚的慈善土壤，只靠少数民营企业家的慈善义举，是很难改变温州社会的道德状况的。所以，我们说厚德载物，薄德无以持久地行善。温州人民的厚德载物品质，首先表现为对自己和家人生命之健康发展的自觉担当精神和自强救助意识；其次是由这种自觉担当精神和自强救助意识衍生出的对他人或集体生命之健康发展的救助意识；最后这种道德互助意识也促进了温州民间自治组织的发展和自治能力的增强。①

为了深耕温州民间微善土壤，多年来温州市委宣传部、市文明办等部门通过举办"温州市道德模范""温州市文明市民""感动温州十大人物""百佳新温州人"等一系列面向民间的道德讲评活动，使许多见义勇为、乐于助人、捐资助学、孝老敬亲的民间小微道德事迹得以发现和传播。例如，2002年前后，温州道德榜样的塑造基本是沿着"社会慈善家"和"最美温州人"两个层面展开，前者注重评选市场"经济能人"道德榜样，后者注重评选平凡之人道德榜样。2013年以来，温州市已经连续开展了4届道德模范评选活动，这些模范人物已经不再是"经济能人"，而多为普通的城乡居民。通过这种道德讲评活动，许多做善事的平凡之人得到了心理慰藉和精神鼓励，使温州民间微善土壤得以培植。

2022年7月18日，"红日亭"迎来了50岁生日，温州市举行了"红日亭"50周年庆祝活动。温州市委领导刘小涛、施艾珠、王军等人身着红马甲，在"红日亭"畔的大榕树下，为市民群众、环卫工人等施粥送菜、递送伏茶，以实际行动示范和号召社会各界积极投身温州社会公益慈善事业，携手推进温州人文明

---

① 施远涛、赵定东、何长缨:《基层社会治理中的德治:功能定位、运行机制与发展路径——基于浙江温州的社会治理实践分析》,《浙江社会科学》2018年第8期。

幸福家园建设。所以，发展经济不能稀释民间微善土壤，而要适时浇灌和培护民间微善土壤，充分发挥民间微善力量的"春风化雨"和"厚德载物"的功能。

图15　温州市庆祝"红日亭"成立50周年活动现场（图片来自网络）

三、党和政府的政策引领

温州民间虽然有深厚的道德土壤，有永嘉学派优秀的传统道德文化基因，但是温州民间的道德力量总是分散的、自发性的、个体性的，缺乏战略布局和整体推进的动力。没有党和国家的战略布局和目标引领，温州道德文化不可能取得如此大的建设成效。纵观改革开放以来温州道德文化发展和精神文明建设的成果，我们完全可以确信，党和政府围绕我国市场经济各发展阶段所制定和施行的有关社会主义精神文明建设的意见和决议是非常正确的，也是卓有成效的。温州市从以往一个破烂不堪的"城中村"城市变成现在居拥美丽山水的生态文明城市和幸福宜居城市，是与党的改革开放、科学发展观、美丽中国、"绿水青山就是金山银山"理念等阶段性发展理念分不开的。

改革开放之后，温州作为发展商品经济的试验区，物质文明发展水平取得了显著提高，但是道德文化发展水平依然滞后。党中央在20世纪80年代初就提出了在全国青少年中开展"四有"新人、"五讲四美三热爱"等精神文明建设活动，以此塑造和传播良好的社会道德风气，但温州地区因为历史底子薄，人们并没有随着物质生活条件的改善而有意识地改善公共道德文化状况,温州人民更多是抓住政策机遇,通过发展家庭作坊工厂来积累物质财富。1986年12月9日至14日,浙江省社科联和温州市委宣传部联合举办了"温州试验区精神文明建设理论讨论会",来自中共中央书记处、中宣部、中国社会科学院、上海社联、文汇报、光明日报、解放日报、各省区市以及许多院校等部门的130多名专家和学者参加了此次研讨会,对当时温州精神文明建设现状、存在问题及其原因、进一步的建设任务等做了深入研讨,标志着温州道德文化发展和精神文明建设问题开始进入国家的理论思考层面。但是,1987年8月8日,杭州武林门广场"火烧温州鞋"事件使温州社会道德信誉跌入了谷底。为此,20世纪90年代初,温州市委、市政府开始以提升产品质量为主抓手来力推温州市道德文化发展与精神文明建设水平的根本改善。后来我们也知道,在温州市接连提出"质量立市""质量兴市""质量强市""品牌强市"的决策导向下,温州企业的产品质量有了根本改善,出现了许多全国知名的温州品牌。

　　产品质量的提升是温州人道德意识提升的重要标志,也是温州人最好的社会道德名片。这种道德行动方案无疑是在党和政府的政策引导下被严格执行的,没有政府在这个关键时候提供战略引导,我们很难想象靠温州民间的聪明才智会有这样的质量(道德)成效。高质量的产品为温州人带来了更多的物质财富,也改变了温州人的道德现象,同时也为温州人自觉地从事社会道德建设提供了根本物质保障。此后,温州道德建设进入良性循环之中。例如,2002年温州慈善总会成立后,温州民营企业家也相继成立了各种类型的慈善基金会,它们在全国的助学、助残、救灾、抢险等方面都做出了应有的贡献。此外,还有以"红日亭"为代表的温州民间微善力量的广泛存在。最近十多年来,温州道德文化建设水平可以说是进入了厚积薄发的阶段,温州市在践行社会主义核心价值观、落实《公民道德建设实施纲要》、参与"全国文明城市"评选活动、建设"美丽乡村"和促进城乡平衡发展、推进高质量发展共同富裕示范区建设等方面都取得了切实成效,这些成效使温州市日渐成为一个文明、幸福、宜居的地区。当然,这些成效都是在党和政府的阶段性政策导向下实施和推进的,没有党中央和省委的战略布局和各级政府部门的具体推进,温州精神文明建设不可能取得现有的成效。

四、加强政府公益与民间慈善力量之间的良性互动

改革开放以来，温州道德文化的建设成果，是温州市政府与温州社会民间力量共同努力的结果。多年来，温州市委宣传部、温州市文明办、温州日报报业集团、温州广电集团、温州市社科联等部门之间不断加强内部协作，通过搭建各类公益平台和慈善项目，积极分流温州民间资本力量的公益取向，有效推动了温州道德文化的建设和发展。例如，"爱心温州·善行天下·明眸工程"的实施过程，主要是由民盟中央各级民盟组织负责项目牵头，由温州医科大学附属眼视光医院负责提供医疗技术实施，由温州市慈善总会和市政府经合办负责筹集资金，由温州日报报业集团和温州广电传媒集团负责发动社会捐款和报道事宜。这一过程，充分反映了温州政府部门与社会民间力量之间的有效互动。又如，"世界温州人微笑联盟"开展的"微笑工程"，它原先是由温籍台胞何纪豪先生个人发起的，经过温州市慈善总会的平台搭建，依靠美国微笑联盟基金会的技术支撑，以温州医科大学为医疗平台，以中国台湾地区罗惠夫颜腭基金会为医务人员培训基地，以温州媒体及活动当地媒体为宣传媒体，以全国温州商会、海外温州侨团为公益载体，以温州市及活动当地的相关政府部门、捐资企业为合作伙伴的公益活动。该活动充分反映了温州社会道德建设事业中个人、社会组织或团体、政府部门之间的有效合作。

此外，还有一类半政府性质的组织，这类组织真正搭建起了政府组织与民间组织之间的协作关系。例如，温州市慈善总会和"温州晚报·雪君工作室"就具有这种性质功能。前面我们提到，2002年前后，随着温州民间资本的壮大，温州市政府适时成立了温州市慈善总会，其在引导和分流民间资本的公益取向和创新慈善形式方面取得了很大成效。2003年7月，《温州晚报》设立了《雪君工作室》专栏，该专栏是一个具有民间自发兼政府搭台性质的新闻专栏。栏目定位目标为"人文关怀＋桥梁纽带"，专为社会弱势群体提供人文关怀，培护民间道德力量发展。"温州晚报·雪君工作室"成立20年来，注重培护温州民间微善土壤，积极探索和开展民间公益活动。例如，每年除夕夜举办（温州市市长参与）全市特困户"慈善大宴"，通过成立"雪君工作室·义工团队"（与慈善总会等社会组织合力）帮助解决助医、助学、助贫、救灾问题等。在我们的采访

中,郑雪娟女士透露,温州民间公益组织下一步将以国际化的发展视野,通过与国内、国外公益组织合作,积极参与国内外慈善公益事业,传播温州大爱精神。

总体来看,以上四个方面可以说构成了温州道德文化发展的主要经验特征。首先,党和政府的科学决策和战略引导是关键。其次,发展经济是基础。没有温州经济的发展,温州道德文化发展很难持续推进。再次,温州民间或社会慈善土壤是重要力量源泉。最后,温州政府公益与温州民间慈善力量之间的内在互动是重要机制原因。这种机制原因根源于我们在绪论中所说的温州传统"文化"与温州现代民营"资本"和社会主义"道德"原则之间的良性互动。正是因为有了"文化""资本"和"道德"之间的良性互动,温州经济和社会发展才有了根本的机制动力和创新活力。

任何创新动力最终都来自人民群众的生活生产实践。不尊重人民的实践规律,社会发展就失去了根本动力。改革开放以来,"温州模式"的产生,根本上是因为温州政府充分相信和尊重温州人民的实践首创精神,让温州人民有一种内在的实践自信,而不是畏首畏尾,错失实践时机。当然,人民群众的实践创新也有自发性和盲目性的特点,所以政府要紧跟群众实践,总结经验和把握规律,提出政策引领和方向布局,促使人民群众的实践力量朝着一个正确的总方向前进,从而避免一种各自为政、分化无序、相互抵消的发展状态。只有这样,我们才能明显感觉到一种社会向前发展的节奏。

第二节　新征程下温州道德文化发展的主要任务

中国特色社会主义进入新时代,面对温州建设"重要窗口""示范区""文化高地"等重要战略任务,温州道德文化发展需要进行多方面的整合和创新,以适应新征程下温州经济和社会发展的新要求。其任务主要包括:一是充分衔接省政府提出的"宋韵文化传世工程"战略规划,深入阐扬永嘉学派"道德事功之韵"的时代价值,有效推进"两个结合""四个自信"和传统文化"两创"问题在温州的先行实践和探索;二是加强以道德文化为核心的温州学术文化、思想文化、理论文化的供给能力,充实和提升温州人民生活和消费文化的内容,促成新时代温州实现"文化强市""文化温州""文化高地"建设目标；三是推动温州"重要窗口"和共同富裕示范区建设，以社会主义集体主义道德原则引导温州非公有制经济文化健康发展，充分展现温州经济和社会发展的社会主义前进方向。

一、衔接"宋韵文化传世工程"，阐扬永嘉学派道德事功之韵的时代价值

近年来，随着浙江经济和社会步入高质量发展轨道，浙江省加快了推进"六个浙江"之"文化浙江"的建设步伐，力促浙江省实现由"文化大省"向"文化强省"的发展转变。[①]其中，实施"宋韵文化传世工程"是推进"文化浙江"建设的重要内容之一。因此，衔接浙江省"宋韵文化传世工程"，推动温州"文化强市"和"文化温州"建设，也是温州道德文化发展的重要任务之一。

关于宋韵文化之"韵"的内涵特征和意象内容，目前还没有太多的统一描述，各家观点不一，理路分歧较多。[②]但我们认为，陈野研究员提出"跳出杭州、浙江看宋韵文化""跳出文学艺术看宋韵文化""跳出两宋地域看宋韵文化"[③]的观点很有启发意义。的确，我们对宋韵文化之"韵"的价值视野阐释不应该限于杭州、文学艺术、两宋时期等相对狭小的空间、时间和对象，更要从中华民族文化发展和精神成长历程来看待宋韵文化之"韵"。在中国文化中，"韵"字含有"押韵、和谐、得体、美感"等寓意，它既能表达人们在视觉空间构造、听觉构

---

① 近年来，浙江省通过的由"文化大省"向"文化强省"再到"文化浙江"之发展轨迹的相关决议名称有：
《关于深化文化体制改革加快文化产业发展的若干意见》(2004年)；
《中共浙江省委关于加快建设文化大省的决定》(2005年)；
《浙江省文化建设"四个一批"规划(2005—2010)》(2006年)；
《浙江省推动文化大发展大繁荣纲要(2008—2012)》(2008年)；
《浙江省人民政府办公厅关于支持文化体制改革和文化企业发展的意见》(2009年)；
《中共浙江省委关于认真贯彻党的十七届六中全会精神，大力推进文化强省建设的决定》(2011年)；
《浙江省人民政府关于印发浙江省文化产业发展规划(2010—2015)的通知》(2012年)；
《中共浙江省委、浙江省人民政府关于推进文化浙江建设的意见》(2017年)；
《中共浙江省委关于加快推进新时代文化浙江工程的意见》(2021年)。
② 刘克敌：《关于"宋韵"阐释的几个问题》，《浙江学刊》2022年第1期。
③ 陈野：《试论宋韵文化的认识维度、精神实质和当代价值》，《浙江学刊》2022年第1期。

词等具体感知方面的押韵和谐之美,也能表达人之内在生命成长节律的成熟和谐之美。从后一种意义而言,"韵"字可以表达人之生命节律已走向成熟、稳重状态,由此人们展现出一种从容、淡定、冷峻和理智的成熟气质。据此,宋韵文化之"韵"不仅含有文学艺术之韵,也含有(在古代农牧时代,历经几千年融合淬炼和成长发展的)华夏民族文化到宋代已显成熟之韵——这一点或如陈寅恪所言:"华夏民族之文化,历数千载之演进,造极于赵宋之世。"基于这种文化生命成长节律的成熟状态,宋代文化在整体上也展现出一种冷峻收敛、从容淡定、理智和谐的气质特征。哲学是时代精神的精华。两宋时期哲学(理学)的繁盛也印证了古代中国哲学心智在这一时期发展到了顶峰。经过佛老庄禅哲学心智和思想义理的洗练和扩充之后,立足现世生活的儒家哲学对天道、性理、伦序等基础性哲学问题都做了浩大而精细的智思辨析,从而使儒家思想以更加严整、浩大、自信的姿态重新出场——新儒学(理学)。此后,由两宋新儒学所展示的时代精神气度和哲学心智水平在古代中国不再被超越。所以,宋韵文化之"韵"标志了华夏民族文化在形而上的精神智思层面已经走向了成熟,从而使人们的心灵秩序和精神境界呈现出一种智思稳定、目标明确、淡定从容的和谐之美和成熟之韵。

永嘉学派,作为南宋时期与以朱熹为首的"道学"和陆九渊为首的"心学"鼎足而立的哲学流派,无疑属于上述"宋韵文化"的核心部分之一。并且,与朱熹"即物穷理"的"道学"智思和陆九渊"发明本心"的"心学"开悟不同,永嘉学派的智思成熟之处主要体现为永嘉学人深谙社会实际运行之功(规律),认识到商品流通和农工财富积累对于增强国力、改善民生的重要性,所以他们辩护"道不离器""义不离利",主张"以利和义",拒斥空谈"道""义"。这对于当时商品经济比较发达和城市生活比较兴盛的温州"市民社会"来说是非常契合实际的,也是符合历史潮流的。虽然这一思想主张在后续王朝遭到中断或轻视,但是随着中国社会历史的自然演进和西方现代工商业文明的涌进,永嘉学派"以利和义"道德事功思想也逐渐重新步入历史舞台。改革开放之后,受永嘉之学涵养的"温州模式"的出现,为我们探索发展中国特色社会主义市场经济提供了可靠经验。站在今天的中国社会主义市场经济立场来看,永嘉学派当时力主"以利和义"思想,何尝不是中华民族自觉探索市场经济路径的一次最早思想实验呢!就此而言,温州市对于衔接和落实省政府提出的"宋韵文化传世工程"和推进"文化浙江"建设，无疑具有历史文脉和现实经验上的许多优势。因此，深入阐扬永嘉学派道德事功之"韵"的时代价值，也无疑是新征程下温州道德文化发展的重要任务之一。

永嘉学派所展示的道德事功之"韵"，如前所述，主要就在于他们把"义"与"利"、"道"与"器"做了一种更符合社会现实的智思。但是，永嘉学派的道德事功之"韵"，在古代封建专制统治条件下是无法实现的，在革命战争年代也是无法充分实现的，因为那个时候人们无法真正施展自己的个性潜质，无法形成实践创新的合力，而大多是受制于家族政权的压迫和革命军事活动的需要。永嘉学派道德事功之"韵"只有在现代工业文明时代和和平环境下，才能逐渐显发出效果来。改革开放以后，"温州模式"和温州人精神的出现就是一种明证。新时代新征程新任务，阐扬永嘉学派基于"以利和义"思想的道德事功之韵，有多方面的价值用场，其中主要在于促进永嘉学派"以利和义"思想与基于人民立场的马克思主义道德文化之间的义理融合，涵养和扩充新时代温州人精神的价值内涵，推动新征程下中国特色社会主义市场经济在温州的探索实践走向智思成熟，促进"两个结合""四个自信"和文化"两创"问题在温州的先行实践和探索。

二、助力新时代温州"文化强市""文化温州""文化高地"建设

经济发展水平决定道德发展层次，道德发展层次也反作用于经济发展质量。最近10多年来，温州道德文化和精神文明建设取得了长足进步，为温州经济和社会高质量转型发展提供了精神支撑。但是，相对于温州经济高质量转型发展和"重要窗口""示范区"等建设任务而言，温州道德文化和精神文明建设水平总体还比较低，温州在提供各类文化产业、文化产品、文化服务的整合创新能力方面依然比较薄弱，存在短板，离新时代温州"文化强市""文化温州""文化高地"建设目标还有较大距离。为此，新征程下，充分利用各种道德文化资源（例如传统道德文化、革命道德文化等）来带动温州各项文化和精神资源的整合，实质性推动温州"文化强市""文化温州""文化高地"建设，将是温州道德文化发展的重要任务之一。关于这一点，温州市政府也有明确认识和部署应对。

2020年12月16日,中共温州市委第十二届十一次全体会议通过了《中共温州市委关于制定温州市国民经济和社会发展第十四个五年规划和二〇三五年远景目标的建议》(以下简称《建议》)。《建议》在第八部分提到要深入实施"文化强市"战略和"文化温州"工程,加快温州文化事业和文化产业建设,充分"激扬新时代温州人精神,打造在全国具有较强影响力的文化高地"①。2021年2月22日,温州市政府印发了《温州市国民经济和社会发展第十四个五年规划和二〇三五年远景目标纲要》(以下简称《纲要》)。《纲要》将温州"十四五"发展总体目标概括为"以加快建设'五城五高地'为重要支撑,全力'做强第三极、建好南大门',奋力'续写创新史、争创先行市',力争迈上万亿级地区生产总值、千亿级地方财政收入、千万级常住人口、百万级新增人才的发展新台阶"②。《纲要》在第十二章"建设新时代文化温州"中明确指出,要"深化文化强市战略,大力实施新时代文化温州工程,以激发文化引领力、创造力为中心,深入推进文化改革发展,推动文化事业全面繁荣、文化产业创新提升、优秀传统文化保护传承,打造在全国具有较强影响力的文化高地"③。根据《纲要》,弘扬温州城市人文精神、深化温州全域文明创建格局、加强温州公民道德建设、培育温州社会文明风尚等温州道德文化建设内容对实施"文化温州"工程起着精神凝练和价值先导的作用。为了进一步落实《建议》和《纲要》中关于温州"文化强市""文化温州""文化高地"建设任务,助力温州经济和社会高质量发展,2021年7月15日,中共温州市委第十二届十二次全会又审议通过了《中共温州市委关于激扬新时代温州人精神,高水平推进文化温州建设的决定》(以下简称《决定》)。《决定》指出,要"增强温州文化软实力、竞争力和影响力,加快打造与社会主义现代化先行市、高质量发展建设共同富裕示范区市域样板相适应的新时代文化高地",努力"使文化温州成为忠实践行'八八战略'、奋力打造'重要

① 相关内容参见:《中共温州市委关于制定温州市国民经济和社会发展第十四个五年规划和二〇三五年远景目标的建议》,《政策瞭望》2021年第2期。
② 相关内容参见:《温州市人民政府关于印发温州市国民经济和社会发展第十四个五年规划和二〇三五年远景目标纲要的通知》,http://www.wenzhou.gov.cn/art/2021/2/26/art_1229116916_1713114.html。
③ 相关内容参见:《温州市人民政府关于印发温州市国民经济和社会发展第十四个五年规划和二〇三五年远景目标纲要的通知》,http://www.wenzhou.gov.cn/art/2021/2/26/art_1229116916_1713114.html。

窗口'的标志性成果,温州文化成为中华文化的重要板块"。①

不难看出,实现温州"文化强市""文化温州""文化高地"的战略目标是温州"十四五"规划的重要任务之一。而《决定》强调新时代温州"文化强市""文化温州""文化高地"建设要以激扬新时代温州人精神为核心灵魂,实质还是在于要激发改革开放以来温州人的创业创新精神,从而根本激发出温州人在新的历史条件和实践情境中"解决问题""改造世界""展示窗口"的实际能力。当然,我们也要看到,实现温州"文化强市""文化温州""文化高地"战略目标,涉及多方面的文化供给,这不仅包括基于温州人民日益需要的精神文化产品、文化产业、文化服务等大众生活文化的供给,还包括基于温州人民实践经验总结和历史精神文脉传承的学术文化、理论文化、思想文化等专业研究型文化的供给。大众生活文化的适时供给,能够满足人们日常精神生活和文化消费心理的需要,使人们在繁重的体力、脑力劳动之余,身心能够得到及时的休闲、放松和调适。专业研究型文化的供给,能够满足人们深层的文化需要心理和发挥社会价值导向作用,能够激发人们的思想理论创新和科学技术创新。在专业研究型文化中,处于核心或引导地位的是思想道德文化,它反映了人们思想道德观念变革、技术应用场景和社会思潮的总体价值取向。就新征程下温州着力建设"重要窗口""示范区""文化温州"而言,这两类文化建设都很重要,都有很强的先行探索意义。

2022年2月24日,温州市委书记刘小涛在中共温州市委第十三次代表大会报告中指出:"干好今后五年工作,要奋力实现'六个先行',落实省市'十四五'规划、共同富裕示范区建设方案,系统推进'五城五高地'建设,做强全省'第三极',争创社会主义现代化先行市。"②其中,实现"六个先行"③和"五城五

---

① 《中共温州市委关于激扬新时代温州人精神 高水平推进文化温州建设的决定》,《温州日报》2021年8月2日第1版。

② 刘小涛:《牢记嘱托续写创新史 勇担使命走好共富路 为争创社会主义现代化先行市而努力奋斗——在中国共产党温州市第十三次代表大会上的报告》,《温州日报》2022年3月8日第1版。

③ "六个先行"具体是指"共同富裕示范先行,在温州感受幸福中国;改革创新探路先行,在温州共创美好未来;枢纽城市建设先行,在温州实现通达天下;友好社会建设先行,在温州领略温暖大爱;绿色低碳发展先行,在温州享受碧水蓝天;市域治理现代化先行,在温州共享安居乐业"。

高地"①建设目标都与新时代温州文化发展有直接或间接的联系,需要温州大众生活消费文化与专业研究型文化的共同培植和共同激发。例如,"科创高地""文化高地""教育高地"建设离不开各类专业研究型文化和各类高等教育人才的供给,也离不开温州道德文化发展成效的内在推动,其中"永嘉学派""温州生态文化""温州城市文化""温州文创文化""温州民俗文化""温州人创业文化""温州革命文化""温州道德文化""和合文化"以及本书探讨的温州"情实文化"等,都将是温州"文化高地"建设的重要思想和理论来源之一;而要使人们能在温州"感受幸福中国""领略温暖大爱""享受碧水蓝天""共享安居乐业",更离不开温州公共道德基础设施的完善和人们公共道德素养的全面提升。所以,助力温州实现"文化强市""文化温州""文化高地"建设目标,是新征程下温州道德文化发展的重要任务之一。

三、促进温州"重要窗口"和共同富裕建设,展现社会主义文化前进方向

进入新时代以来,随着浙江省被赋予"努力成为新时代全面展示中国特色社会主义制度优越性的重要窗口"和高质量发展建设共同富裕示范区的使命任务之后,浙江省在思想文化、舆论传播、治理创新等方面的发展状况都具有某种代表和象征意义。改革开放以来,浙江经济和社会发展与其他较发达省份的最大不同在于,民营经济是浙江经济和社会发展的最大特色和优势,浙江发展主要靠民营经济的长期积累和时代更新。并且,伴随民营经济的快速发展,以民营经济为优势的浙江非公企业党建也被适时建立起来。这为浙江民营经济的健康发展提供了政治和政策保障,并为浙江经济和社会发展逐渐展露中国特色社会主义制度优越性提供了重要条件。换言之,相比有些省份通过引进外资促进本地发展而言,浙江经济和社会发展较具中国特色,较能展示中国特色社会主义市场经济和资本运行的本土性特点。如果联系上述永嘉学

---

① "五城"和"五高地"分别是指东南沿海区域中心城市、全国性综合交通枢纽城市、全国民营经济示范城市、改革开放标杆城市、生态宜居幸福城市,科创高地、文化高地、教育高地、医疗高地、新消费高地。

派"以利和义"道德事功思想,或许可以说,当代浙江经济和社会发展最具有某种民族经济思维(资本思维)文脉的传承性特点,体现出某种永嘉学派道德事功智思之韵的当代效用。

为了充分展现中国特色社会主义前进方向在浙江的探索和实践,在文化精神层面有效配套浙江省高质量发展和共同富裕示范区的建设任务,2021年7月19日,浙江省公布了《浙江高质量发展建设共同富裕示范区实施方案(2021—2025年)》,全面细化落实发展目标。其中,在文化发展层面,指出要"打造新时代文化高地,推进社会主义先进文化发展先行示范",使浙江"人文之美更加彰显,努力成为精神普遍富足的省域范例"。[①]2021年8月31日,浙江省委书记袁家军在省委文化工作会议报告中进一步强调,要"加快打造新时代文化高地,为高质量发展建设共同富裕示范区注入强大文化力量",并指出在"十四五"期间,浙江省文化工作总体目标是:"坚持以习近平新时代中国特色社会主义思想为指导,……着力打造思想理论高地、精神力量高地、文明和谐高地、文艺精品高地、文化创新高地,……在共同富裕中实现精神富有,在现代化先行中实现文化先行",从而"为忠实践行'八八战略'、奋力打造'重要窗口',争创社会主义现代化先行省,高质量发展建设共同富裕示范区,提供强大思想保证、舆论支持、精神动力和文化条件,建设文化强省,努力成为传承中华文脉、建设社会主义文化强国的生力军和排头兵"。[②]可以看出,建设浙江"文化高地"包括建设浙江"思想理论高地""精神力量高地""文明和谐高地""文艺精品高地""文化创新高地"等具体内容,通过这五大"文化高地"的建设,充分展现社会主义现代化的文化水平。

在浙江省统一部署和要求下,2021年7月23日,温州市也印发了《温州打造高质量发展建设共同富裕示范区市域样板行动方案(2021—2025年)》[③],强调了高质量"文化温州"建设对于温州共同富裕示范区建设的重要支撑作用,对于温州在探索社会主义先进文化繁荣发展方面的重要示范意义。而在此之

[①] 《浙江高质量发展建设共同富裕示范区实施方案(2021—2025年)》,《浙江日报》2021年7月20日第1版。

[②] 袁家军:《为高质量发展建设共同富裕示范区注入强大文化力量》,《政策瞭望》2021年第9期。

[③] 《温州打造高质量发展建设共同富裕示范区市域样板行动方案(2021—2025年)》,《温州日报》2021年7月30日第1版。

前,2021年7月15日,中共温州市委已先行通过了《中共温州市委关于激扬新时代温州人精神,高水平推进文化温州建设的决定》,该决定指出实现温州"文化强市""文化温州""文化高地"建设目标,对于推动温州"重要窗口"和共同富裕示范区建设的重要作用。此外,为了有效推进"重要窗口"和共同富裕建设目标,温州市在《温州市"十四五"规划纲要"六重"清单》的"实施类"项目清单中还做了偏斜性投入,其中计划用于公共服务建设项目的投资支出达3809亿元,①总额超过了温州市"十四五"计划投资总额(10844亿元)三分之一,主要用于温州城市更新、教育、医疗卫生、文化体育、社会福利等建设内容。

先进的生产力水平要求由先进的文化支撑。毋庸置疑,新征程下与温州"重要窗口"和共同富裕示范区建设相适应的温州"文化强市""文化温州""文化高地"建设,反映的是中国先进生产力的发展要求和先进文化的前进方向。但是,先进文化的产生是人们携带着传统文化记忆面对新的生产生活实践情境而进行文化整合和精神智思的结果,所以"先进文化,既有历史的继承性又有现实的时代性。继承是创造的前提,创造是继承的目的"②。新时代新征程下探索和展现社会主义先进文化在温州的前进方向,根本在于要"激扬新时代温州人精神"。而新时代温州人精神的生成离不开对永嘉学派道德事功精神、温州革命道德精神和改革开放初期温州人创业精神等精神文化的继承和整合,离不开对世界其他民族或工业文明时代一切先进文化的吸收和转化,离不开现实温州人民"解决问题"和"改造世界"之实际智思能力的充分开发。同时,在前面我们也描述了,新时代温州人精神的一个重要特点是有一种趋向"同"与"共"的道德内涵特征。由此可以说,趋向"同"与"共"的道德内涵特征,是新时代中国特色社会主义先进道德文化的一个前进方向,也是新时代温州民营经济健康发展的一个重要价值导向。

当人们的精神气质和价值取向都展现了这个"同"与"共"的特质时,这说明人们已开始认同自己的文化、认同自己的同伴、认同自己所在的环境、认同自己所在的家园,人们的精神不再摇摆不定、不再无处安放。人们有了精神上

---

① 参见:《温州市人民政府关于印发温州市国民经济和社会发展第十四个五年规划和二〇三五年远景目标纲要的通知》之附件《温州市"十四五"规划纲要"六重"清单》,http://www.wenzhou.gov.cn/art/2021/2/26/art_1229116916_1713114.html。

② 陈立旭、王俊昌等:《崇文育人看浙江》,浙江人民出版社2008年版,第4页。

的安全意识，就会产生精神上的信任意识、生活上的共处意识、文化上的自觉自信意识。这些最终都会使人们在精神上产生一种国家、民族或人类的共同体意识，进而让人们生活在这个共同家园感到"自信""安全""自由""创造"①。这正是实现中华民族伟大复兴梦想和建设社会主义现代化强国的应有之义。所以，新时代新征程下，温州道德文化发展要充分展现社会主义先进文化的前进方向或价值取向的使命任务，要深入开发和激扬温州人民"自立""自强""自主""创新"的传统精神气质，不断抒发和展现新时代温州人民"自信""安全""自由""创造"的精神气象，进而展现新时代温州人民在建设"重要窗口""示范区""文化高地"等重要任务中的精神面貌。

第三节　新征程下温州道德文化发展的基本路径

改革开放40多年来，我国各地区的社会主义道德文化和精神文明建设已取得丰硕成果和经验，但相对于新征程下温州道德文化发展和精神文明建设的任务和目标而言，该项工作还需要新的举措来推进。这些举措既包括对以往工作经验和思路的优化和继承，也包括适应新时代温州道德文化发展要求的工作思路，特别是针对新时代温州"重要窗口"和"示范区"建设，温州道德文化发展还需要在凝练温州人民的道德（价值）共识和促进温州人民的精神共富方面给出新的思路。我们认为要以《新时代公民道德建设实施纲要》为依托，充分发挥人民群众的道德建设主体作用，以形成"道德共识"为目标，促进温州人民的"精神共富"，以法治温州建设为保障，促进温州道德文化与法治文化的和谐发展。

---

① 在现代社会，一个国家只有发展到足够强大、可以阻挡任何外来威胁时，它的人民才会真正感到"自信""安全""自由""创造"，因为除了"违法"之外，这个国家的任何公民在任何地方都不会轻易受到侵犯。反之，当一个国家发展到足够强大、可以阻挡任何外来威胁时，而它的人民却感受不到"自信""安全""自由""创造"，那么这个国家就不是真正的好国家，它的制度也不是好制度，因为它的存在违背了人们对美好生活追求的那种本性，而"自信""安全""自由""创造"就是人们追求美好生活的重要内容。当然，在现代社会，也有一些人口少、领土小的国家，往往通过加入和信奉一些大国、强国的文明价值体系来获得这种心理上的"自信""安全""自由""创造"感受。

一、坚持以人民为中心，深入实施《浙江省新时代公民道德建设实施纲要》

人民群众是历史发展的主体，也是道德进步的主体，因为道德根本上是在人民群众的生产生活实践中产生和发展的。改革开放以来，我们在探索和解决中国特色社会主义过程中出现的道德问题和精神文明问题，这些都是广大人民群众在其对象性的实践活动中所生发出的问题，同时这些问题（通过党的领导和政府规划）也在人们的实践活动中被不断解决。所以，道德问题既来源于人民群众的生产生活实践，又在人民的生产生活实践中被不断解决，它是随着人民的利益生产和需求结构的变化而变化的。2019年10月，党中央颁布的《新时代公民道德建设实施纲要》[①]是在2001年党中央颁布和实施的《公民道德建设实施纲要》的基础上，结合新时代公民道德建设问题，对中国特色社会主义道德建设问题的发展经验总结和理论提升发展，[②]其中一个重要特点就是强调要立足新时代人们在生产生活中所面对的道德情境，依靠各地人民道德实践的新鲜创造和典型经验，形成对新时代公民道德建设的科学认识和规律把握。这一特点体现了对人民群众道德实践首创精神的充分尊重。一句话，失去了人民群众对道德文化发展和精神文明建设的历史参与和现实受益，就失去了该项工作的根本动力。

面对新时代道德发展和文明建设任务，2020年4月17日，浙江省发布了《浙江省新时代公民道德建设实施纲要》[③]。该纲要也是对浙江省2002年1月19日制定和实施的《浙江省公民道德规范》与2012年5月28日制定和实施的《浙江省公民道德建设纲要》的发展经验总结和理论提升发展，突出强调了新时代浙江省公民道德建设要与浙江高质量发展和"重要窗口"建设任务相适应，从而"努力建设与浙江'三个地'相适应的思想高地、舆论高地、文化高地、

① 《中共中央国务院印发新时代公民道德建设实施纲要》，《人民日报》2019年10月28日第1版。
② 郑根成、陈寿灿：《〈新时代公民道德建设实施纲要〉的新义解读——基于两个〈纲要〉比较的研究》，《浙江工商大学学报》2020年第3期。
③ 《浙江省新时代公民道德建设实施纲要》，《浙江日报》2020年8月3日第4版。

文明高地"①。的确，新时代以来，浙江省的经济和社会发展的事实成效对浙江省的思想文化理论建设也提出了新的要求和水平，并且作为习近平新时代中国特色社会主义思想重要萌发地，浙江在思想引领、舆论引导、理论创新、文化发展、文明建设等方面都要有一定的"先行"和"表率"意义，等等。这些对于（包括道德文化发展和精神文明建设在内的）新时代浙江"文化大省""文化强省""文化高地"建设任务都是一次重要的历史机遇和挑战。

改革开放以来，温州道德文化发展和精神文明建设已经取得了一定的成效和经验，特别是最近10年来温州道德文化发展和精神文明建设成效非常显著。当然，我们也要注意到在温州道德文化发展和精神文明建设中存在的不足和问题，特别是在顶层设计和全局战略布局方面有待重视和提升。这一问题在以往比较突出，一个重要原因在于市场经济自身具有盲目性，对此温州民营经济也不例外。在市场经济下，作为市场中的单一主体，每一个温州人可能都有较强的自主创新能力和市场开拓精神，但是作为一个整体（或群体）、一个历史性发展的整体，因为民营市场经济的发散性和盲目性，每一个温州人可能还缺乏那种全局战略发展意识。所以，改革开放以来，温州在物质文明发展水平有了大幅度提升之后，精神文明建设水平却迟迟跟不上去，这也是导致温州经济和社会较长时间处于转型"阵痛"时期、难以实现高质量转型发展任务的原因之一。最近10多年来，温州道德文化和精神文明建设成效显著，经济和社会也转入高质量发展轨道，一个重要原因就在于浙江全省在科学发展观的指导下，忠实践行"八八战略"取得了重要成效。我们知道，"八八战略"是习近平总书记在浙江工作期间，浙江省委基于浙江各地发展情况的深入调查和总结提炼的成果，是"'十月怀胎'与'一朝分娩'"②的结果，也是后来指导浙江经济和社会转型发展的重要战略布局和"统领浙江发展的总纲"③。物质文明决定精神文明，但是精神文明对物质文明具有反作用，其中一个重要作用就是价值引领和战略布局作用。

---

① 《浙江省新时代公民道德建设实施纲要》，《浙江日报》2020年8月3日第4版。
② 本书编写组：《干在实处 勇立潮头——习近平浙江足迹》，浙江人民出版社2022年版，第19页。
③ 本书编写组：《干在实处 勇立潮头——习近平浙江足迹》，浙江人民出版社2022年版，第1页。

从道德文化发展和精神文明建设层面看,"八八战略"为市场经济新形势下温州市(及浙江全省)民营经济转型发展凝练了价值合力和战略驱力,促进了温州市(及浙江全省)民营经济在"合"与"共"的价值整合中实现产能聚合和技术提升发展。"八八战略"的实施成效也为温州市(及浙江全省)道德文化发展和精神文明建设提供了重要经验,提示了经济和社会发展转型期各级政府部门立足于社会调查而谋定战略布局和顶层设计的重要性。①同理,新征程下温州道德文化发展和精神文明建设也要忠实践行《新时代公民道德建设实施纲要》,特别是要根据浙江"三个地"②的思想文化特点,忠实践行《浙江省新时代公民道德建设实施纲要》这一战略布局,深入推动马克思主义道德文化与温州传统道德文化之间的精神义理融合和时代价值阐发,发挥马克思主义道德文化的战略引领作用,践行"以人民为中心""为人民服务"的政治道德文化理念,激发新时代温州人精神的价值内涵特征,优化最近10多年来温州道德文化发展与精神文明建设的经验方法,努力实现与新时代浙江省发展定位相适应的温州道德文化发展和精神文明建设水平。

二、以实现温州人民"精神共富"为导向,引导温州道德文化全面发展

2021年5月20日,党中央、国务院印发了《关于支持浙江高质量发展建设共同富裕示范区的意见》。2021年6月10日至11日,浙江省委十四届九次全体(扩大)会议审议并原则通过《浙江高质量发展建设共同富裕示范区实施方案(2021—2025年)》;2021年7月19日,浙江省正式发布了《浙江高质量发展建设共同富裕示范区实施方案(2021—2025年)》,标志着浙江省推行共同富裕示范区建设工程进入实质性的实施阶段。总体来看,浙江省推行共同富裕示范区建设工程,不仅涉及物质共富,也涉及精神共富。就前者来说,浙江省主要是要借助以先进制造业和数字经济为主导的创新发展驱力来带动和促进全省经

---

① 当然,产生这种战略布局和顶层设计的一个动力就来自各个地方政府党员领导干部的道德觉悟和精神推动,或者说来自党员领导干部对"以人民为中心""为人民服务"的政治道德文化理念的扎实践行。

② 这里的浙江"三个地"是指:浙江是中国革命红船启航地、改革开放先行地、习近平新时代中国特色社会主义思想重要萌发地。

济的高质量发展,通过做大"蛋糕"和增加社会财富总量的方式来保障共同富裕的物质条件。就后者来看,建立在人们的道德(价值)共识基础上的"精神共富"也尤为关键,可以说这是保障共同富裕的精神条件或心理条件。对此,也有学者指出,"在共同富裕中实现精神富有"①也是实现共同富裕的重要体现。

"精神共富"主要是指建立在个人精神自足或富有基础上的人们相互之间的道德(价值)文化精神认同。其中,个人精神自足主要表现为个人对自我德行品质的心理认同。个人德行品质是一个人在长期的生活生产实践中养成的一种比较稳定的心理倾向或状态,包括认知品性和道德品性,它指导人们获得个人身心健康和社会发展成功。当然,个人德行品质的养成过程虽然有很强的自主性和选择性,但是也会受家庭、学校、社会等环境的影响。并且,个人德行品质的养成和实际践行过程,也会受一个社会的政治、经济、文化传统等条件的制约。好的成长环境和条件会促进个人德行品质的养成,促进个人精神富有,也会促进个人德行品质的社会践行,从而促进社会精神富有,但是不良的成长环境和条件会阻碍或破坏个人德行品质的养成,减少个人的精神自足或富有,也会减少社会的精神富有。人们有了精神自足或富有,即有了德行品质以及对这种德行品质之社会践行效果的心理认同,这个人就是精神自足的、富有的。这种人就不太会受物质利益的驱动而行动,而更会受到精神信念的激励而去行动。例如,革命时期共产党人主要是受精神富有的驱动而进行革命行动。精神自足和富有也会促使人们从事科学研究和技术发明工作,以更加平和的心态从事理论创新研究等。换言之,实现"精神共富"更能促进中华民族的科技创新。当然,有些人因为缺乏精神富有或自足,就会受到物质利益的驱动而行动。例如少数领导干部往往是因为丧失理想信念追求和个人德行品质的修炼而最终沦为贪污腐败分子。所以,在个人的基本生活得到保障之后,个人的德行品质养成(即个人精神自足)是人们走向"精神共富"的心理基础条件之一。正因为如此,2019年发布的《新时代公民道德建设实施纲要》比2001年发布的《公民道德建设实施纲要》在内容上多了"个人品德"建设。"个人品德"建设即是关于"个人德行"的培养或养成过程。这一变化说明了最近20年来随着社会物质财富的增加,人们越来越关注和重视个人德行品质的培养

---

① 胡坚:《在共同富裕中实现精神富有》,《宁波日报》2021年9月9日第7版。

和对个人精神富足的重视。

"精神共富"不仅包括满足个人精神之开发或发展需要的精神产品的供给充足,还包括人们能够形成道德或价值共识;并在此共识基础上形成共同理想信念和道德情操,最终走向一种道德文化精神认同。虽然精神文化产品的供给充足是人们实现精神共富的必要条件,但是单一或同质性的精神或文化产品供给也会抑制人的精神开发和个性发展,最终导致人们的精神贫乏。共同的理想信念和道德情操是人们体认精神共富的核心要素。所以,创造丰富的精神文化产品固然对人们的精神富有和共富有重要意义和条件保证,但是精神富有和共富更需要一种核心意义上的道德精神文化认同或共识。

对于当前中国人民来说,认同和体认社会主义核心价值观就是人们走向"精神共富"的重要标志。例如,如果人们都体认到了我们的国家是一个"富强""民主""文明""和谐"的国家,那么人们在心理上就会有一种国家安全感、民族自豪感和自信心。同理,如果人们都体认到了我们的社会是一个"自由""平等""公正""法治"的社会,那么人们在心理上就会认同这个社会,对这个社会充满信心、希望、安全;如果人们都能体认到自己是一个"爱国""敬业""诚信""友善"的人,那么人们在心理上也会认同自己,认同自己的品行,从而也不会轻易做出违背自己职业道德、有害国家整体利益的行动。这些积极的心理感受就是一种心理充实、精神富足的表现。所以,在新时代,培育、践行和体认社会主义核心价值观是我们走向"精神共富"的重要标志。

总之,没有共同的理想信念,没有人们彼此认同和体认的核心价值观,没有人们在道德共情心理上对彼此差异性存在的相互认同,我们很难说这个地方的人们是真正富有的、能真正体认到精神上的共同富裕的。有时人们即便占据很多物质财富[①],在心理上的不安全感、不自由感、不文明感也会大大降低人们的幸福感。同理,人们在心理上的彼此不信任感、不认同感、生活或交往空间中的排斥感、遭遇困境时的无助感等都会降低一个群体人们的富足感,等等。这些都反映了建立在道德(价值)心理认同基础上的"精神共富"对于推进共同富裕建设工程尤为重要。其实,改革开放之后不久,学者们就指出"精神

[①] 例如,有些贪腐、犯罪分子虽然通过不正当手段获得巨额财富,但是在精神或心理上并不能真正感到幸福。

共富"的重要性，认为"共同富裕必然包含着精神生活上的富裕，是物质生活和精神生活的双富裕"①，并指出"精神富裕的导向、认识、实践和凝聚作用，又反过来在促进社会主义事业快速、健康与持续发展中扮演着重要角色"②。当然，那个时候中国市场经济发育还不充分，全面小康社会还没有建成，物质生活水平仍然限制了人们的精神生活追求，但是党的十九大以来，随着我国社会主要矛盾的变化和小康社会的建成，人们对精神（心理）生活水平要求也越来越高，对个人精神自足、社会共同理想和社会主义核心价值观的体认也越来越强烈。

基于上述，新征程下温州作为浙江省高质量发展建设共同富裕示范区之一，在道德文化发展层面也需要以促进人们的精神自足和道德（价值）共识及精神共富为目标导向，将社会主义核心价值观融入温州精神文明建设工程之中，彰显新时代温州人精神中"同"与"共"的内涵特性，促进温州人民对马克思主义实践真理观及其道德观与以永嘉学派"以利和义"思想为代表的温州传统道德文化之间的义理融合及其时代理论表达的自觉体认。为此，需要根据浙江"文化大省""文化强省"的建设规划和"六个浙江"③的发展目标，充分发掘温州传统道德文化和革命道德文化的现代价值，提升对马克思主义道德文化的认识、体认和应用水平，从而进一步开拓温州人民的道德文化视界，使温州道德文化发展和精神文明建设努力成为与浙江"三个地"相适应的思想高地、舆论高地、文化高地、文明高地之一。

当然，以"精神共富"为目标来促进温州道德文化事业全面发展，涉及许多具体操作环节。例如，实现精神共富是以物质富有为基本条件的，而要做到物质富有和精神共富，我们除了要做大"蛋糕"之外，还要着重分好"蛋糕"。通过制定更加合理、长效的分配方案，让人们体认到社会的"公正"和"正义"，从而

---

① 金太军、张桂岳、焦忠祝：《论精神共同富裕的意义及实现途径——兼论物质共同富裕与精神共同富裕的辩证关系》，《唯实》1998年第3期。
② 汪青松：《社会主义精神富裕论》，《郑州大学学报》（哲学社会科学版）2002年第1期。
③ "六个浙江"建设目标是指建设"富强浙江、法治浙江、文化浙江、平安浙江、美丽浙江、清廉浙江"。中共浙江省第十四次党代会提出的"六个浙江"，充分体现了浙江省对社会主义核心价值观的实地培育和细分践行，它为今后浙江走向高质量发展建设共同富裕示范区和建设"重要窗口"奠定了重要基础。关于"六个浙江"的具体内容，请参看：浙江省社会科学院课题组编著：《践行"八八战略"建设"六个浙江"》，社会科学文献出版社2018年版。

使人们能够养成一种社会"友善""平和"的心态。人们有了这种"友善""平和"的心态,才能真正从事"爱岗""敬业"的工作,进而才能真正从中孕育出科学家精神、工匠精神、劳模精神,最后才能实现国家创新驱动发展目标。当前,少数领域由于分配方案不合理或存在监管漏洞,导致一部分人对物质财富追求毫无上限,物化人际关系,对获得财富的手段也不讲道德底线,物化个人德行生活,进而导致粗制滥造的质量工程,对民族教育、医疗卫生等民生质量工程建设毫无责任意识可言。这些领域不合理的分配存在导致了人们的道德心理离析,严重影响到人们形成道德共识和精神共富,也严重影响人们对待工作的积极性和创新性,以至于某些行业出现了"内卷"和少数青年选择了"佛系""躺平"。①应该说,出现这些现象,主要原因之一在于:最近10多年来,我国社会财富快速集聚和溢出,但是社会财富的分配方案没有适时更新或相对滞后,导致一部分财富溢出和滞留在中间环节和领域。这对于刚刚步入社会的青年和处于生产前端一线或技能滞后的劳动群体而言,的确会产生一种心理回避和保护机制。没有财富的多向溢出和激励,也就没有创新动力的多向发生。从这个意义上来看,合理、细分的分配方案对于新征程下温州道德共识和精神共富建设也尤为重要。同时,我们也能看出,近年来温州市(及浙江省)开启高质量发展建设共同富裕示范区工程具有重要的战略意义,它不光对于我国现阶段社会成功转型发展具有重要的示范意义,也对于新形势下我国如何处理好物质共富与精神共富之间的辩证发展关系、培育(基于道德共识和精神共富条件下的)民族创新驱动和工匠精神②等都具有重要的实践探索价值。由此,我们也就更能深刻地理解党中央、国务院发布《关于支持浙江高质量发展建设共同富裕示范区的意见》的时代背景:"当前,我国发展不平衡不充分问题仍然突出,城乡区域发展和收入分配差距较大,各地区推动共同富裕的基础和条件不

---

① 贺汉魂、陈东利:《从马克思劳动正义论看当代青年"躺平"现象》,《青年学报》2022年第3期。

② 新时代加强和推进共同富裕建设,虽然有利于培育民族创新精神和工匠精神,但是同时还必须加强知识产权保护措施,无论是发生在人文科学领域内的思想理论创新,还是发生在科学技术领域内的理论技术创新,国家和社会都应该给予个人和团体的创新成果有效保护和认定。只有这样才能在整体上形成一种尊重劳动、尊重知识、尊重人才、尊重创造的社会环境,进而逐渐培养出人们的科学精神、工匠精神,规避人们急功近利、物质至上的心理。

尽相同。促进全体人民共同富裕是一项长期艰巨的任务,需要选取部分地区先行先试、做出示范。浙江省在探索解决发展不平衡不充分问题方面取得了明显成效,具备开展共同富裕示范区建设的基础和优势,也存在一些短板弱项,具有广阔的优化空间和发展潜力。"因此,"支持浙江高质量发展建设共同富裕示范区,有利于通过实践进一步丰富共同富裕的思想内涵,有利于探索破解新时代社会主要矛盾的有效途径,有利于为全国推动共同富裕提供省域范例,有利于打造新时代全面展示中国特色社会主义制度优越性的重要窗口"①。

三、以法治建设为底线,保障温州道德文化稳定有序发展

法治建设是道德发展的重要保障,也是精神文明建设的重要体现。没有法治法规的完善和施行,一个地方的道德文化和精神文明很难有持续有效的发展图景。法治和德治作为社会治理的两种手段,两者相互补充、相互促进。道德治理(德治)主要靠个人的德行修养,主要是针对生活、工作、心性比较稳定和成熟的人们而言的,是一种比较理想的治理方式。之所以说它是理想的治理方式,主要是因为人们不可能总是生活在理想状态,人们所处的外在环境总是在变化(例如国内国际环境变化、国内生产周期的变化、人的生命周期变化等),会引起人们内在心性及情绪的变化,心性和情绪的变化反过来又会影响人们的价值取向,影响到人们对外在世界的选择和判断,从而产生了人们之间的价值分歧和道德冲突。此外,在生产力不发达的阶级社会,人的欲望与物质财富之间的不匹配关系也致使人们产生利益冲突。这时候就必须通过法治的调节,才能缓解人们的心性情绪和处置人们之间的利益冲突。

法治的调节是借助于公共机关和法理程序的外在调节,是将人们内在的德行修养转变为外在可供交谈和操作的规范秩序,以便应对外在环境变化而引发人的心性情绪变化和人们之间的无序交往的情况。所以,真正的法治仍然是人的德行修养的外在表现,是相对稳定的、应对外在条件变化的德行人格体现。为此,公平正义就是法治的道德性体现,公平正义的法治就是所谓的

---

① 《中共中央、国务院关于支持浙江高质量发展建设共同富裕示范区的意见》,《中华人民共和国国务院公报》2021年第18号。

"良法"或"善法",它是人们德行共汇的外在表现。不能体现公平正义的法治,则是不道德的法治,是"恶法"或"坏法",或者说就是反映少数人心性情绪和利益变化的"私法",它不但不会缓和人们之间的情绪和利益冲突,还会积压和强化这些冲突。正因为如此,亚里士多德在《伦理学》中写道,公正(公平正义)"是一切德性的总括",因为"具有公正德性的人不仅能对他自身运用其德性,而且还能对邻人运用其德性"。①亚里士多德也是力主依法治国(城邦),强调通过法律的正义来治理城邦事务,调节全体公民的利益关系,从而实现城邦政治(治理)的"正义"。在《政治学》中他也写道:"政治学上的善即是公正,也就是全体公民的共同利益。"②

西方传统文化中有推崇法治的倾向,中国传统文化中有推崇德治的倾向。在全球化发展日趋紧密的今天,这两种文化传统可以相互补充,相互促进,共同推进21世纪人类精神文明家园的健康发展。对于当前中国而言,加强法治建设,提升法治水平,培育法治人格,仍然是社会主义精神文明建设的重要内容之一。因为,如果没有法治建设水平的相应提高,以往的精神文明建设成果就得不到保障,甚至会遭到破坏。如果没有法治建设的严格推行,人们极有可能因为外在环境的变化而引起内在心性情绪的变化,进而可能会做出有违社会主义精神文明建设要求的行为。虽然说改革开放以来,我国社会主义精神文明已经取得长足进步,但是我们也要清醒地看到,保障我国社会主义精神文明建设成果的机制和体制仍然是脆弱的、不完善的,我们仍然需要加强法治体系的建设。

党的十八大以来,以习近平同志为核心的党中央,既强调全面从严治党,要求党员领导干部要注重个人德行修养、心怀人民、彰显"初心和使命",同时也强调全面依法治国,要求全社会都要树立法治思维、运用法治手段来调节在各行业或领域中出现的权益矛盾问题,防治以权代法、势权乱法。加强法治建设也是培育和践行社会主义核心价值观的重要内容之一,更是建设"六个浙江"("富强浙江、法治浙江、文化浙江、平安浙江、美丽浙江、清廉浙江")重要目标之一。可以说,没有"法治浙江"建设做保障,"富强浙江"建设难以长期进行

---

① 〔古希腊〕亚里士多德:《尼各马可伦理学》,廖申白译注,商务印书馆2017年版,第143页。
② 〔古希腊〕亚里士多德:《政治学》,颜一、秦典华译,中国人民大学2003年版,第95页。

下去，"美丽浙江、文化浙江"建设也会大打折扣，"平安浙江、廉洁浙江"建设更是无从谈起。法治温州建设是法治中国、法治浙江建设的重要组成部分，为此，新征程下，加强法治建设依然是温州道德文化发展与精神文明建设进程中的重要任务之一。

　　21世纪以来，在党中央、浙江省委和温州市委的坚强领导下，温州社会法治建设已经取得了丰硕成果，在温州从事各行各业生产和发展的人们的法律权益保障水平都有了大幅提高，人们的法治意识和践行能力也都显著增强。例如，2006年7月10日，中共温州市委印发《关于建设"法治温州"的决定》，开启了新世纪"法治温州"建设的新浪潮，为保障和促进温州精神建设成果提供了重要的法治思维和法治规范保障。当然，相对新征程下温州"重要窗口""示范区"等目标建设，相对于社会主义核心价值观和"六个浙江"整体布局而言，温州法治建设还有很大的提升空间，特别是相对于"敢为人先"的温州人精神而言，温州法治建设还有很多发挥"先行探索和实践"的空间。近年来，落实和推进法治浙江建设进入快车道。例如，2020年12月，浙江省委印发了《法治浙江建设规划（2021—2025年）》①。2021年12月，浙江省委又印发了《浙江省法治政府建设实施纲要（2021—2025年）》，确立了浙江省未来五年法治政府建设的总蓝图、路线图和施工图。2022年1月，浙江省举行《浙江省法治政府建设实施纲要（2021—2025年）》②新闻发布会。2022年6月20日，浙江省委书记袁家军在中共浙江省委第十五次代表大会报告中再次指出：要"着力建设更高水平的平安浙江法治浙江"③。2022年6月26日，浙江省委常委、温州市委书记刘小涛在调研平安温州建设工作时也强调指出，要深入学习贯彻省第十五次党代会精神，"高水平推进平安温州法治温州建设，形成共建共治共享的社会治理新格局"④，等等。这些都为新征程下温州道德文化发展和精神文明建设提供了强有力的法治政策和制度保障。

① 《法治浙江建设规划（2021—2025年）》，《浙江日报》2021年4月25日第3版。
② 《浙江省法治政府建设实施纲要（2021—2025年）》，《浙江日报》2022年1月27日第7版。
③ 袁家军：《忠实践行"八八战略"，坚决做到"两个维护"，在高质量发展中奋力推进中国特色社会主义共同富裕先行和省域现代化先行——在中国共产党浙江省第十五次代表大会上的报告》，《浙江日报》2022年6月27日第1版。
④ 杨世朋：《高水平推进平安温州法治温州建设，形成共建共治共享的社会治理新格局》，《温州日报》2022年6月27日第1版。

推动法治温州建设,我们需要着力做到:处于社会管理阶层的党员领导干部、政府部门公职人员等要率先执法、守法。立法和执法部门如果不守法,法治只会沦为权力的道具,进而也就使人们不会信法、用法。执法要以人为本,也要提升执法者的德行修养和人权法理水平,辅以德治反哺法治。同时也要加强普法教育和基层社会法律援助及践行,使广大人民群众在生产生活领域中知法用法。如果人民群众不知法、不用法或用不起法,那么法治就会停滞和空转,就会永远停留于纸上或观念和"意识形态"之中,就永远不能成为人民大众"解决问题、化解矛盾、改造世界"的精神武器。为了着力提升法治温州建设水平,切实贯彻浙江省第十五次党代会精神,2022年6月27日,温州市选派了20名法治专业干部人才赴温州10个县(市、区)挂职历练,以探索夯实温州基层法治专业力量之路。同时,温州市还将推出10项举措,进一步夯实温州社会基层法治力量,赋能法治中国示范区先行市建设。这10项举措主要包括:"着力提升各级领导干部法治思维和法治能力、选优配强市县法治建设职能部门领导班子、强化机关事业单位法治专业干部源头储备、大力推动法治干部人才培养交流、加强行政机关负责人出庭应诉工作、协同推进行政复议机构队伍建设、鼓励干部参加法律职业资格考试和学历教育、提高专职社区工作者队伍法治素养、充分发挥律师行业党建引领作用、深入开展法治人才培育引进行动。"①

社会主义精神文明建设不能离开法治建设,法治中国建设刻不容缓,也势在必行。我们相信在法治浙江、法治温州建设工程的有力推动下,在党的二十大战略布局和严格部署下,中国特色社会主义精神文明建设在浙江温州一定会迎来一个更加全面和繁荣的新局面。

---

① 缪际际:《十项举措助力法治温州建设,以法治强基层稳确保发展强全局稳》,《温州日报》2022年6月27日第2版。

附　录

附一：《温州社会道德建设事业发展研究》结题报告节选
 （2013年）

一棵小树向上生长得越高，它的根茎向下生长得就越深，没有根深的营养和稳固，它终究无法长成参天大树。温州这棵"小树"要想持续健康地高长，必须重新回到它的根基上，重新审视它的根基营养是否充足。道德建设事业是社会发展的重要根基之一。目前，温州经济进入低速转型发展阶段，能为这种转型发展提供根本动力支持的，是道德文化软实力。

一、温州社会道德建设事业发展成果显著，特色鲜明

"仓廪实而知礼节，衣食足而知荣辱。"最近10多年来，随着温州社会物质条件的根本改善和"温州模式"的转型发展，温州社会道德建设事业被提上了发展日程，温州社会在慈善事业、民间公益组织、政府行政道德建设、城市公共道德基础设施建设、城乡文明层次战略提升、社会道德建设促进机制和协同创新机制等方面都取得了显著成就。温州人群体逐渐实现了从"商行天下""智行天下"到"善行天下"的社会价值转变，道德软实力建设成果开始发挥对经济社会发展的助推作用。

(一)社会慈善事业蓬勃发展,民间公益组织力量日益增强

1. 社会慈善事业蓬勃发展

温州市慈善总会是推动温州慈善事业快速发展的主要平台。2002年前后,随着民间资本的积累壮大,温州民间潜伏已久的道德正能量亟须释放平台,温州政府适时成立了温州市慈善总会。温州市慈善总会成立后,即推出"爱心温州·善行天下"慈善理念,通过分流民间资本的公益取向和创新慈善形式,10多年来,温州市慈善总会在引导民间力量参与全国各地的助残、助学、助困、救灾等各种公益活动方面,取得了很多成效。例如,2004年,温州市慈善总会推出"爱心温州·慈善宴"活动,旨在为贫困孤苦群体送爱心;2007年推出"慈善一日捐"活动,引导民间道德微力量有效集结;2008年,推出改革开放30年"十大慈善家""十大慈善人物"评选活动,培育温州慈善精神社会影响力;2009年,温州市慈善总会协同温州医学院附属眼视光医院等部门单位联合推出"爱心温州·善行天下·明眸工程"大型公益活动,积极创新温州慈善事业的实现形式;2011年2月,温州市慈善总会义工分会成立,为由2万多名社会爱心人士组成的温州义工队伍有效参与公益活动提供了联动平台;等等。

温州慈善事业涉及地方性、国家性的助学、助医、助残、救灾等活动形式,截至2012年4月成立10周年期间,温州市慈善总会已募集慈善资金18.63亿元,救助资金支出13.228亿元,受助困难群众23万多人次。例如,"明眸工程"就是其中一项比较有代表性的慈善义举,该活动募集了2000多万元温州社会捐赠,组织医疗队伍赴西部省区开展助残活动,使贵州毕节、云南昭通、青海玉树、四川广元等中西部11个省(区、市)3000多名贫困白内障患者、角膜病患者重见光明,此举社会反响强烈。温州慈善事业发展成效也得到社会广泛认可。2006年,温州慈善事业发展成效获得了省政府授予的"浙江慈善奖"荣誉;2007年,获得了"中华慈善事业突出贡献奖"荣誉;2012年,"爱心温州·善行天下·明眸工程"慈善活动获得了第七届中华慈善奖"最具影响力慈善项目";等等。

2. 民间公益组织力量日益增强

近年来,温州民间公益组织发展迅速,公益形式多样,规模显著。目前温州民间公益组织主要包括政府扶持的半民间性质的慈善总会、以"王振滔基金会"为代表的民企慈善基金会、民间自发形成的"红日亭"、获得国际国内基金

支持的"绿眼睛"组织、获得政府购买服务支持的"壹加壹"组织和获得适当学费支持的"星之家"组织等在内的20多家公益组织。

公益实现形式多样，规模效应显著。例如，在民企设立慈善基金方面，目前除了王振滔以企业家个人名义成立"王振滔基金会"之外，像正泰集团董事长南存辉、森马集团董事长邱光和、圣雄投资集团董事长林圣雄、德力西集团董事长胡成中等一些著名温州民营企业家都以不同形式和名义设立了社会扶贫、助学等基金，慈善捐资都达上亿元人民币。例如，南存辉以集团名义先后向社会捐赠了1亿多元，先后设立和发起了"浙江省贫困大学生正泰助学基金""中华红丝带基金会""中国中学生正泰品学金""浙江青年创业创新基金"等。

此外，在温州街头坊间自发形成的"红日亭"慈善形式，近年来也受到国内外各大媒体的关注，中央电视台、中央文明办等媒体和部门都做了专栏报道。如今，全市类似"红日亭"的伏茶点已有500多处，伏茶摊点义工大多是由从50—80岁的爱心老人组成。"红日亭"现象经媒体报道后，进一步激发了温州民间道德潜能力的释放，很多人匿名为"红日亭"伏茶点捐款捐物，一时间"红日亭"成为道德美谈。

(二)城市公德基础设施大为改善，城乡文明建设层次显著提升

1. 城市公德基础设施建设大为改善

城市公共道德基础设施建设是搭建各类人群共居城市生活和享受城市文明的硬件条件。最近10多年来，温州市不断追加城市公德基础设施建设投入，通过"拆违整治"和"规范管理"等措施，温州城市面貌焕然一新。2000年，温州市正式启动全国文明城市创建工程；2010年，温州市联动推出"六城联创"工程；2013年，温州又联动推出"九市联创"工程。

2012年4月，国家统计局温州城调队对温州城区洁化绿化工作民意情况开展追踪调查，征集市民对洁化绿化工作的意见和建议。调查显示，93.13%的市民认为自"环境优化工程"开展以来，自己所在街道(镇)的环境卫生有所改善，其中有近6成市民肯定改善较显著。

2. 城乡文明建设层次显著提升

为优化城乡文明发展结构，近年来温州市充分利用温州农村综合改革试验区的机会，通过优化区域行政划分格局，推进"城中村"改造，加强城镇化建

设等系列战略工程,实现温州城乡文明建设水平整体提升。2003年始,温州市就组织实施了"千村整治,百村示范"工程建设;2013年初,温州市启动了城乡文化礼堂建设工程;2013年6月,温州市开展了"温州市十大最美历史文化村落""温州市十大最美村庄""温州市十大最美农庄""温州市十大最美客栈"等美丽乡村建设评选活动。2013年10月,温州市委、市政府审议通过了《美丽浙南水乡总体规划纲要(2013—2020年)》,部署实施"美丽浙南水乡"建设工程,全面提升温州城乡文明建设层次。

目前温州市已完成3919个村庄环境整治,建设美丽乡村精品线20多条、精品村100多个、特色村150个。泰顺县、文成县、永嘉县相继被评为全省美丽乡村创建工作先进县。

(三)政府行政道德建设有力推进,新型行政道德建设被提上日程

近年来,温州社会行政道德建设水平取得了显著进步,政府公共服务形象大力提升,赢得了良好的口碑。2011年5月,温州市委、市政府决定在市直单位开展"五型"机关创建活动。该活动自开展以来,市委、市政府制定"互看互学互比"、"即办制"(绩效考评)、"纠风在线"(针对损害温州经济发展环境的)、"问责清单"等一系列激励创新机制。2013年8月,温州市委、市政府又推出推动温州转型发展的"十大举措",通过开展"万名干部进万企解万难"等活动形式,进一步提高政府服务效能。2013年9月,温州市下发了《关于进一步改善和优化发展软环境的若干意见》,进一步整顿机关工作作风,改善投资环境,激发民间创业活力。

(四)民间道德微力量有效集结,民间道德感人事迹不断涌现

1. 民间道德微力量有效集结

近年来,温州市委宣传部、市文明办和相关媒体部门把"做富而好礼温州人"作为温州公民道德建设的指导理念,举办了"温州市道德模范""温州市文明市民""感动温州十大人物""百佳新温州人"等一系列面向民间的道德采风活动,许多乐于助人、捐资助学、孝老敬亲的民间小微道德事迹得以发现和传播。据统计,2013年在由中央文明办主办、中国文明网承办的"我推荐、我评议身边好人"活动中,温州已有6人登上"中国好人榜",入选人数居全省第一,"温

州好人"道德品牌得到社会广泛认可。2012年底,温州市未成年人思想道德建设工作测评成绩得分98.49分,首次进入全国地级市20强,温州市未成年人思想道德建设也迈上新台阶。

2. 民间道德感人事迹不断涌现

受"红日亭"精神的长期滋养,温州民间道德感人事迹不断涌现。从省吃俭用为子还债的"诚信老爹"吴乃宜,到急走千里热血救人的"最美女孩"毛陈冰;从遍布街巷的义务伏茶点,到"7·23"雷雨夜的献血长龙;从出租车志愿者的爱心护考行动,到"善行天下"的明眸工程和"世界温州人微笑联盟"公益活动……当来自民间的道德微力量,如涓涓细流汇聚成海,温州人在道德舞台上唱响了自己独特的"好声音"。

"红日亭"精神不仅孕育出了一大批普通的土生土长的"温州好人",也孵化出一大批外来务工的"温州好人",在瓯越大地上涌现出像河南青年李学生、安徽青年卢丙会等一大批见义勇为的民间英雄,被媒体竞相传颂的温州"抢车男""扫帚侠""纸箱侠"等温州"道德好声音"不绝于耳。

(五)民本自主型道德建设促进机制初见端倪和官民互动型道德协同创新机制初步形成

1. 民本自主型道德建设促进机制初见端倪

随着温州民营经济发育日渐成熟,温州民间社会组织越来越多,温州基层社会自治能力越来越强,温州社会道德建设事业发展的重心转向了民间基层。无论是从道德内容和道德形式看,还是从道德主体力量方面看,温州社会道德建设事业发展都能体现出一种民本自主型社会道德建设促进机制。从温州坊间长期流传的"红日亭"到当前各类义工小组,从民营企业基金会到政府扶持的半民间性质的慈善总会、半民间性质的政府新闻媒体专栏等一系列组织形式,都能反映出民本自主型发展特质。

2. 政府与民间互动型道德协同创新机制初步形成

近年来,温州市委宣传部、温州市文明办、温州日报报业集团、温州广电集团、温州慈善总会、温州市社科联等相关部门组织通过加强内部合作,搭建各类公益平台和慈善项目,引导温州民间资本的公益取向,在推动政府与民间互动合作解决社会道德建设方面问题做出了有益尝试,很多方式有温州样板意义。

例如,"明眸工程"的顺利实施即得益于温州政府与民间的有效互动,它是由民盟中央各级民盟组织负责项目牵头,由温州医学院附属眼视光医院负责提供医疗技术实施,由温州市慈善总会和市政府经合办负责筹集资金,由温州日报报业集团和温州广电传媒集团负责发动社会捐款和报道事宜。又如,"世界温州人微笑联盟"的"微笑工程",其实施过程即包括:先由温籍台胞何纪豪先生个人发起,经由温州市慈善总会的组织领导,借助美国微笑联盟基金会的技术支撑,以温州医学院为医疗队伍,以中国台湾地区罗惠夫颜腭基金会为医务培训基地,以温州媒体及活动当地媒体为宣传媒介,以全国温州商会、海外温州侨团和温州市及活动当地的相关政府部门、捐资企业为合作伙伴为公益载体,等等。这些公益活动充分反映了温州社会道德建设事业中个人、社会组织或团体、政府部门之间的有效合作。

二、温州社会道德建设事业发展的致因特征

(一)个体之独立性的道德主体意识:温州社会道德建设事业新的道德人格动力

温州社会道德建设事业发展所取得的成就,究其原因是多方面的,其中一个重要原因是受市场经济条件下正在形成的新的道德人格的推动:个体之独立性的道德主体意识。这种独立的道德主体意识促进了温州社会道德主体的道德自觉,形成了具有温州区域特色的民本自主型道德促进机制和官民互动型道德协同创新机制。温州人群体过早地具备个体之独立性的道德主体意识,一方面源自其特殊的历史生活环境,另一方面则受当代市场经济的催化使然。

受恶劣的自然、历史环境限制,相比中国其他地域人口的心理素质而言,温州人群体的理性心理得到了优先发展(人们在与恶劣的自然、历史环境的较量中,需要强调"事功",注重理性"算计",从而保护族群的繁衍和发展。例如,当代温州籍数学家居多即是表现之一)。同时,恶劣的自然、历史环境也让温州人群体产生了一种深刻的历史不足感之文化心理结构,导致温州人群体在世俗世界具有一种永不满足的卓越追求精神。"理性心理"的优先发展与"历史

不足感"之文化心理结构的二重结合，使温州人群体倾向于"精打细算"地、合理地追求事功效果的最大化。例如，温商选择"抱团式经营"，即是出于对事功成本的"算计"考虑，而并非完全出于亲情因素。

市场经济体制加快了温州人群体理性心理的发展成熟。通过市场功利博弈，人的理性反思能力随之发展，随着财富占有量的增多，人的需要层次不断提高，道德行为自觉更加突出。改革开放40多年来，温州人群体顺应时代潮流，充分利用理性心理优势，发展出一套中国化民营资本市场：从家庭作坊到家庭工场，再到股份合作制企业，最后到公司制企业和现代产业集团。在此过程中，温州人群体的理性心理得到了深刻打磨，市场规则意识日渐增强，社会道德责任感相应提高。

例如，1987年8月8日杭州武林广场发生火烧温州皮鞋事件之后，温州人事功心理深受打击。1993年温州市在全国率先实施"质量立市"战略；1994年温州市颁布了我国第一部质量立市的地方性法规——《温州市质量立市实施办法》；1996年，温州市提出"质量立市·名牌兴业"方针；2002年6月6日，温州市召开"质量立市·信用温州"动员大会，将每年8月8日列为温州"诚信日"；2005年，温州市把"质量立市"提升为"品牌立市"；2009年，温州市设立"市长质量奖"；等等。以质量铸就品质，从温州商业品牌的自发形成到自觉维护这一过程，正是温州人群体道德自觉的一种物化表现。经过最近10多年来的市场博弈，温州人创造了正泰、奥康、康奈、天正电气、森马、华峰、报喜鸟、德力西、美特斯·邦威、庄吉、红蜻蜓、双鹿啤酒、法派、人民电器、吉尔达等一大批知名品牌。

（二）温州民间社会公益组织：温州社会道德建设事业的有效载体形式

正如上述所言，近年来温州民间公益组织是造成"温州道德现象"持续发酵的独门秘方。从在温州街头坊间代代相传的"红日亭"慈善摊点到现代民营企业基金会，从地方灾害紧急救助中心到"壹加壹"全国性属地救援基地，从助残、助学、助医的人道主义社会基金组织到保护生态环境、救护野生动物的国际性"绿眼睛"组织，从亲熟人之间的帮扶团队（以及行业协会、温州商会中的公益职能部门）到温州志愿者义工联盟、"世界温州人微笑联盟"，等等，近年来温州社会道德建设事业的成就，主要是由这些民间公益组织自觉不自觉地推动而形成的。

据统计,目前温州有包括绿眼睛、壹加壹、快乐之本等在内的20多家民间公益组织。这些民间公益慈善组织,为温州人群体从事社会道德建设事业提供了一个良好平台。例如,"壹加壹"救援中心自2007年成立以来,6年内先后参加了60多次各类灾害救援以及600多次各项爱心活动。2011年温州"7·23"动车事故中,"壹加壹"空中救援队航拍了事故发生过程,大大减少了事故救援时间。

(三)草根民本精神与小微大爱内涵:温州社会道德建设事业的实质内容

透过盘根错节的温州民间公益组织,我们会发现温州民间有一股无形的道德正能量,支撑着温州社会道德建设事业的持续发展。这种道德正能量就是从温州人群体的草根民本精神中衍生出来的小微大爱内涵。正是这种蕴藏在温州坊间的小微大爱内涵,让温州社会道德建设事业有了真实内容,从而使温州社会道德建设事业的成果不流于形式、噱头。

温州街头坊间传承的"红日亭"现象是对温州人群体之小微大爱内涵的真实写照,它反映了温州人群体善良淳朴和草根民本的质地精神。"红日亭"滋养了温州人群体的道德心理,也影响到外来人员的道德心理,它使得民营资本非常发达的温州,并没有像其他一些城市地区一样患上一种现代城市文明的"冷漠症",而是能让外来人员也自发地参与到温州社会道德建设事业的行列之中,涌现出许多道德英雄楷模。

(四)"温州模式"和"人格化交易方式":温州发展史上最大的道德建设事业

说"温州模式"是有史以来温州地区最大的道德建设事业成就,是说"温州模式"首先解决了温州的民生问题。民生问题是评价一个社会道德建设事业发展成功与否的底线。中国的改革开放和市场经济体制,给温州人群体带来了历史性的"生""机"和"活""力"。温州人群体把从其逆反恶劣自然环境中所孕育出的诸多优秀品质——吃苦耐劳、抱团协作、敢闯敢干——充分发挥了出来,形成了"温州模式"。"温州模式"解放和发展了温州社会生产力,首先解决了温州人的民生问题,并使温州民间财富不断累加,为温州社会道德建设事业发展奠定了坚实的物质基础。

"温州模式"也形成了温州人群体的市场交易规则,也即史晋川教授所说的"人格化交易方式"。有人说，温州人最不讲规则。这句话要具体分析。相比现代西方市场规则道德而言，温州人的市场规则意识的确薄弱。他们为了逐利求富，不择手段，一定范围内破坏了市场规则，等等。但是，相比当时中国市场规则整体滞后而言，温州人又是讲规则的，他们凭借人格化交易规则，促进资源优化配置和生产力发展。其实，改革开放40多年来，温州人通过独特的人格化交易方式，一定程度上倒逼了中国市场经济体制、规则机制不断完善和发展。

三、他山之石：温州社会道德建设事业发展的改进之处

（一）以民为本，民间道德力量自觉成长，政府治理水平相对滞后：温州社会道德建设事业建设的优势和不足

温州社会道德建设事业发展的优势在于其民间自发力量。温州以民营经济发展见长，温州商会、行业协会、公益组织等社会组织活跃，民间自治能力相对较强。正因为如此，温州社会形成了一种独特的社会道德建设促进机制，即民本自主型社会道德建设促进机制。

但是，面对温州经济和社会转型发展，目前温州各级政府在服务温州经济可持续发展的管理能力和管理方式方面还存在一定差距，社会治理观念有待更新，市场服务意识和服务能力有待提高。这种不利因素也影响了当前温州社会公共道德建设事业发展现状，需要以创建"全国文明城市"为目标抓手，再接再厉，将温州社会道德建设事业发展推向新层次。

（二）向武汉学习：官员带头示范，厉行日常公德规范，形成全市上下一致的社会道德实践合力

温州与武汉有很多的相似性，特别是在社会道德建设事业方面，温州和武汉都属于后进城市。地理险阻、城乡异地人口大量流动、城市老化、投资能力不足等因素严重制约了武汉社会经济、道德建设事业的快速发展。但是，近年来武汉市从公德基础设施建设到公德行为规范都做了巨大的投入和改革，其中很多经验举措很值得温州市学习。武汉市近年来城市公德建设经验给温州

的启示是:温州各级政府领导要自觉担当起公民道德建设榜样示范作用,以自己的日常道德行为潜移默化地影响温州民众,凝聚温州全市上下一致的社会道德实践合力。

(三)向宁波学习:改善政府服务效能,加强战略发展规划,以群众满意度为突破口,形成全民参与的道德认知共识

宁波,属于社会道德建设事业发展起步较早的城市,自20世纪80年代末以来宁波市就开展文明小区试点工作,2005年被评为全国文明城市。相比宁波,温州社会道德建设事业起步晚。城市规划意识滞后、公共基础设施薄弱、政府公共管理缺位、城市公用资金投入不足等不利因素决定了温州市公德发展水平已经落入了后进城市行列。宁波市社会道德建设事业发展经验给温州的启示是:注重城市战略发展研究,加强城市规划建设引导,特别是城市地标建筑、交通航道行道规划;同时要加强道德软环境配套建设,以市民群众满意度为突破口,全面推进温州市党风廉政建设,改善温州市政府服务效能,全力打造透明、开放、清廉、高效的服务型政府,走文明城市可持续发展道路。

(四)向厦门学习:发扬民意决策优势,推动外来人员的本地融入,打造内外包容的道德发展环境

厦门,因为经济特区等多方面的优势条件,已进入社会道德建设事业发展的先进城市行列。厦门市发展社会公共道德建设事业的特点在于发挥市民群众对城市生活的融入性,强调民意决策渠道,彰显城市和谐共融精神。厦门市社会道德建设事业发展经验给温州的启示是:要积极搭建有效的城市文明建设信息交流平台,吸纳各种主体力量参与城市公共道德建设,大力推动外来人员实际融入本地生活,形成内外包容的道德发展共识。

相比厦门的道德环境优势,温州市在疏通本地居民和外来人员的公共融居方面仍然存在不足,外来人员对温州城市的生活认同感比较低。温州市与厦门市相比,其共同特点在于都是"移民城市",都具有独特的自然环境条件。温州市需要建立畅通的民意决策渠道,推动外来人员的本地融入,加强城市人文关怀精神建设,同时要化自然环境劣势为特色城市建设的优势,极力打造"浙南水乡"城市,以培育旅游、休闲、服务业为新的经济增长点,实现温州市由

"低端人口集散地"向现代轻工业、高新技术产业、旅游文化产业综合发展的新型城市形象转变。

四、立足新形势，促进温州社会道德建设事业发展战略提升

面对温州经济和社会转型发展新形势，温州市需要加强道德文化软实力建设，以提升政府行政效能和市场治理水平为突破口，加强温州公共道德基础设施建设，提升人们的公共道德素养，力促温州经济和社会转型发展成功。具体主要包括：

（一）提炼温州社会道德建设核心价值理念，引领温州各项道德建设事业平衡发展

社会道德建设事业是一项系统工程，涉及方方面面，需要统筹规划，平衡发展。当前温州社会道德建设事业发展，不仅需要具体的道德事务建设，更需要核心道德价值理念统筹引领，增强温州区域发展的价值认同感。课题组立足温州区域历史文化和当前发展新形势，结合当前我国社会主义核心价值理念和当代浙江人的共同价值理念，将当前温州社会道德建设事业发展之核心道德价值理念概括为"务实、仁德（仁爱）、诚信、协作、创新"。"务实"展现了温州人群体的传统事功精神，"仁德"展示出温州人群体的亲情伦理精神及其现代大爱精神，"诚信"和"协作"指出了温州人群体和温州社会在现代工商业社会所必备的市场公德精神，"创新"反映出现代社会发展以及温州转型发展所需要的动力精神。

确定社会道德建设的核心价值理念之后，还需要按照人的生产方式、生活场所来制定具体的道德建设内容，实现温州社会各项道德建设事业平衡发展。例如，一个人的活动范围无外乎家庭、社区、单位、社会、自然等几大场所。那就根据这些活动场所，分门别类地研究诸如家庭美德、邻里道德、职业道德、社会公德、环境美德等相应部门领域的道德建设。例如，在家庭美德方面，就要研究目前温州家庭中夫妻关系、孝敬老人、教育孩子对温州区域文化提升建设的影响（据调研而知，温州社会家暴现象仍然存在，妇女的家庭地位和权利没有得到应有的尊重和保护）；在职业道德方面，就要研究目前温州企业员工身

心健康、发展权利、劳资关系对温州资本市场可持续发展和城市文化建设的影响;在行政道德方面,就要研究目前温州行政人员的知识结构、籍贯学历、家庭背景等对温州行政道德建设的影响;在环境道德方面,就要研究目前温州旅游资源、宗教遗址、传统文化、产业集群对温州生态(旅游)文化建设的影响;等等。

(二)凝练新形势下温州城市精神,汇聚多方主体力量参与温州城市道德建设

城市精神是一个城市发展的引领之"魂",对一个城市居民的居住状态、进取精神和未来期望具有重要的价值引领作用。当然,伴随着城市人口结构和经济能力的变化,城市本身也在发展变化,一个城市在不同的阶段会有不同的城市精神内涵。随着温州城市组成元素的变化,温州城市精神也将随之变化。例如,当前温州城市人口结构(移民城市)、城市定位("宜商、宜游、宜居"的国际化都市)、城市转型需求(生态建设、企业升级、金融创新)等因素都发生了很大变化,随之温州城市精神也必将发生深刻变化。比如,随着中国市场经济体制的发展,靠抢占"先机"获得的温州人群体先发优势逐渐丧失,那么光靠早期的"敢为人先"的温州人精神来充当温州城市精神恐怕就不合时宜了;另外随着温州城市生态环境受到破坏,温州城市精神也应该赋予生态文明内涵,从而显示与时俱进的发展精神。

根据课题组现有的考察总结,温州城市精神应该要饱含其独特的自然历史孕育精神和现代文明的核心精神。温州城市精神的自然历史孕育精神,即其独特的自然山水精神;温州城市精神的现代文明精神,即其开放性的包容、创新精神。为此,我们将当前温州城市精神概括为"灵秀、翱翔、包容、创新"。

温州城市区域自然环境可以说是"居山拥水""钟灵毓秀"。为此,我们将温州城市精神第一个价值理念提炼为"灵秀"。"灵秀"既有水的灵动内涵,又有山的秀美外容,它反映出温州城市精神源自天然的灵动和秀美,以及当前温州城市生态文明建设的需要,同时也能揭示出温州人灵动应势的创业能力和素朴芷淡的生活蓝本。

一方水土养一方人,浇铸一方文化性格。温州地处东海之滨,承袭了蓝色海洋文化之自由精神特征。为此,我们将温州城市精神第二个价值理念提炼为"翱翔"。"翱翔"取义鸥鸟的飞翔状态，它是通过对温州海洋生态文化的综合提炼来塑造温州城市精神。"翱翔"，以鸥鸟之飞翔状喻示着温州城市走向国际性大都市之飞跃发展的广度空间，从次内陆经济时代向（随着"瓯飞工程"）海洋经济时代发展；以鸥鸟之飞翔状喻示着温州商人群体在经济大潮中的搏击驰骋；以鸥鸟之飞翔状喻示着温州人群体在中国改革开放和市场经济过程中自由勇敢之探索精神；以鸥鸟之飞翔状喻示着"温州模式"必将取得转型发展成功和持续辉煌的永恒信心。

温州城市精神第三个价值理念提炼为"包容（多元）"。"包容"体现的是温州城市走向现代国际性大都市发展模式下的人文关怀和融合精神，在价值形象上，让人们想到了温州民本、自由的氛围，人际和谐相处。随着中国城市化运动和户籍制改革，外地人（特别是外地农村户籍人口）寄居某一城市已成为中国当前社会一种特殊的生活方式。受户籍限制，许多人虽然户口不在温州，但往往在温州城市生活和工作了20—30年，温州已经成为他们生命历程中的重要驿站。所以，树立包容性发展理念至关重要，它一方面体现了对多方主体力量参与本地经济社会发展的认可和尊重，另一方面也体现了一个地区以及整个国家人道主义政策的进步。

"包容"涉及多方面的内容要求。首先要求温州城市发展的创新主体多元化，包括卓越的企业家、积极作为的政府管理者、高端的知识分子和技术人才、公共问题顾问专家、高级熟练工人，以及普通的文明市民等；其次"包容"要求政府管理者牢牢树立法治意识和公平竞争意识，按照"底线思维"制定和执行市场交易规则，并通过合法的手段配置出合理的利益格局；再次"包容"要求本地温州人自觉打破旧有的道德观念，自觉树立与外来社会人群共铸温州城市精神的观念。

"创新（活力）"是温州城市精神的第四个价值理念。创新是城市发展的动力，归根到底是一个城市的活力象征；没有创新，现代城市很快就会衰落。现代温州城市，主要是在当代温州人群体的各种创新性行为中发展起来的。目前，以温州城市发展为动力的温州社会转型发展最需要创新动力。"创新"，在价值形象上，让人们想到了温州城市的快捷、便利、公正与回报。

当然，这种创新不再单单是温州人群体的创新，而是居住于温州城市区域的温州社会群体的包容性创新。没有这种包容性创新，温州城市很难实现实质性创新。所谓"包容性创新"，就是要打破传统的思维方式和既定的人脉结构,要利用外来元素的加入和挤兑来倒逼温州整个社会利益格局的改观,使得温州社会竞争格局更加有利于创新,更加有利于新生群体的生存、发展和创新,以便规避既得利益者满足现状,从而抑制创新的弊端。

提炼了温州城市精神,就相当于抓住了当前温州城市发展的"精气神"。把"灵秀、翱翔、包容、创新"的"精气神"与"宜商、宜游、宜居"的内容布局结合起来,温州城市就成了一个有血有肉的现代"山水之城"和"灵动之都"。除此之外,再将早期温州人群体的"敢闯敢拼、艰苦创业"精神融入当前温州城市精神及其内容布局上,推动温州城市文明建设内涵的整体提升。例如,在温州市区的机场、车站等"窗口"以及乐清、瑞安等温州产业集群和科技创新基地竖立典型的类似于这种标语:发扬"敢闯敢拼、艰苦创业"的温州人精神;树立"务实、仁德、诚信、协作、创新"的温州社会价值观;塑造"灵秀、翱翔、包容、创新(活力)"的温州城市精神。

当然,温州城市公共道德建设,除了城市精神提炼,还需要就温州城市的吉祥物、标志(LOGO)、市树(榕树)、市歌(《会飞的家乡》)、市花(茶花)等一系列价值理念和价值表象物做一种整合解读。关于温州城市的吉祥物和标志(LOGO),由于阐释较多,这里做简单的提要。按照温州历史记载,五彩鸟和鸥鸟都象征着温州人群体的自由闯拼精神;除此之外,温州城源自古代的"鹿"城。我们认为,以"鹿"与"鸟"(以鸥鸟和五彩鸟等抽象)的组合作为温州城市的吉祥物,以及以鹿与鸟的联体物来设计温州城市LOGO,能够形象地表达温州的自然、历史文化特色。"鹿",在古代是一种机警、吉祥、和善的动物象征,其机警灵活能够象征当代温州人群体机敏、创新、和善的民本底蕴;"鸥鸟"专注于自己开创的自由世界(与世无争的自由创造),象征着温州人群体的自立、自强、包容精神。那么,温州城市的吉祥物和城市标志可以"鸥鸟、五彩鸟、鹿"的复合形象为原型,再结合温州特殊的海洋环境背景,进行抽象设计,构成一种以"鸥"(鸟类)与"鹿"的连体为主图,以蓝天或海洋为蓝色底色的城市LOGO。

(三)探索推进统一的公民道德信用档案体系建设,形成社会道德信用合力评价机制

人口迁移和城市化运动等因素构成了社会转型期我国需要建立全国范围内统一的社会道德信用监管体系的倒逼力量。最近10多年来,全国范围内统一的公民道德信用监管体系也在着力推进。2003年，国务院就提出要在5年内建立起社会信用体系。2007年，国务院再次发文《关于社会信用体系建设的若干意见》，强调社会信用体系建设的紧迫性和重要性。2012年3月"两会"期间，全国政协委员、中国电力国际有限公司董事长李小琳提议"给每个公民建立道德档案"，受到很多人的积极响应。这说明中国建立公民道德信用档案体系势在必行。

随着中国城镇化运动和户籍制度的改革，温州即将成为名副其实的"移民城市"社会，这样一个"移民城市"社会急需构建统一的社会道德信用评价机制，防止因为制度设计缺陷而给人们以侥幸心理从事不道德、不文明行为。为此，要运用"底线思维"，构建全市统一的公民道德信用档案体系。值得注意的是，近年来中国人民银行建立的企业和个人征信档案查询系统日渐完善。个人信用档案与个人道德档案似乎有不同之处，其实两者是密切相关的。个人信用档案建设终究是公民道德（公共道德）档案建设的一个组成部分。通过工信部门把公民的道德信用行为与影响公民生存和发展的关键因素"捆绑"在一起，就彻底打消了公民不讲道德、不讲诚信的侥幸心理。

1987年"武林门事件"之后，温州即开启了社会道德诚信建设历程，其中过程反反复复。目前来看，温州或许可以试点，以温州"较大城市"的社会诚信创新为契机，建立温州区域范围内的个人道德信用档案体系，把公民个人的（公共）道德诚信、政府诚信、企业的商业诚信统一起来。当然这需要温州市各党政部门的协同治理。

同理，建立一种全国性的公民道德信用档案体系需要多方合力，不仅需要全国各省区市之间的合作，还需要中央各部委之间的合作。跨部门的多方合力实现资源和信息共享是关键。

根据我们的问卷调查分析，针对改善温州城市公共道德建设的诸多举措，在问及"在温州，您希望从哪些方面加强公共道德建设"时，相比软弱的媒体教化而言，62.37%的人认为需要建立统一的公民道德信用档案体系，规避因为监管制度缺失而带来的道德违规，如图1所示。

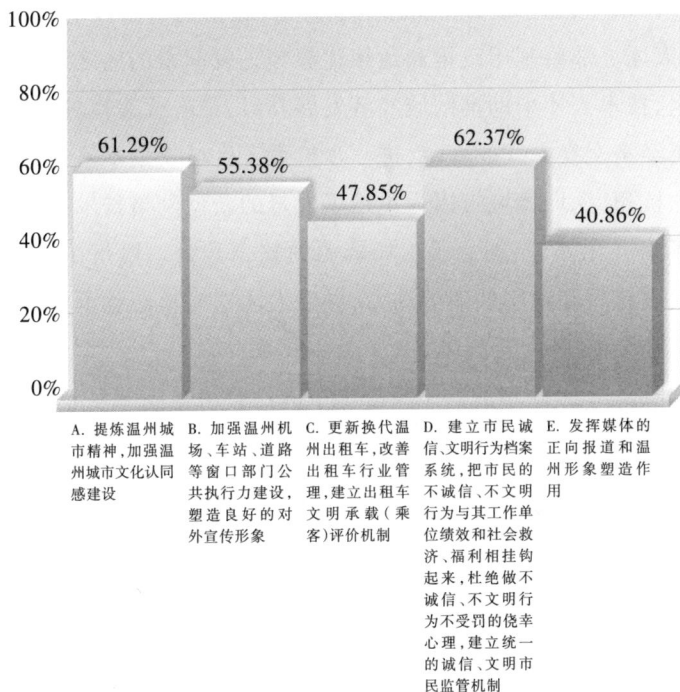

图1　关于温州城市公共道德建设举措(如何建设)问卷分析柱状图

(四)抓住生态文明建设战略机遇期,集中优势力量改善温州环境道德建设,积极储备中国第三轮区域发展核心竞争力

改革开放40多年来,中国经济社会发展已经历了两次较大的制动性发展阶段,目前正向第三次制动性发展阶段过渡。第一阶段是从1978年改革开放开始到2002年中国高等教育体制改革前后,这一期间社会发展主要靠粗放型的政策制动,东部沿海城市以及一些沿边城市结合地缘优势,通过发展外向型经济优先发展起来,初步出现了区域发展不平衡格局。这一期间中国区域发展差异的核心竞争力在于政策和地缘,并且在政策相同的条件下,地缘优势是最大的核心竞争力。深圳、厦门等经济特区和青岛、大连、温州、宁波等沿海开放城市都属于借助政策和地缘优势率先发展起来的。温州在这个阶段,GDP一度高于全国平均水平,是典型的先发地区。

第二个阶段是从2002年前后中国高等教育体制改革(高校扩招)之后高校毕业生进入劳动力市场到2012年前后中国经济发展方式进入战略转型期这段

时间。这一阶段中国区域发展核心竞争力是(除了前一阶段的政策优势和地缘优势外)人才。那些利用政策和地缘优势等先发起来的地区，通过吸收各地高校毕业生、技术人才来助推区域经济发展升级，最有代表性的是新型网络技术对其传统经济交换方式的变革，进一步拉大了区域发展不平衡格局。北京、上海、广州、杭州、深圳等城市因为集结了大量的新型网络技术人才，对传统市场资源做了格式化处理，加速了市场资源的整合升级。温州在这一阶段因为高等教育发展滞后和使用低廉劳动力，导致人才这一核心竞争力匮乏，产业未能及时转型升级，经济发展放缓。

第三阶段是从2012年前后中央提出中国社会由粗放型发展方式向生态集约型发展方式的战略转变开始，到未来10—15年内。这一阶段中国区域核心竞争力(除了政策优势、地缘优势、人才优势之外)将主要来自环境的助推。这种环境主要是指包括城市基础设施建设、市民公德水平、城市文化认同感、自然生态保护等环境要素在内的居民生活质量环境。例如，根据2013年《第一财经周刊》新的一线城市排名，四川成都在新一线城市中高居榜首。可以看出，未来中国一个地区如果有生态环境上的优势，吸引人才的机会将要大于传统的政策优势、地缘优势。

清洁的自然环境和新型技术产业及其专业人才的有效组合生成一种清洁型、智慧型现代中等发达城市，将是区别下一轮中国区域城市发展的主要标志。经过改革开放40多年来的发展，中国高端人力代际群和中产阶级代际群逐渐走出了生存、发展的单一价值需求层次，加上社会保障机制不断健全，他们对生态环境提出了新的要求(例如，近年来，中国公民不断向生态环境保护较好的发达国家和地区流动即是佐证)。

温州区域具有很多优势能够成为下一轮中国区域城市竞争的优胜者之一。温州区域具有独特的优质自然环境、即将发挥经济产能效应的地方高校人才输出基地、(基于"瓯飞工程"的)海洋型经济圈战略、较好的区域文化认同意识和前期经济建设积累。为此，温州地区需要借助环境制动这一未来发展之核心竞争力的机遇期，树立未来战略竞争意识，以城市文明建设为主抓手，加大环境工程投资力度，努力改善温州环境道德建设现状。

(五)加强公共道德(服务)平台建设的专业化发展,实现政府与民间之间的良性互动

加强政府公共道德服务平台的专业化发展,关键要做到部门分工明确,提高部门人员的专业化事务能力,从而使政府与民间之间形成一种良性互动关系。在温州,各类社会组织的结构特点是组织之间的交织杂糅性,这一特点决定了温州民间组织之间、政府组织之间,以及民间组织与政府组织之间在业务开拓、权利分配、责任承担等方面的交织杂糅性。从某种意义上说,这种交织性特点有利于加强温州社会道德建设事业发展的协同创新机制形成。例如,近年来温州政府组织与民间组织的交织杂糅性互动机制的确推动了温州社会道德建设事业的快速发展,温州形成了民本自治型社会道德建设协同创新机制。但是,或许正是因为缺乏专业化发展意识,政府与民间之间分工不明,专业化事务能力不强,容易出现政府与民间之间的"假象"互动关系。

(六)奖惩分明,细作量化,严格执法,引导温州社会由旧熟人社会亲情伦理向现代陌生人社会规则伦理转变

40多年改革开放事业已经彻底改变了费孝通先生所言的中国熟人社会时代,工业化—城市化—国际化发展视野下的中国已进入一个全球大区域范围内的新陌生人社会。对此,中国传统单一的旧熟人社会伦理道德已经不适应社会发展需要,亟须建立适应全国(甚至全球)大区域范围内人际流动的公共规则伦理。就温州而言,政府部门需要结合全国文明城市建设要求,制定较为严厉的公共行为规范奖惩机制,打造良好的温州公共育人平台。

改变落后的伦理面貌要从日常行为习惯入手。短时间内改变不良习惯则需要政府部门制定相应的奖惩措施,奖惩措施必须要一以贯之地严厉执行。相比之下,温州市在管理城市公共道德建设方面,一个最大的弊端是公共部门的执行力不强。

根据我们的问卷分析(问卷材料同上),在针对改善温州城市公共道德建设的举措方面,在问及"在温州,当您看到有人在路边随地小便,或在公共场所随地吐痰或大声喧哗,您希望怎么做"时,46.77%的人认为需要采取包括罚款手段在内的强制措施,详如图2所示。

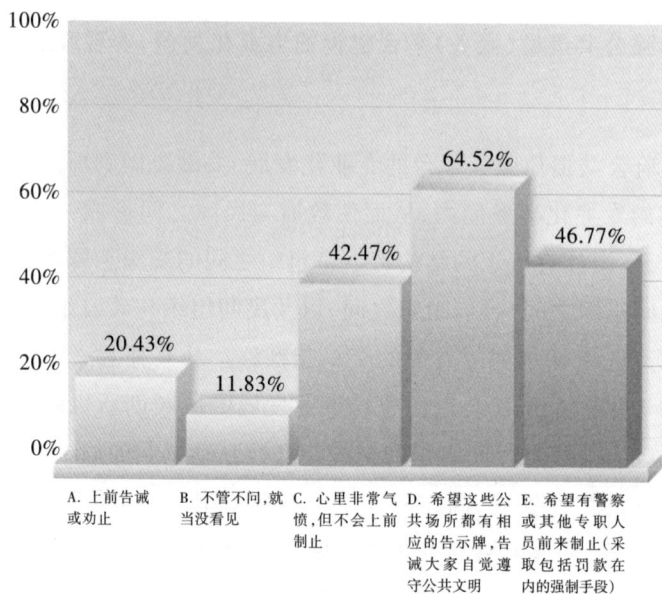

图2 关于温州城市公共道德建设举措（如何管理）问卷分析柱状图

附二:"温州社会道德建设和发展现状研究"系列调查问卷 (2013年)

　　您好! 为进一步了解改革开放以来温州社会道德建设的成就、经验和存在问题,助力温州经济和社会转型发展,特设此问卷,希望得到您的支持和建议。本问卷分三部分。第一部分是关于"温州家庭道德状况"调查,第二部分是关于"温州公共道德状况"调查,第三部分是关于"温州企业道德和发展状况"调查。

　　1. 您的年龄是(　　　)

　　A. 18岁以下　B. 19—25岁　C. 26—35岁　D. 36—45岁　E. 46—57岁　F. 57岁以上

　　2. 您现在的职业是(　　　)

　　A. 企业负责人　B. 企业职员　C. 行政、事业单位负责人　D. 行政、事业单位职工　E. 流动务工人员或农民　F. 科研人员或在校教师　G. 自由职业者　H. 学生或其他

　　3. 您现在的户籍是(　　　)

　　A. 温州各县、市、区的非农户籍　B. 温州地区的农村户籍　C. 浙江省内,温州以外其他地区户籍　D. 浙江省外的其他地区户籍

　　4. 您目前的月工资或月收入是(　　　)

　　A. 3000元以下　B. 3001—5000元　C. 5001—8000元　D. 8001—10000元　E. 10000元以上

第一部分　温州家庭道德调查问卷

　　1. 您成家了吗? 对爱人和家庭是否满意?(　　　)

　　A. 成了,满意　B. 成了,不满意　C. 成了,凑合着过　D. 成了,但分居　E. 未婚或离婚

　　2. 相比温州地区的经济发展水平而言,您认为温州的家庭道德现状如何?

(　　)(可多选)

A. 经济发展了,父子、夫妻、兄弟姐妹之间的感情变好了,家庭走向和睦

B. 经济发展了,但父子、夫妻、兄弟姐妹之间的感情变差了,家庭不是很和睦

C. 经济发展了,夫妻关系紧张了,婚外情增加了,离婚率提高了,家庭破碎

D. 经济发展了,家庭道德变化很大,这一点温州与全国都差不多,没有什么特别的

3. 作为子女,你发现身边的人主要是以什么方式孝敬父母的?(　　)(可多选)

A. 子女常年在外工作,逢年过节回来看看父母,或平时打打电话,给父母零花钱

B. 子女和父母住在一起,照顾父母的饮食起居等,家庭比较和睦

C. 父母和子女经济独立,各有家产,互不侵占对方的财产,家庭氛围好

D. 父母没有经济来源,子女不管不问,还经常侵占父母的财产,父母的生活很困难

E. 子女不仅不孝顺,打骂父母的还大有人在

4. 在您的生活周边,您感觉平时各个家庭夫妻相处主要属于下列哪种现象?(　　)

A. 夫妻之间感情良好,彼此之间诚信相待,不相互欺瞒,家庭稳定

B. 夫妻之间感情基本维持,彼此之间基本上能诚信相待,但经济能力较强的一方偶尔会做出违背家庭伦理(婚姻)道德的行为来,夫妻之间偶尔有争吵

C. 夫妻之间不能诚信相待,感情基础不稳定,夫妻一方藏有私房钱以满足个人企图的现象比较普遍,常有家庭暴力发生

D. 夫妻关系形同虚设,彼此之间经济独立,婚外情现象严重

5. 您认为您周边的家长对自己未成年的孩子主要做了下列哪些行为?(　　)(可多选)

A. 不在自己(未成年)孩子面前吵架,说粗话、脏话,很少体罚孩子,注重孩子的家教

B. 在孩子面前吵架、打牌或打麻将,说粗话、脏话,经常体罚孩子,不注重孩子的家教

C. 不顾公共文明标志,随意让孩子在公共场所随地(大)小便、大声喧哗,带头在孩子面前乱丢垃圾,乱闯马路,不注意孩子的公德教养

D. 遵从公共文明标志,不随意让孩子在公共场所随地(大)小便、大声喧哗,不在孩子面前乱丢垃圾,注重孩子的公德教养

E. 总是担心自己的孩子在外面吃亏上当,把成年人不良的社会经验灌输给自己的孩子成为一种普遍现象,让孩子之间缺乏信任感

6. 有人说,温州人的家庭亲情观念特别浓厚,它对温州经济发展有促进作用。您的看法是(　　)(可多选)

A. 改革开放初期,温州的确靠亲情纽带发展经济

B. 温州经济发展是因为温州人讲功利成本,抱团作战,风险降低,与家庭亲情关系不大

C. 温州人亲情观念浓厚,是因为温州人总体上比较落后和封闭,长久地看不利于经济发展

D. 温州人亲情观念特别浓厚,是因为温州地区传统文化保留得比较好,传统美德没有遭到破坏,长久地看有利于经济发展

7. 您认为温州"老板跑路"事件与温州地区特殊的家庭文化有内在关系吗?(　　)(可多选)

A. 有。温州借贷资金链风险主要是通过血缘、亲情、熟人等家庭裙带关系运作的,没有温州人这种特殊的家庭裙带关系,就不会产生温州借贷资金市场

B. 有。"老板跑路"事件说明了建立在温州本地熟人之间的信用关系彻底崩溃

C. 没有。温州借贷资金是市场经济发展的必然产物,产生借贷资金链风险是市场经济秩序不完善所致,与温州家庭文化没有必然联系

D. 没有。"老板跑路"事件只是温州企业老板的个人行为

8. 您认为温州地区在家庭道德方面还有哪些优点和不足之处? 请简要地写在下面:＿＿＿＿＿＿＿＿＿＿＿＿＿＿＿＿＿＿＿＿＿＿＿＿＿＿＿＿

＿＿＿

＿＿＿

＿＿＿

第二部分　温州社会公共道德调查问卷

1. 在温州,您认为目前温州公共道德建设有哪些明显变化?(　　)(可多选)

A. 温州市的道路变得干净了,添加了很多基础设施,绿化多了

B. 政府官员的执行力加强了,做事也越来越有责任意识了

C. 温州区域文化提升了,城市文化内涵丰富了,温州文化认同感加强了

D. 没有感觉到变化,并且把经济搞坏了,不如从前

2. 在温州,媒体近年来报道了温州"红日亭""世界温州人微笑联盟""明眸工程""抢车侠""7·23事故爱心救助"等先进道德事迹,您怎么看待这些现象?(　　)(可多选)

A. 温州民间道德正能量潜伏已久,需要通过媒体等合适的渠道和方式来搭台、整合、传递

B. 温州经济进入一个发展周期,需要通过改善公共道德环境来助推温州经济的发展转型

C. 温州人历来就很善良,现在生活富裕了,做善事也很正常,不是偶然现象

D. 媒体有时喜欢炒作,有些事可能是小题大做,市民群众实际受其影响不大

E. 媒体的报道,对市民群众的正面教育实际影响很大

3. 在温州,当您看到有人在路边随地小便,或在公共场所随地吐痰或大声喧哗,您希望怎么做?(　　)(可多选)

A. 上前告诫或劝止

B. 不管不问,就当没看见

C. 心里非常气愤,但不会上前制止

D. 希望这些公共场所都有相应的告示牌,告诫大家自觉遵守公共文明

E. 希望有警察或其他专职人员前来制止(采取包括罚款在内的强制手段)

4. 在温州,当您看到有人在您跟前跌倒在地时,您会(　　)

A. 上前搀扶

B. 就当没看见,直接走人

C. 看当时心情,可能会搀扶

D. 打电话报警

E. 呼唤周围其他人注意,一起帮助

5. 在温州,您认为造成温州市"脏、乱、差"印象的原因是( )(可多选)

A. 温州是移民城市,外来人口居多,人口素质总体较低,不利于文明城市建设

B. 温州本地人不注重内修,没有起到带头示范作用

C. 政府官员短视,重视眼前利益,没有长远规划

D. 由历史、地理等多种因素造成,不能只归咎于目前一、二代温州人(包括新温州人)

6. 在温州,遇到政府公务人员不作为的时候,您会怎么做?( )

A. 上温州"纠风网"投诉

B. 当面斥责执勤人员

C. 习惯了,默认

D. 想其他办法对付

7. 您对温州人的托人情、提篮子才能办事的看法是( )(可多选)

A. 中国是人情社会,向来如此,自己也会这样做

B. 官员不够自律,助长了温州托人情、提篮子风气盛行

C. 温州人骨子里比较喜欢"偷着搞",不讲规则

D. 行业管理不够规范,相信会慢慢规范起来,这种事情会越来越少

8. 在温州,您希望从哪些方面加强公共道德建设?( )(可多选)

A. 提炼温州城市精神,加强温州城市文化认同感建设

B. 加强温州机场、车站、道路等窗口部门公共执行力建设,塑造良好的对外宣传形象

C. 更新换代温州出租车,改善出租车行业管理,建立出租车文明承载(乘客)评价机制

D. 建立市民诚信、文明行为档案系统,把市民的不诚信、不文明行为与其工作单位绩效和社会救济、福利挂钩起来,杜绝做不诚信、不文明行为不受罚的侥幸心理,建立统一的诚信、文明市民监管机制

E. 发挥媒体的正向报道和温州形象塑造作用

9. 在加强温州社会公共道德建设事业方面,您还有哪些更好的建议和方法? 请简要地写在下面 :＿＿＿＿＿＿＿＿＿＿＿＿＿＿＿＿＿＿＿＿＿＿＿

＿＿＿＿＿＿＿＿＿＿＿＿＿＿＿＿＿＿＿＿＿＿＿＿＿＿＿＿＿＿＿＿＿＿＿

＿＿＿＿＿＿＿＿＿＿＿＿＿＿＿＿＿＿＿＿＿＿＿＿＿＿＿＿＿＿＿＿＿＿＿

＿＿＿＿＿＿＿＿＿＿＿＿＿＿＿＿＿＿＿＿＿＿＿＿＿＿＿＿＿＿＿＿＿＿＿

第三部分　温州企业道德调查问卷

1. 您所在的单位是(　　　)

A. 个私小微企业

B. 个私大中型企业

C. 股份合作制企业

D. 国有企业

E. 机关、事业单位或其他

2. 您对您目前的工作状况满意吗? 有信心或打算长期做下去吗?(　　　)

A. 满意,有信心,打算长期做

B. 比较满意,相信会越来越好,不打算换工作

C. 不很满意,有信心但没机会,不打算长期做

D. 不很满意,没信心,打算换工作

E. 不在企业上班,不清楚、不知道

3. 作为企业老板或财富持有人,您认为目前在温州地区做公益事业可行吗?(　　　)

A. 可行,温州企业乐于社会公益事业,又有政府搭建平台

B. 不可行,温州企业不乐于社会公益事业,即使有政府搭建平台

C. 不可行,温州企业虽然乐于公益事业,但缺乏一个好的做公益事业的平台

D. 不在企业上班,不清楚、不知道

4. 作为企业老板,您目前最想把您积累的物质财富投资在什么方面?(　　　)

A. 用在公司业务拓展上,继续增加公司财富积累

B. 做一个自己或本公司的慈善基金,帮助社会困难群体或教育科技事业

C. 改善公司员工的生产、生活环境,提高员工的待遇和福利

D. 写一本个人传记或企业发展史,向社会和家庭传播自己的创业经历和公司成就

F. 不在企业上班或不是公司负责人,不清楚、不知道

5. 作为企业员工,您认为您周边的企业目前对员工做了哪些不道德的行为?(　　)(可多选)

A. 员工生病了一般不让请假,否则就克扣工资或年终奖金,或直接辞退

B. 员工的工作或生活环境较差,身体经常有小毛病,要上药店

C. 平时任务重,工资低,正常工作日内总是感觉睡眠不足,周末或假期很少购物或聚餐

D. 员工受到人身侵害或遇到困难时,公司很少出面主持公道,员工感觉不到公司的关心

E. 很少组织员工到国内外先进企业里进修学习,尽可能地使用廉价工人,在一个企业干了3—5年能力没有明显提升,待遇没有明显提高

F. 企业压低工人的工资(违背相关法律规定工资的),政府不出台相关保障措施,在温州企业上班非常没有安全感、家园感,留不住人才

G. 不在企业工作上班,不清楚、不知道

6. 作为企业老板,您想做企业道德和企业文化建设吗?(　　)

A. 很想,正在学习优秀企业的管理经验和文化

B. 暂时不想,以自己现有的文化和道德水平可以驾驭目前企业的发展

C. 不想,在温州这个地方没有这个必要,挣钱才是硬道理,搞文化建设简直是浪费钱财

D. 已经在做,或有自己的企业文化了

E. 不在企业上班,不清楚、不知道

7. 有人说,温州"实体经济回归"(重振温州实体经济)与"温州商人回归"之间有某种内在联系,您认为呢?(　　)

A. 温州商人素有"善行天下"的美誉,家乡经济有困难,他们会来支持的

B. 呼吁"温商回归"来振兴温州实体经济,只是政府打的感情牌,用心良苦

C. 温州商人在他乡投资建设,也是行大爱,其他地方更需要温州商人的

投资

D. 温州商人即有自身的商道,哪里更能赚钱就去哪里,不受亲情和情感牵制

E. 很少关注,不清楚、不知道

8. 您如何看待温州政府和温州企业在当前温州经济中的各自作用?( )

A. 温州政府积极作为,温州企业不争气,总是投机取巧,恶性循环

B. 温州人的经济能力发展了,但温州政府的经济服务能力没有发展,只唱高调、发空论,不了解企业,拿不出具体的解决问题的办法

C. 温州地区生活成本高,缺乏高端人才和技术,让温州企业和温州政府都无能为力

D. 各有利弊,不好评价

E. 很少关注,不清楚、不知道

9. 温州经济目前处于低缓期,您认为受哪些因素影响?( )(可多选)

A. 温州经济整体上已从自由竞争向垄断竞争过渡,同类企业需要合并、重组,需要私人银行资本出现,发挥出资本积聚的规模效应,避免以往的小而散的集群效应

B. 温州经济到了需要接受宏观调控的关键时期,但温州政府缺乏驾驭市场经济的能力,不能未雨绸缪,缺乏市场远见

C. 温州经济受国际经济环境影响,它有自身的规律,只要政府不干预,终会走出当前困境

D. 温州经济主要是温州人经济,温州经济的衰弱与温州人自身素质的发展有着密切关系,温州人只讲眼前勤劳和市场整合,根本上不注重知识和技术创新,导致温州没有创新力

E. 很少关注,不清楚、不知道

10. 您觉得温州政府最近出台的一系列帮扶中小企业走出困境的政策措施有用吗?( )

A. 有用,效果比较明显

B. 或许有用,但目前效果不明显

C. 没有用,许多政策不切实际,不讲经济规律,长期来看,适得其反

D. 有总比没有好,希望温州政府加强市场监管和服务能力,创造公平竞争

的经济环境

E. 不很关注,不清楚、不知道

11. 您对未来温州经济发展形势持什么样的心态?(　　　)

A. 比较担心,温州经济不是表面的衰落,而是在根子上有问题

B. 比较有信心,温州经济很快会恢复活力,只是暂时遇到了一点点挫折,很正常

C. 很有信心,温州人会迎难而上,温州商人总能"出奇制胜"

D. 比较有信心,温州政府的市场监管能力和服务能力定会让温州经济走出低谷

E. 不知道,很迷茫

12. 作为温州企业界的一分子,对于温州经济,您还有其他的期望和建议吗? 如果有,请简要地写在下面:＿＿＿＿＿＿＿＿＿＿＿＿＿＿＿＿＿＿＿＿＿

＿＿＿＿＿＿＿＿＿＿＿＿＿＿＿＿＿＿＿＿＿＿＿＿＿＿＿＿＿＿＿＿＿＿＿＿＿

＿＿＿＿＿＿＿＿＿＿＿＿＿＿＿＿＿＿＿＿＿＿＿＿＿＿＿＿＿＿＿＿＿＿＿＿＿

＿＿＿＿＿＿＿＿＿＿＿＿＿＿＿＿＿＿＿＿＿＿＿＿＿＿＿＿＿＿＿＿＿＿＿＿＿

参考文献

［古籍类］

［宋］叶适：《习学记言序目》，中华书局1977年版。

［宋］叶适：《叶适集》，中华书局1961年版。

［宋］朱熹：《朱子语类》，中华书局2020年版。

［宋］朱熹：《四书章句集注》，中华书局2011年版。

［明］王阳明：《王阳明全集》，浙江古籍出版社2020年版。

［明］王瓒、蔡芳：《弘治温州府志》，上海社会科学院出版社2006年版。

［清］陈虬：《陈虬集》，浙江人民出版社1992年版。

［清］黄宗羲：《宋元学案》，中华书局1986年版。

［清］宋恕：《宋恕集》，中华书局1993年版。

［清］孙诒让：《考工记》，人民出版社2020年版。

［清］孙锵鸣：《孙锵鸣集》，上海社会科学院出版社2003年版。

［著作类（含编著）］

包伟民：《浙江区域史研究》，杭州出版社2003年版。

本书编写组：《干在实处 勇立潮头——习近平浙江足迹》，浙江人民出版社
2022年版。

蔡克骄：《瓯越文化史》，作家出版社2002年版。

曹锦清、张乐天、陈中亚：《当代浙北乡村的社会文化变迁》，上海远东出版社
2001年版。

陈安金、王宇：《永嘉学派与温州区域文化崛起研究》，人民出版社2008年版。

陈宏彩、易龙飞、张鸣：《数字化改革与整体智治：浙江治理现代化转型》，中共中央党校出版社2021年版。

陈立旭、潘捷军：《乡风文明：新农村文化建设——基于浙江实践的研究》，科学出版社2008年版。

陈立旭、汪俊昌等：《崇文育人看浙江》，浙江人民出版社2008年版。

陈立旭：《从传统到现代：浙江模式的文化社会学阐释》，中国社会科学出版社2007年版。

褚国建：《迈向善治——浙江法治建设与改革专题研究》，浙江大学出版社2022年版。

丁立群、马成慧、齐勇：《实践哲学：马克思与传统》，社会科学文献出版社2022年版。

段治文：《浙江精神与浙江发展》，浙江大学出版社2020年版。

方德志：《共情、关爱与正义：当代西方关爱情感主义伦理思想研究》，中国社会科学出版社2021年版。

方立明：《义与利的自觉——温商伦理研究》，上海三联书店2014年版。

方立明：《温州市精神文明建设工作实践与探索》，红旗出版社2009年版。

高清海：《哲学与主体自我意识：论马克思实践观点的思维方式》，北京师范大学出版社2017年版。

洪振宁：《温州文化编年纪事》，浙江人民出版社2009年版。

胡豹：《乡村振兴的浙江模式与路径创新》，中国农业出版社2021年版。

胡承槐、胡文木：《浙江精神与"八八战略"》，中共中央党校出版社2020年版。

胡剑谨：《续写创新史：温州改革开放40年研究》，浙江人民出版社2018年版。

金凡平、方立明等：《温州文化：存在的记忆》，人民出版社2013年版。

李崇富、赵智奎：《浙江经验与中国发展》（文化卷），社会科学文献出版社2007年版。

林亦修：《温州族群与区域文化研究》，上海三联书店2009年版。

陆敏珍：《宋代永嘉学派的建构》，浙江大学出版社2013年版。

罗国杰：《中国革命道德》，中国人民大学出版社2012年版。

马岳勇：《温州人的哲学观》，社会科学文献出版社2013年版。

[美]斯蒂芬·杨：《道德资本主义：协调私利与公益》，余彬译，上海三联书店

2010年版。

潘善庚:《温州试验区》,中国展望出版社1988年版。

钱兴中:《温州坐标》,中共中央党校出版社2002年版。

邱小侠:《温州好人》,光明日报出版社2015年版。

佘德余:《浙江文化简史》,人民出版社2006年版。

邵腾:《资本的历史极限与社会主义——回归马克思的理论基础上的整合研
　　究》,上海大学出版社2005年版。

沈晖:《再创辉煌——浙江文化发展战略文集》,浙江人民出版社1997年版。

史晋川、金祥荣、赵伟等:《制度变迁与经济发展:温州模式研究》,浙江大学出
　　版社2002年版。

孙邦金:《晚清温州儒家文化与地方社会》,人民出版社2017年版。

孙武安、蒯正明、孙邦金:《永嘉耕读文化资源的保护和利用》,中国社会科学出
　　版社2019年版。

王小锡:《道德资本与经济伦理》,人民出版社2009年版。

王小锡:《道德资本论》,译林出版社2021年版。

王宇:《永嘉学派研究》,商务印书馆2021年版。

王志凯:《中国民营经济区域发展研究——江苏、浙江实证分析》,浙江大学出
　　版社2009年版

吴光、洪振宇:《叶适与永嘉学派》,浙江人民出版社2012年版。

吴太昌、武力等:《中国国家资本的历史分析》,中国社会科学出版社2012年版。

习近平:《摆脱贫困》,福建人民出版社1992年版。

习近平:《干在实处 走在前列——推进浙江新发展的思考与实践》,中共中央
　　党校出版社2006年版。

肖龙海、陈银姆:《温州精神:创业的温州人》,合肥工业大学出版社2004年版。

徐华炳:《温州海外移民与侨乡慈善公益》,中国社会科学出版社2016年版。

杨华:《人的和谐发展——温州模式的诠释》,人民出版社2006年版。

张仁寿、李红:《温州模式研究》,中国社会科学出版社1990年版。

张友余:《温州·温州人·温州路子》,中共中央党校出版社1999年版。

张友余:《质的飞跃——温州二次创业纪事》,中央文献出版社2009年版。

章志诚:《温州华侨史》,今日中国出版社1999年版。

张一兵:《回到马克思:经济学语境中的哲学话语》,江苏人民出版社2020年版。

卓高生:《当代中国公益精神及培育研究》,社会科学文献出版社2018年版。

朱晓鹏:《浙学传统与浙江精神论集》,上海古籍出版社2012年版。

浙江省社会科学院课题组:《践行"八八战略"建设"六个浙江"》,社会科学文献出版社2018年版。

中央文明办组织:《社会主义精神文明建设概论》,人民出版社2005年版。

中共温州市委党史研究室:《中共温州党史》(第一卷),中共党史出版社2004年版。

中共浙江省委宣传部:《与时俱进的浙江精神》,浙江人民出版社2005年版。

中央政策研究室、中央财经领导小组办公室联合调研组:《在中国特色社会主义旗帜指引下开拓成功发展之路——对全国十八个典型地区的调研报告》,研究出版社2008年版。

中共中央党史和文献研究院:《习近平关于社会主义精神文明论述摘编》,中央文献出版社2022年版。

[论文类]

蔡克骄、陈飈:《温州模式与温州人精神——兼谈温州人精神面向未来的变革与重构》,《温州师范学院学报》(哲学社会科学版)2000年第1期。

陈安金:《融会中西,通经致用——论永嘉学派的近代命运》,《哲学研究》2003年第7期。

陈安金:《论南宋时期温州的"文化自觉"——以永嘉学派为中心》,《温州大学学报》(社会科学版)2020年第6期。

陈华兴:《物质富裕精神富有:浙江现代化目标的基本价值》,《观察与思考》2012年第8期。

陈立旭:《论文化的超越性功能》,《中国社会科学》2000年第2期。

陈立旭:《文化因素与浙江经济体制变迁、经济绩效》,《浙江社会科学》2001年第2期。

陈立旭:《信任模式、关系网络与当代经济行为——基于浙江区域文化传统的研究》,《浙江社会科学》2007年第4期。

陈立旭:《从浙江精神到中国精神》,《观察与思考》2019年第10期。

陈明华：《清中后期宾兴款的设置与下层士绅权力的扩张——以温州为例》，《华东师范大学学报》（哲学社会科学版）2016年第4期。

陈寿灿、颜建勇、黄文平：《文化力提升与经济发展的内在逻辑——以浙江为例》，《浙江学刊》2006年第6期。

陈野：《试论宋韵文化的认识维度、精神实质和当代价值》，《浙江学刊》2022年第1期。

陈一新：《浙江现象·浙江模式·浙江经验·浙江精神》，《政策瞭望》2008年第12期。

陈中权：《永嘉学派和温州人精神》，《中共浙江省委党校学报》1999年第4期。

丁晓强、赵静：《"六个浙江"建设的深层动力探析——从浙江精神到中国精神》，《观察与思考》2018年第9期。

邓国胜：《中国志愿服务发展的模式》，《社会科学研究》2002年第2期。

董辅礽、厉以宁等：《民营经济要健康快速发展》，《宏观经济研究》2000年第6期。

杜平、潘哲琪：《"浙江模式"的演进与丰富》，《治理研究》2019年第5期。

方德志：《"爱"的实践历程：马克思道德情感思想的存在论视角解读》，《浙江学刊》2021年第1期。

方立明、薛恒新、奚从清：《温州精神：内涵、特征及其价值》，《浙江社会科学》2006年第1期。

费孝通：《小商品，大市场》，《浙江学刊》1986年第3期。

高力克、杨琳：《慈善中的社会与政府：温州与常州慈善模式比较》，《浙江学刊》2013年第5期。

辜胜阻、李俊杰：《区域创业文化与发展模式比较研究——以中关村、深圳和温州为案例》，《武汉大学学报》（哲学社会科学版）2007年第1期。

潘富恩、刘华：《论浙东学派的事功之学》，《复旦学报》（社会科学版）1994年第5期。

何建华：《乡村文化的道德治理功能》，《伦理学研究》2018年第4期。

何建华：《市场与政府良性互动的浙江经验》，《治理研究》2018年第6期。

何显明：《制度建设与社会主义精神文明》，《哲学研究》1997年第9期。

何显明：《八八战略与习近平新时代中国特色社会主义思想在浙江的萌发》，

《浙江学刊》2018年第5期。

贺汉魂、陈东利：《从马克思劳动正义论看当代青年"躺平"现象》，《青年学报》2022年第3期。

金太军、张桂岳、焦忠祝：《论精神共同富裕的意义及实现途径——兼论物质共同富裕与精神共同富裕的辩证关系》，《唯实》1998年第3期。

李国荣：《试论志愿者、志愿服务、志愿精神的内在底蕴》，《社科纵横》2009年第4期。

李鸿忠：《支持非公有制经济健康发展》，《求是》2013年第23期。

雷家军：《文化自信：历史、理论与逻辑》，《理论学刊》2016年第6期。

林吕建、陈华兴、黄宇：《浙江探索中国特色社会主义道路的基本经验》，《浙江经济》2009年第19期。

刘力臻：《"斯密难题"与市场经济的道德机制》，《社会科学战线》1997年第1期。

刘克敌：《关于"宋韵"阐释的几个问题》，《浙江学刊》2022年第1期。

廖芳玲、万斌：《改革开放四十年来浙江精神的演进》，《浙江学刊》2018年第3期。

刘梁剑：《豪杰精神与思想范式重建：从王开祖看永嘉学派一个被忽略的精神面向》，《现代哲学》2019年第1期。

罗卫东：《改革开放以来浙江现代化进程的回顾与展望》，《浙江学刊》2000年第6期。

罗卫东、许彬：《区域经济发展的"浙江模式"：一个总结》，《中共浙江省委党校学报》2006年第1期。

蒙培元：《叶适的德性之学及其批判精神》，《哲学研究》2001年第4期。

钱兴中：《思想道德建设在温州》，《紫光阁》1996年第9期。

沈建良、傅忠道：《志愿精神：先进文化的典范》，《北京青年政治学院学报》2004年第2期。

史晋川：《浙江的现代化进程与发展模式》，《浙江社会科学》1999年第3期。

史晋川：《温州模式的历史制度分析——从人格化交易与非人格化交易的视察》，《浙江社会科学》2004年第2期。

孙邦金：《永嘉礼学研究的制度儒学面向及其现代意义》，《思想与文化》2020年第1期。

孙金波：《叶适事功思想与现代温州人精神》，《青海社会科学》2007年第4期。

唐步龙：《改革开放40周年：从"共同富裕"到"精准扶贫"的实践与创新》，《云南
　　民族大学学报》（哲学社会科学版）2018年第2期。

谭建光：《中国青年志愿服务的发展方向——新中国70年青年志愿服务回顾与
　　展望》，《中国青年社会科学》2019年第2期。

汪青松：《社会主义精神富裕论》，《郑州大学学报》（哲学社会科学版）2002年
　　第1期。

王露璐：《资本的扩张与村落的"终结"》，《道德与文明》2017年第5期。

王露璐：《中国式现代化进程中的乡村振兴与伦理重建》，《中国社会科学》2021
　　年第12期。

王勤：《道德变迁与道德教育的发展》，《道德与文明》2004年第4期。

王岩：《新时代我国精神文明建设的基本理路研究》，《道德与文明》2017年
　　第6期。

王彦峰、王永昌、周锦尉：《温州试验区精神文明建设理论讨论会发言摘登》，
　　《探索》1987年第1期。

王永昌：《论"温州模式"的精神文明意义》，《探索》1986年第6期。

翁仕友：《习近平与浙江模式转型》，《决策》2005年第10期。

吴光、张宏敏：《论共产党人的"心学"：一个阳明学的视角》，《贵阳学院学报》
　　（社会科学版）2021年第3期。

夏春雨：《论温州人创业精神的历史演进及时代价值》，《贵州师范学院学报》
　　2021年第7期。

谢志远：《温州人创业精神对大学生创业教育的启示》，《社会科学战线》2006年
　　第3期。

徐斌：《商品经济对精神文明建设起积极作用》，《科学社会主义》1987年第4期。

肖国飞、任春晓：《论慈善文化的道德意蕴》，《中州学刊》2007年第1期。

肖群忠、刘永春：《工匠精神及其当代价值》，《湖南社会科学》2015年第6期。

徐令义：《商品经济的发展与精神文明建设——温州经济格局中的精神文明建
　　设调查》，《社会科学》1987年第9期。

阳海音：《论马克斯·韦伯的合理性理论》，《世纪桥》2008年第10期。

应云进：《温州人创新精神探源》，《江西社会科学》2002年第5期。

俞伯灵：《社会进步与历史代价之间——温州模式与精神文明建设的思考》，《探索》1986年第6期。

余达淮：《资本与道德的吊诡：在冲突与会通的视域内》，《江海学刊》2013年第5期。

余达淮：《资本的道德与不道德的资本》，《马克思主义与现实》2015年第4期。

袁家军：《为高质量发展建设共同富裕示范区注入强大文化力量》，《政策瞭望》2021年第9期。

张仁寿：《深化对"浙江模式"的研究》，《浙江社会科学》1999年第3期。

张苗荧：《温州模式的经济文化解读与超越》，《华东经济管理》2008年第5期。

张曙光：《对温州模式的几点理论思考——评史晋川教授的〈温州模式的历史制度分析〉》，《浙江社会科学》2004年第2期。

张喜梅、欧人：《简论温州人的商业精神》，《商场现代化》2006年第15期。

张彦：《建设我们的价值观：国际经验和浙江实践——韩国国民核心价值体系的建构及对浙江的启示》，《观察与思考》2012年第12期。

郑根成、陈寿灿：《〈新时代公民道德建设实施纲要〉的新义解读——基于两个〈纲要〉比较的研究》，《浙江工商大学学报》2020年第3期。

郑根成、陈寿灿：《浙江伦理学30年的回顾与展望》，《中共浙江省委党校学报》2010年第3期。

郑祖泉：《简论道德文化》，《道德与文明》2003年第3期。

周怡、胡安宁：《有信仰的资本——温州民营企业主慈善捐赠行为研究》，《社会学研究》2014年第1期。

朱家良：《浙江经济发展战略思路60年演变概述》，《浙江社会科学》2009年第10期。

［文件报告类］

《中共中央关于制定国民经济和社会发展第十四个五年规划和二〇三五年远景目标的建议》（2020年）

《中华人民共和国国民经济和社会发展第十四个五年规划和2035年远景目标纲要》（2021年）

《中共中央　国务院关于支持浙江高质量发展建设共同富裕示范区的意见》，

《中华人民共和国国务院公报》(2021年)

《中共浙江省委关于制定浙江省国民经济和社会发展第十四个五年规划和二
　　〇三五年远景目标的建议》(2020年)

《浙江省国民经济和社会发展第十四个五年规划和二〇三五年远景目标纲要》
　　(2021年)

《中共浙江省委关于加快建设文化大省的决定》(2005年)

《浙江省文化建设"四个一批"规划(2005—2010)》(2006年)

《浙江省推动文化大发展大繁荣纲要(2008—2012)》(2008年)

《浙江省人民政府办公厅关于支持文化体制改革和文化企业发展的意见》
　　(2009年)

《中共浙江省委关于认真贯彻党的十七届六中全会精神,大力推进文化强省建
　　设的决定》(2011年)

《浙江省人民政府关于印发浙江省文化产业发展规划(2010—2015)的通知》
　　(2012年)

《中共浙江省委、浙江省人民政府关于推进文化浙江建设的意见》(2017年)

《浙江省新时代公民道德建设实施纲要》(2020年)

《中共浙江省委关于加快推进新时代文化浙江工程的意见》(2021年)

《法治浙江建设规划(2021—2025年)》(2021年)

《浙江高质量发展建设共同富裕示范区实施方案(2021—2025年)》(2021年)

《浙江省法治政府建设实施纲要(2021—2025年)》(2022年)

《忠实践行"八八战略",坚决做到"两个维护",在高质量发展中奋力推进中国
　　特色社会主义共同富裕先行和省域现代化先行——在中国共产党浙江省第
　　十五次代表大会上的报告》(2022年)

《温州打造高质量发展建设共同富裕示范区市域样板行动方案(2021—2025
　　年)》(2021年)

《中共温州市委关于激扬新时代温州人精神 高水平推进文化温州建设的决
　　定》(2021年)

《中共温州市委关于制定温州市国民经济和社会发展第十四个五年规划和二
　　〇三五年远景目标的建议》(2020年)

《温州市人民政府关于印发温州市国民经济和社会发展第十四个五年规划和

　　二○三五年远景目标纲要的通知》(2021年)

《温州市"十四五"规划纲要"六重"清单》)(2021年)

《牢记嘱托续写创新史　勇担使命走好共富路　为争创社会主义现代化先行市
　　而努力奋斗——在中国共产党温州市第十三次代表大会上的报告》
　　(2022年)

[**报刊类**]

《人民日报》

《光明日报》

《解放日报》

《中国质量报》

《浙江日报》

《温州日报》

《温州晚报》

[**相关网站**]

中华人民共和国中央人民政府网

中国文明网

中国质量新闻网

浙江省人民政府网

浙江新闻网

浙江在线网

浙江工人日报网

今日浙江网

温州市人民政府网

温州新闻网

温州市党建网

百度百科

后　记

　　2013年，我承担了温州市社科联一项重大招标课题"温州社会道德建设事业发展研究"，课题虽以研究报告结项，但当时我对由"温州模式"引起的温州道德现象还没有形成一种框架性的解释认识。所以，如何合理性地解释"温州模式"背后的道德动因问题一直萦绕于脑海。

　　2021年建党百年，校人文社科处资助出版一批温州区域文化特色类著作，学院副院长孙邦金教授建议我将《温州社会道德建设事业发展研究》结题报告申报出版。我感到犯难，因为研究报告具有时效性，且当时温州道德建设面临的问题在近10年里得到了很大解决，所以感觉出版没太大意义，若要出版，须结合近10年温州社会变化做大幅修改。但考虑到我至今没有就温州道德课题研究成果公开出版一本专著，算是还欠温州人民的一份情义，故在学院"新时代温州道德文化建设创新研究团队"的协助下，我决心围绕研究报告再做深化研究，希望借此展示温州道德文化发展和精神文明建设的一些经验和启示。

　　通过本书梳理，我对"温州模式"的内在道德动因也有了一种框架性理解或"规律性"认识，这就是我在绪论中提到的关于温州优秀传统"文化"与现代工商业社会背景下温州民营"资本"和中国社会主义制度条件下集体主义"道德"原则之间的有效嵌入和互动。"文化""资本""道德"三大动力要素之间的内在互动也可被视为"温州模式"持续更新的内在动因。新征程下，温州创建"两个健康"先行区，需要继续发挥和探索推进温州道德文化发展各动力要素之间的合理张力关系和价值合力，助力温州"重要窗口""共同富裕"建设。

　　"温州模式"的内在道德动因一定程度上也展示了"中国之治""中国之路"的内在动因，故对于我们理解整个"浙江模式"和中国式现代化道路也有某种启示意义。当然，理论总是单向的，现实总是分叉的，只有实践之树常青，这也是"温州模式"给我们的最大的价值启示。所以，我们需要继续在实践创新中不断丰富"温州模式"的价值内涵、示范意义和精神象征。就此而言,本书有一定的理论及实践和应用价值。

完成本书也是一个努力完善的过程。为了尽力展现温州道德文化发展的历史进程、规律特征及应用价值,在各位老师初稿的基础上,我也花了较多时间和精力做逻辑整合和文献梳理,以期进一步显化本书可能具有的理论和应用价值。此外,为了展示近10年来温州道德文化的变化情况,本书还摘取了2013年度《温州社会道德建设事业发展研究》结题报告的部分内容(见附一和附二)。当然,由于本人能力、精力和时间有限,本书还存在诸多不足,也请读者同仁们多多批评和指正。

关于本书的具体写作,孙邦金教授协调第一章进程,其中詹良水博士、孙邦金教授、路永照副教授分别撰写了第一章第一节、第二节、第三节初稿。孙武安教授协调第二章进程,其中宫凌海副教授、张振楠博士、张海波博士分别撰写了第二章第一节、第二节、第三节初稿,我加了第四节内容。我负责第三、四、五章进程,其中卓高生教授、陈和副教授撰写了第三章第三节初稿,兰立志老师撰写了第四章第二节初稿,其余部分为我本人撰写。为了加强各章节之间的逻辑一致性,我对各章节内容做了适当润色和修改调整,并增添了绪论和每一章的引导语。孙武安教授和我对全书做了统稿。刘爱武副教授、骆徽副教授、孙秀丽副教授对本书的完成也给予了帮助。孙邦金教授、孙武安教授为本书的完成做了很多协调工作。作为本书第一作者,我要对各位老师百忙之中花费时间和精力参与初稿写作,表示由衷感谢。

最后要特别感谢温州大学人文社科处的激励和支持,感谢温州大学马克思主义学院"新时代温州道德文化建设创新研究团队"的大力支持,同时还要感谢温州市委办秘书处、温州市慈善总会、温州市委办公室、温州市委宣传部宣传处、温州市文明办宣教处、温州晚报·雪君工作室、温州日报报业集团、温州市农村发展处、温州市青农部、温州市决咨委、温州市规划局、温州市经开区等,它们为本书的前期调研和材料收集提供了许多帮助;还要特别感谢温州市社科联以往的项目资助,借助这些项目研究积累,我对"温州模式"的道德动因有了更深入的认识。感谢浙江工商大学出版社责任编辑唐红老师的细心校对和有益的建议。

方德志

2022年8月28日于高教博园